歴史学研究会［編］

「歴史総合」をつむぐ

新しい歴史実践への
いざない

東京大学出版会

Weaving the New High School History Curriculum:
An Invitation to New Approaches to the Practice of History

The Historical Science Society of Japan, editor

University of Tokyo Press, 2022
ISBN 978-4-13-023079-7

はじめに——「歴史総合」と歴史研究

　2022 年度より開始される高等学校の新科目「歴史総合」は，「世界とその中の日本を広く相互的な視野から捉え」る（「高等学校学習指導要領（2018 年告示）」56 頁，以下，引用に関してはすべて同じ）という観点のもとに，従来の日本史と世界史という区分を解消して，近現代史を中心に，「諸資料から歴史に関する様々な情報を適切かつ効果的に調べまとめる」ことを目標に掲げています．教員による一方向的な講義形式ではなく，生徒自らが主体的に課題を追究したり解決したりする活動を重視することで，ともすれば「暗記科目」という誤った認識で捉えられがちなこれまでの歴史教育のあり方を刷新する試みとして，大きな期待が寄せられています．他方で，意欲的な試みであるために，実際の教育現場において初発の目標・意図が十分に実践できるのか，不安を覚える教員や生徒も多いように思われます．

　そのため，この新科目をめぐっては，すでに多くの関連書籍が出版されています．そうした先行書籍の多くは，現場の教員の方々が授業を行ううえでの参考書やマニュアルとなることを目的としています．本書も教員の方々に手を取っていただき，授業実践のための参考となれば幸いですが，本書が読者として想定しているのは現場の教員だけではありません．意欲的な高校生や大学生，さらには歴史教育や歴史そのものに関心を持つ一般の方々にとっても読みごたえのある一冊となることを心がけました．

　本書の独自性は，以下の点にあります．第一に，時系列的にテーマを並べるのではなく，15 の大きなテーマを設定し，テーマ毎に複数の時代・地域の事象を配置しながら，「歴史総合」の掲げる 4 つの柱，「歴史の扉」「近代化と私たち」「国際秩序の変化や大衆化と私たち」「グローバル化と私たち」におおよそ対応するような形で構成している点です．この構成は「歴史総合」が，「時期や年代，推移，比較，相互の関連や現在とのつながりなどに着目」することを重視している点を考慮してのことです．さまざまなテーマを時系列的に並べるというのは，

歴史に接する態度としてきわめてオーソドックスなあり方ですが，これに対して本書は「歴史総合」の趣旨に即してテーマ別の設定を行うことにしました．

第二の独自性は，「歴史総合」が「歴史に見られる課題を把握し解決を視野に入れて構想」する力の涵養を目標としていることから，15のテーマを現代的な関心から叙述している点です．いずれのテーマも現代的な諸課題と密接なつながりを持つものを選定し，それらがどのような歴史的経緯のもとに成立してきたのかを記しています．また，歴史的経験の説明だけで終わるのではなく，現代的な諸課題を展望することで，現在の問題に対して「問い」を発する契機となるようにしています．

第三の独自性は，「歴史総合」が「諸資料から歴史に関する様々な情報を適切かつ効果的に調べまとめる技能を身に付ける」ことを目標としていることから，史料を重視している点です．各講（各テーマ）の冒頭は，必ず史料の提示から始めることにしました．そこで提示された史料を，どのように読解・解釈するのが適切なのかを解説していきます．その際に，最も適切と考えられる「解答」を提示するのではなく，さまざまな解釈の可能性を提示しながら，最も適切と考えられる選択肢がなぜ最適と考えられるのか，その思考のプロセスを明らかにしていくことを心がけました．また，史料に関しては文字史料に限定せず，地図や絵画・写真といった図像史料や統計史料も多く用いました．

第四の独自性は，「歴史総合」が「よりよい社会の実現を視野に課題を主体的に追究，解決しようとする態度を養う」ことを目標としていることから，提示されたそれぞれのテーマに関して，読者が主体的に自らの学習を展開することができるように，発展のための視点や文献検索の案内を提示している点です．紙幅の関係で，それぞれのテーマに関して記述できる事柄は限定されています．もちろん，当該テーマに関して本書では記述できない事象は他にも多く存在しています．そうした事象を読者が自ら発見し，それについて考察できるような情報を提示することにしました．新書などの手に取りやすい文献や，各テーマと関連した史料データベースなどのサイトURLをあげ，またそれらに一言ずつ説明を加えることで発展的な学習を促すよう構成されています．

本書の執筆者は，歴史学の第一線で活躍する研究者たちです．歴史学を専門とする研究者たちは，日ごろから自ら問いを立てて，その問いかけに対して史料を用いて最適な解釈を導くことを実践しています．本書はそうした研究者たちの歴

史実践と，「歴史総合」という歴史教育の場における歴史実践を結びつける試みです．歴史研究の最新の成果を歴史教育に提示し，歴史教育の現場において生徒たちの学びから生まれるさまざまな疑問・問いかけが歴史研究を活性化させるというサイクルが生まれることで，歴史研究と歴史教育との対話をいっそう緊密なものにすることができれば，本書の目的は達成されたことになるでしょう．

　副題にもある通り，本書を通して歴史実践にいざなわれ，歴史を学ぶことの楽しさを見出していただければ幸いです．

2022 年 3 月

『「歴史総合」をつむぐ』編集委員会　（文責：北村暁夫）

目　次

はじめに──「歴史総合」と歴史研究　　i

［歴史の扉］

①史実の作られ方・歴史像の形成

（第1講）吉田松陰の虚像を剝ぐ………………………………須田　努 3
　1. 歴史修正主義と反・知性主義 3／　2.「思想家」という思い込み 5／
　3.「教育者」という情念 8／　4. 松陰とは何者であったのか 11

②「豊かな生活」の成り立ち

（第2講）飢餓と飽食の時代………………………………藤原辰史 12
　1. 飽食と文明 13／　2. 飢餓を思い起こせ 14／　3. 誰かを計画的に飢え
　させる政策 16／　4. 国際問題としての飢餓 17／　5. 肥満と飢餓 19

（第3講）飽衣の時代………………………………………杉浦未樹 21
　1.「使い捨て」の時代の先は 21／　2. 1枚の服に隠されたグローバルな旅 22／
　3. 最近30年間に急拡大した古着交易 23／　4. コットン（綿）──世界史を
　動かした繊維 24／　5. 一つ買ったらほかも買いたくなる──ディドロ効果 26／
　6. 低賃金を礎とする生産──「貧しさ」の連鎖 27／　7. 現　在地──新たな豊
　かさを探して 28

③「日本」の枠組み

（第4講）占領と沖縄基地問題………………………………鳥山　淳 30
　1. 基地問題の原点としての沖縄戦 31／　2. 基地の拡充と立退き 32／
　3. 結束した沖縄の人々 33／　4. 米軍基地の「シワ寄せ」という問題 34／
　5. 裏切られた「祖国復帰」36／　6.「県内移設」が意味するもの 37

（第5講）アイヌの人々への「同化」政策 ……………谷本晃久 40

　1. 同祖と同化 42／　2. 劣位の編入 44／　3. 近代の「同化」政策 45

　　　［近代化と私たち］

④女性の歴史

（第6講）女性の政治参加 ……………………………………大江洋代 51

　1. 女性のいない立憲制 52／　2. 明治期の婦人参政権獲得運動 53／
　3. 大正期婦人参政権獲得運動 53／　4. 昭和戦前戦中期における婦人参政
　権獲得運動 55／　5. 敗戦と婦人参政権の実現 55／　6. 戦後女性政治家の
　群像 56／　7. 現 在 地——なぜ女性政治家が増えないのか 57

（第7講）主婦と働く女性 ……………………………………佐藤千登勢 59

　1.「新しい女」の登場 60／　2.「幸せな主婦」像 61／　3. 家庭か仕事か 61／
　4. 理想的な家族像の形成 62／　5. 第二波フェミニズムの興隆 63／
　6. 現 在 地 64

⑤産業革命

（第8講）産業革命はなぜ「革命」と呼ばれるのか …長谷川貴彦 65

　1. 革命論の系譜 65／　2. リハビリテーションの解釈 67／　3.「大分岐」
　に向けて 69

（第9講）時間認識の変化 ……………………………………橋本毅彦 72

　1. フランクリンと時間 72／　2. 時計の起源と発展 73／　3. 18 世紀にお
　ける時計の普及と時間規律 75／　4. 交通の発展と時計 76／　5. 日本の
　近代化と定時法の導入 77

⑥政治の担い手

（第10講）共産主義の展開 …………………………………池田嘉郎 80

　1. 名もなき人が英雄になる 80／　2. 共産主義思想 81／　3. ロシア革命 83／
　4. 20 世紀世界と共産主義 84

（第11講）立憲政治の地域的差異 …………………………金子　肇 88

　1. 近代中国と立憲政治 89／　2. 中国の議会選挙 91／　3. ケルゼンの決
　意と東アジアの今 94

⑦近代社会と宗教

（第12講）イスラーム世界と近代化……………………三浦　徹 96
　　1. 憲法における信教の自由 96／　2. 政教分離と世俗化 97／　3. イスラームにおける政教関係 98／　4. 現代における宗教復興 100／　5. 宗教と向き合う 101

（第13講）近代日本の「宗教」…………………………畑上直樹 104
　　1. 西洋独特の「レリジョン」に面食らう 105／　2.「文明」とレリジョン 105／　3. レリジョンの訳語「宗教」の登場 107／　4. 大日本帝国憲法下のレリジョン 108／　5. 現代日本の私たちとレリジョン 109

［国際秩序の変化や大衆化と私たち］

⑧ファッションの形成

（第14講）身体装飾の歴史………………………………阿部恒久 113
　　1. ヒゲ無しの近世からヒゲ有りの近代へ 114／　2. 第一次世界大戦後はヒゲ無しが広がる 115／　3. ヒゲ有りとヒゲ無しが共存した軍国主義時代 117／　4. 戦後のサラリーマン世界に広がるヒゲ無し 118／　5. 経済大国化・国際化時代のヒゲの様相 119

（第15講）ファッションの歴史…………………………平芳裕子 121
　　1. 近代化の象徴としてのスーツ 122／　2. 開国後のドレスと大正期の子供服 123／　3. 女性服の変化と洋裁技術の普及 123／　4. 戦時下の国民服ともんぺ 124／　5. 戦後の流行現象と既製服の発達 126／　6. ファッションデザインの発展 126／　7. グローバル化における日本のファッション 127

⑨「1968年」の広がり

（第16講）民衆運動とプロテスト・ソング……………油井大三郎 129
　　1. アメリカの公民権運動とプロテスト・ソング 129／　2.「ウィ・シャル・オーバーカム」の誕生 131／　3.「ウィ・シャル・オーバーカム」の日本への越境 134／　4. 結びにかえて 136

（第17講）人として生きられる社会への希求…………荒川章二 138
　　1. 成田空港の建設と地元高校生 138／　2.「百姓だって人間だ」139／　3. 主体性と民主主義 143

⑩二つの世界大戦

（第18講）兵士たちから見た世界大戦 ……………………小野寺拓也 146
　　1. 戦争の世紀と「ふつうの人々」147／　2. 敵国の住民への憎悪や蔑視 148／
　　3. 史料の性格について 150／　4.「例外的」な人々をどう考えるか 151

（第19講）戦争へのプロセス ………………………………加藤陽子 153
　　1. 戦後の国際秩序の特徴と改造運動の始まり 154／　2. 経済的な国際協
　　調体制 155／　3. 世界恐慌と戦後秩序への挑戦 157／　4. 新しい地域秩
　　序と戦争観 159

　　　　［グローバル化と私たち］

⑪カタストロフの心性

（第20講）災害をめぐる民衆心理 ………………………………大門正克 165
　　1. 阪神・淡路大震災 165／　2. 関東大震災 167／　3. 阪神・淡路大震災と
　　それ以前の地域社会──1970・80年代 168／　4. グローバル化のなかで 170

（第21講）感染症への認識 ……………………………………福士由紀 172
　　1. グローバル化と感染症 173／　2. 医学・公衆衛生と感染症 174／
　　3. 近代日本のコレラと民衆 176

⑫移　　　　民

（第22講）日本からの移民 ……………………………………今泉裕美子 180
　　1. 太平洋島嶼への渡航から始まる日本の海外移民 180／　2. 赤道以北ド
　　イツ領太平洋諸島の占領と日本からの移民の始まり 182／　3. 委任統治
　　と移民 184／　4. 本籍地別人口にみる移民の特徴と植民地社会 185／
　　5. 移民と現地住民 187／　6.「海の生命線」としての開発と移民 188／
　　7. 日米開戦から米軍による占領，引き揚げへ 189／　8.「南洋群島」を抱
　　え，戦後を生きる 191

（第23講）移民国家アメリカの二つの顔 …………………貴堂嘉之 194
　　1. 坩堝のアメリカ──移民が海を渡る理由 196／　2. 移民国家の法制度と移
　　民排斥運動 197／　3. 連邦移民出入国管理での移民たち──東海岸のエリ
　　ス島と西海岸のエンジェル島 199／　4. 移民制限の時代へ──移民政策海外へ
　　の影響 200

⑬冷戦下の国際社会

（第24講）キューバ危機 ……………………………………上　英明 203
　　1. 冷戦とは何か 204／　2. 脱植民地化と冷戦 205／　3. キューバ危機へ
　　の道 206／　4. ケネディ神話という歪んだ記憶 207／　5. 危機の本質と
　　は──暴発の危険 209／　6. 危機の教訓──核エネルギーと人間 209

（第25講）人の自由移動と冷戦体制の終わり …………伊豆田俊輔 211
　　1. 人の自由移動と世界史のつながり 212／　2. 国際関係の変動 213／
　　3. 市民社会の再生 215／　4. 移動の自由の進展？　それとも後退？ 218

⑭植民地支配の問い直し

（第26講）アメリカの公民権運動 …………………………中條　献 220
　　1. 奴隷制廃止後の人種隔離と差別 221／　2. 運動の高まりと非暴力直接
　　行動 221／　3. 運動の新たな局面 223／　4. 大衆の運動 224／　5. グロー
　　バルな視点 225／　6. 現代社会とマイノリティ 226

（第27講）パレスチナ問題 ……………………………………鈴木啓之 228
　　1. 帝国の解体と地域の再編 228／　2. シオニズムと植民地主義 230／
　　3. 中東の脱植民地化 231／　4. 国際社会とパレスチナ人 232／　5. オスロ
　　合意の署名と遠い和平 233／　6. より望ましい解決を探して 234

⑮グローバル化と地域

（第28講）アメリカの環境運動 ……………………………小塩和人 236
　　1. 化学物質は健康を守るのか 236／　2. 消費者保護か生産者保護か 238／
　　3. 環境保護はだれを守るのか 239／　4. 環境正義とは何か 240／
　　5. 二つの潮流は交わるのか 241

（第29講）震災からの地域復興 ……………………………岡田知弘 244
　　1.「災害列島」と「災害の時代」245／　2. 国際的支援と米軍による「ト
　　モダチ作戦」247／　3.「創造的復興」の帰結 248／　4. 被災地の現場で 250／
　　5.「復興〈災害〉」を超えて 251

［教室から考える「歴史総合」の授業］

（補講①）　いまを主体的に問う……………………………米山宏史 255

　1.「歴史総合」のねらいと可能性 255／　2. 近代国民国家の同化政策・内国植民地化を考える——諸事象の比較・つながり 256／　3. 近代化と宗教から，政教分離と信教の自由を考察する——自己との関わり，意志決定 258／　4. 兵士の視点から戦場をとらえ，戦争を理解する——当事者の眼で歴史の現場を直視する 259／　5. アメリカの公民権運動から差別の実相と人間の尊厳を学ぶ——現在とのつながり 261／　6. パレスチナ問題の歴史を学び，解決方法を探る——諸事象の推移，現在とのつながり 262

（補講②）　生徒の関心から問う………………………………田中元暁 266

　はじめに 266／　1. 既成の価値観を揺さぶる 266／　2. 女　　性 268／　3. 身近なところから 270／　4. 比較の視点 271／　おわりに 273

（補講③）　図像史料を読み取る………………………………塚原浩太郎 275

　あとがき 281

　執筆者紹介 283

歴史の扉

①史実の作られ方・歴史像の形成

②「豊かな生活」の成り立ち

③「日本」の枠組み

吉田松陰の虚像を剝ぐ

須田　努

> 「梅太郎（松陰の兄）は，何を祈った」と父がたずねた．
> 「はい，皇室のみさかえを祈り，殿様の御無事を願いました」
> 「うむ，なるほど，では大次郎（松陰）は」
> 「私も，第一に皇室のみさかえを祈りました．それから，自分がほんとうの日本国民になること
> をお誓いいたしました」
> 「ほんとうの日本国民とは，どういうことか」
> 「臣民としての道を守り，命をささげて陛下の御ためにつくすのが，ほんとうの日本国民だと，
> 玉木の叔父様が教えてくださいました」〔……〕

　これは，昭和戦中期の尋常小学校，国定教科書『初等修
身』四の「父と子」という章にある，吉田松陰と父との会話
の場面です．しかし，松陰が生きていた幕末に「日本国民」
などという概念はありませんし，「皇室」「陛下」という言葉
もありません．そもそもこのような親子の会話を示す証拠
（史料）など存在していません．では，なぜこのような歴史
のねつ造（フェイク）を大日本帝国政府は行ったのでしょうか．
　この教科書による義務教育が行われていたのは，アジア・
太平洋戦争において，国民を天皇の臣民として戦争動員して
いる最中です．「命をささげて陛下の御ためにつくす」将来
の皇軍兵士を作り出すためにこのような教育が行われ，その
政治的目的のために吉田松陰が利用されたのです．

1. 歴史修正主義と反・知性主義

　さすがに，現代の日本において，このような低レベルの歴

史のねつ造や露骨な軍国主義的国民煽動はなくなりました．しかし，わたしたちの周りには，人を傷つけるヘイトクライム*1 が広がり，排他主義を煽る言動があふれています．疑似科学・フェイクニュース，そして歴史修正主義*2 がそれを支えているのです．本講では，人物・出来事・概念が，歴史的事実から乖離し，一定の政治的意図や，自分（たち）が楽しければいいという情緒優先で語られるという現象を問題にしてみましょう．素材は吉田松陰です．いまから170年ほど前でしかなく，また史料が豊富であるにもかかわらず，吉田松陰ほど情感・イメージで語られてきた人物はいません．

松陰を扱った書物の出版は，冒頭で触れた①アジア・太平洋戦争期（軍国主義の渦中）と，②日本経済の低迷が続き，国際的政治力が低下している2010年以降（現在）が飛び抜けて多いのです．

②を問題としましょう．政府は「強い日本を取り戻す」という合い言葉――明治という時代が「強い日本」のモデルとされています――を創り出しました．そして，同時に社会のバックラッシュ（反動）が深まっています．それらに同調する政治的意図から，小説・ビジネス書は，こころに響く言葉を残した「偉大な思想家」，後進を育成した「理想の教育者」という根拠のない，かつ情緒的な言葉により，松陰を語っているのです．

以下，そもそも「思想家」「教育者」という松陰像がどう創られたのかを簡単に検証し，それを排除しつつ，史料を通じて，松陰を彼が生きた時代のなかに位置づけてみましょう．その際に注意しておくべきことは，松陰が活動した嘉永から安政期，長州藩は中央政治の舞台で活動できるような存在ではなく，松陰も無名であったという事実です．

*1 多様性を認めず，自己の主張と異なる人物・集団を攻撃する憎悪犯罪．とくに人種・民族・性別・宗教などに関連することが多い．

*2 一定の政治的目的や営利のために，歴史的事実を無視，もしくはねじ曲げ，自己の主張に利用すること．多少高度になった歴史のねつ造といえる．ホロコースト否定がその典型．

2. 「思想家」という思い込み

> 松陰は思想家であった．かれはかれ自身の頭から，蚕が糸をはきだすように日本国家論という奇妙な虚構をつくりだし，その虚構を論理化し，それを結晶体のようにきらきらと完成させ，かれ自身もその「虚構」のために死に，死ぬことによって自分自身の虚構を後世にむかって実在化させた．
> 　　　　　　（司馬遼太郎『世に棲む日日』（1969年,『週刊朝日』連載）

　このように，司馬遼太郎は『世に棲む日日』という小説のなかで，吉田松陰を「思想家」と表現しました．アジア・太平洋戦争と敗戦という「暗い時代」を経験した司馬は，明治を「明るい時代」と評価し続け，その起点に松陰を置きました．そして，松陰を「民族国家的な思考のレベルへの飛躍」を遂げた人物として評価するために「思想家」と断定したわけです*3.

*3 「文庫版あとがき」『世に棲む日日』文藝春秋, 1971年.

　では，日本語辞書を調べてみましょう．『日本国語大辞典』（小学館）の「思想家」の項目には「人生，社会などに対して，深く豊富な思想を有する人．哲学思想などに造詣の深い人」とあります．参考事例はすべて近代のものです．そもそも，前近代には個人を社会的存在として表す「思想家」という言葉は存在しなかったのです．歴史事象を理解するために，近代的用語を使用することを否定することはできませんが，よほど注意しないと混乱が生じます．

　いっぽう『デジタル大辞泉』には「社会・人生などについての深い思想をもつ人．特に，その内容を公表し，他に影響を与える人をいう」ともあります*4.

*4 JapanKnowledge. https://japanknowledge.com

　『吉田松陰』（日本思想大系54, 岩波書店, 1978年）の解説のなかで，政治思想史を専門とした藤田省三は，渡辺崋山・高野長英・横井小楠・橋本左内の4人が1冊にまとめられている一方，「吉田松陰が単独で一冊を占めるのが妥当であるかどうかについては，私自身はいくつかの疑問を持っている」

と述べています．世間一般では吉田松陰の知名度はあるのですが，学問の領域では，この4人の人物の思想の評価のほうが圧倒的に高いのです．たとえば，横井小楠からは幕末の政治情勢と政治思想とを高いレベルで知ることができます．つまり，藤田は思想の密度（レベル）という点において，松陰を低く評価しているわけです．

1830（文政13）年，長州藩士・杉百合之助の次男に生まれた松陰は，長州藩山鹿流兵学*5師範であった吉田大助（叔父）の養子となり，1835（天保6）年に吉田家を相続，山鹿流兵学師範になるための修業を積んでゆきます．30歳で処刑された彼の知識は兵学に偏重したものでした．司馬のように「思想家」という近代的概念を幕末に敷衍したとしても，松陰には「深く豊富な思想を有する」という重要な要素が欠落していたのです．

「思想家」という思い込みを排除し，彼の思想と行動を時代のなかに位置づけてみましょう——蛇足ですが「思想家」ではなくても，人には思想はあるわけです——．1851（嘉永4）年，松陰は江戸に留学し，古賀茶渓*6など4人の師匠のもとで勉強してゆくこととなります．22歳の春です．松陰は山鹿流兵学に関する知識と応用に関しては大きな自負をもっていました．一方，茶渓からは日本史の勉強をするようにと示唆されています．嘉永4年9月23日付「兄杉梅太郎宛書簡」*7には，「暇がなくて，日本史の勉強などできない」とあります（いけませんねえ）．

嘉永4年から5年にかけて，彼は東北地方への巡見踏査の旅に出ています．尊王攘夷の"総本山"ともいうべき水戸を最初に訪問し，会沢正志斎*8にも会っています．松陰が1853（嘉永6）年に執筆した「将及私言」（『全集』2巻）には，「君臣上下一体」論*9といった概念や水軍（海軍）構想が出てきますが，これは明らかに正志斎の影響を受けたものです．ところが，この時期の松陰は，会沢が提起した「国体」や

*5　江戸時代の兵学流派の一つ．江戸時代前期の儒者山鹿素行から始まる．

*6　幕末の儒者．洋学への関心も高く，幕府の洋学教育制度の基盤を創った．

*7　山口県教育会編纂『吉田松陰全集』（全11巻，大和書房，1974年）7巻，91頁．以下『全集』と表記する．

*8　水戸藩士．徳川斉昭のもとで藩政をリード．国体・尊王攘夷論，富国強兵論を提起し，幕末の政治思想に大きな影響を与えた．

*9　一君万民論と同じ意味．

「一君万民」*10 の内容を理解できていません。それを理解するために必須である日本史の素養が決定的に欠けているのです。

　嘉永6年，松陰は佐久間象山らとペリー艦隊を観察し，その巨艦（西欧の軍事力）の前に，心血注いだ山鹿流兵学がまったく役に立たないことを実感します。そして，彼は尊王攘夷を思想から行動規範へと転換させ，松下村塾で弟子たちに教授してゆくのです。

　嘉永7年，松陰はペリー再来日の際の密航失敗を契機として野山獄に入れられます（1854〔安政元〕年）。この萩にある長州藩の牢獄のなかで，松陰は膨

図1　ペリー来航（嘉永6年）関連地図
（ペリー上陸地久里浜と吉田松陰・佐久間象山が逗留した徳田屋。松陰はペリー上陸地点のすぐ近くで，その艦隊を観察していた）

大な読書をもとに急激に知識を身につけ，会沢の政治思想を理解してゆきます。わたしたちは，その知的急成長を『孟子』の解釈書であり，松下村塾のゼミテキストともいうべき「講孟余話」（『全集』3巻）で確認することができます。彼は，現実の「時勢」——松陰がよく使用した言葉です——に対応するために『孟子』を読み込み，頼山陽の『日本外史』*11 も繰り返し読んでいます。彼の歴史学習は日本史上の「豪傑」を知ることにありました。「豪傑」こそがペリー来航による武威・国威の低下といった「時勢」を乗り越える主体となる，という認識です。

　しかし，彼が「講孟余話」で明確にした「国体」と「君臣上下一体」論といった政治思想は，山県太華（長州藩儒者）によってことごとく批判されています。松陰は自己の思想によって他者に影響を与えることができませんでした。

　これ以降の松陰の思想は「良知」と「至誠」をもとに「時勢」と対峙する，という実践的なものに変化してゆきます。

*10　ただ一人の君主に政治権力と権威を置き，その他はすべて同一の民とする政治思想。中華皇帝と臣下の官僚，民衆との関係が典型。

*11　頼山陽による日本史の概説書。平安時代末から江戸時代後期までの武家の興亡を大義名分論にもとづき描いたもので，尊王攘夷思想に影響を与えた。

私慾を排除した誠実さを貫き，私心によらない知性があれば，自己の行動は正しいという信念です．

彼は長州藩による老中・間部詮勝襲撃を計画し，長州藩執政の周布政之助[*12] に意見書を出しています（1858〔安政5〕年11月）．それを読んだ周布は，その計画を「書生の妄動」と断じ，やめなければ投獄すると応じています（「厳因紀事」『全集』4巻，470頁）．また，弟子の高杉晋作・久坂玄瑞たちは猛反対していました．そして，安政5年12月，松陰は再び野山獄入牢となってしまうのです．

このように松陰は，自己の思想で他者（責任ある大人）に影響を与えたり，動かすことができなかったのです．安政6年，野山獄から江戸送致となった松陰は，孟子の「至誠にして動かざる者，未だ之れあらざるなり」を引き，

と語っています．江戸伝馬町の牢屋敷に入れられた松陰は，幕府の吟味の際にもこの思想を実行し――もちろん幕府役人を動かすことなどできません――，処刑されていったのです．

3.「教育者」という情念

『日本国語大辞典』[*13] で，「教育者」という語を確認すると，「教育にたずさわる人．教育家」とあり，その参考事例はすべて近代以降のものです．また，「教育」という言葉は『孟子』のなかにあるように，前近代において漢語として存在していましたが，社会で一般的に使用するようなものではありませんでした．

戦前における吉田松陰像創作の様相を分析した歴史学者の田中彰は，大久保龍の『吉田松陰とペスタロッチー』（光学堂，

*12　長州藩家老．幕末の長州藩をリードしたが，禁門の変を止められず，その結果起こった第一次長州戦争の責任をとる形で，自害している．

*13　JapanKnowledge. https://japanknowledge.com

1929 年）が，松陰を「教育者」と顕彰した最初である，と論じています．

　では，戦前に独善的教師論を唱えていたこの大久保の言説を確認してみましょう．

> 吉田松陰も亦正にこの深き哲学的教育愛に着眼して，其の子弟に全幅の涙をそゝいでゐた．その松下村塾に於て日々子弟に教訓するところを見るに〔……〕，著述こそなかったが，大哲学者であった．獅子吼こそしなかったが大革命児であった．松陰のこの気迫，この理想この実行はまさに戦国時代における英雄，豪傑を凌駕して卓立する雄々しさがあった（中略）．かくてペスタロッチーと吉田松陰とは東西相呼応した好個の一幅対で，右にペスタロッチーを揚げれば，左には必ず松陰が並べられる．
>
> （『吉田松陰とペスタロッチー』150 頁）

　大久保は証拠（史料）を何ら示していないのです．「著述こそなかったが，大哲学者であった」という表現は「歌わない天才ジャズシンガー」と同様に形容矛盾であり，ペスタロッチ*14 と「東西相呼応した」という表記にいたっては，妄想というしかありません．大久保がこのような情念によって「教育者」松陰像を創り出した 1920 年代後半（昭和初期）とは，済南事件や張作霖爆殺事件が起こり，治安維持法の改悪が行われるなど，中国への内政干渉（侵略）と思想弾圧とが強化されてゆく時代でした．そのようななかで，忠君愛国の志士・松陰をさらに美化する「教育者」イメージが大久保によって創出されたのです．そして，その虚像が現代でも当たり前のように語り継がれているのです．

　ただし，松陰が松下村塾生から「先生」と尊敬されていたことは事実です．史料をもとに彼がどのような「先生」であったのかをみてみましょう．松下村塾にはさまざまな身分の青少年（多くは初学者）が出入りしていました．松陰は，能力が高く藩上層部からも認められていた高杉や久坂には藩を動かすことを，そうではない入江九一・野村靖兄弟*15 らには直接行動を，それぞれ期待していました．松陰は，藩を動かせるような身分や能力をもたない塾生による直接行動（老中襲撃）を「草莽崛起（そうもうくっき）」と表現し，この言葉によって，そのよ

*14　18 世紀末のスイスの教育思想家．自由の尊重を唱え，近代教育学の祖とされる．

*15　入江は，下級の長州藩士．松陰の教えに忠実であり，間部詮勝暗殺計画にも参加，禁門の変で戦死する．野村は入江の弟．明治維新後まで生き延び子爵となる．

図2　松下村塾

＊16　長州藩士の儒者.
尊王攘夷論者であり禁
門の変にも参加した.

うな青少年を鼓舞していたのです.

　安政5年，老中・間部襲撃計画を立てて
いる最中の松陰が小国剛蔵[*16]に宛てた書
簡があります（『全集』8巻，124頁）. ここ
には「死を恐れない少年を三・四人，松下
村塾まで送ってほしい」と記してあるので
す. 松陰と小国は「天下国家」を論じる仲
でした（「戊午幽室文稿」『全集』4巻，311頁）.

引用は省略しましたが，この書簡の前半では井伊直弼襲撃の
噂が記され，安政の大獄での老中・間部詮勝による政治弾圧
に触れています. 松陰が集めようとしていた「死を恐れない
少年」とは，間部襲撃の担い手となる者たちだったのです.
これが「草莽崛起」の内実であり，「先生」松陰の了見なの
です.「良知」「至誠」という思想を貫き，尊王攘夷を掲げ，
国体を護り国威を回復することを企図する松陰にとって，そ
の実現を図る襲撃部隊に少年を用いるということは，目的に
合致したものであったのです.

　松下村塾の全盛期とは，松陰がペリー来航から始まる危機
への対応に沈思し，幕府による国威低下を憂い，その元凶で
ありかつ，朝廷を無視する老中を襲撃するという計画を立て，
みずからを「狂夫」としていた時期なのです. 松下村塾とは，
松陰が抱いた危機意識を共有させ，それを乗り越えるための
行動を起こす場であったのです. その対象は身分の低い初学
者の青少年です. なお，高杉や久坂は藩の期待を担い江戸や
京都で活動していました.

　松下村塾の青少年，とくに身分の低い初学者たちは「先
生」と尊敬した松陰によって天下国家のために活躍するとい
う社会的承認の場を与えられたわけですが，じっくり自己の
能力を開花する間もなく，多くは幕末動乱のなかで死んでい
ったのです. これが歴史的事実です.

4. 松陰とは何者であったのか

　江戸時代は世襲の身分制社会であり，人びとはそのなかで生き，家産・家業をもつ者はそれを当為としていました．つまり，松陰は長州藩山鹿流兵学師範であったということです．一方，彼が実際に用いた言葉を重視するならば「時勢」の人と表現することができます．松陰は2度のペリー来航をそのときの干支から「癸丑・甲寅の変」と呼称し，それへの対応に沈思し「時勢」を乗り越えようとしていたのです．しかし，その彼の危機意識では，同時代の責任ある大人たちを動かすことはできませんでした．ここまでが幕末に生きた松陰のいわば実像です．

　ただし，松陰の死後，教えを受けた高杉・久坂など若者たちの行動が，明治維新へとつながり，国家の独立を保てたことも事実です．わたしたちは，現代社会を生きるうえで，歴史上の人物から多くの影響を受けることがあります．しかし，その人物を生きていた時代から切り離し，思い込みや情念，政治的意図をもって現実社会に性急かつ強引に適用させるという知性のかけらもない行為をしてはならないのです．

情報ガイド
・「萩市観光協会公式サイト」　https://www.hagishi.com/oidemase/greatman/yoshidashoin/
　　　吉田松陰と萩の歴史を解説している．
・田中彰『吉田松陰──変転する人物像』（中央公論新社，2001年）
　　　明治・大正・昭和（戦前期），吉田松陰像がいかに形成されたかを，時代背景とともに丁寧に分析
　　　している．
・須田努『吉田松陰の時代』（岩波書店，2017年）
　　　虚像を排除しつつ，史料にもとづき吉田松陰の思想と行動を分析し，彼を時代のなかに位置づけた
　　　研究であり，松陰の朝鮮観にも触れている．

飢餓と飽食の時代

藤原辰史

> 金持と貧乏人との差は運不運の別路に，一歩を過まりし所に生ず，金持だからとて大きな面をして，溜める許りが能にあらず，事前救済というみちは，其終生の義務たることを忘れるべからず，況んやまた功無くして家禄を継ぎ，親の脛（すね）を齧（かじ）って飽食飽衣の世を送る者，此等の人は此の記事に依って冥加至極の身の上を，有難い事と思うべし
>
> （「悲劇中の悲劇　餓に泣く軍人の妻（飽食暖衣の徒はヨツク読め）」
> 『朝日新聞』1905 年 12 月 29 日）

　この記事には，大工である夫を日露戦争に召集された妻，やすの悲劇が書かれています．やすは，極貧のなか，姑，弟，2 人の妹，そして 7 歳の長男と 5 歳の次男との暮らしを成り立たせるために下駄の鼻緒や組糸の内職をし，芋粥を食べながら暮らしていましたが，ついに家賃の延滞が続いて家族も飢餓状態になり，大家から幾度も追い立てられました．妹と弟の手を引いて鉄道自殺を試みたのですが，妹弟が泣き叫び踏みとどまります．けれども，極貧の状況は変わらず，再び心中の決意をし，子供を連れて自殺を試みます．しかし，子供が泣き叫んで，またもや未遂に終わった，という悲話でした．

　記事の書き手は，「飽食」で「飽衣」の人間が罪を犯しながら平然としているのに，極貧のさなか子供を育てている人間が，その子供たちと心中しようと追い込まれる現代社会を「不公平」だと訴えているのです．

　「飽食」は常に「飢餓」と背中合わせであることが，すでに 20 世紀初頭の日本で確認されていた点に注意しましょう．また，「飽食」は，想像力が欠如している「金持」に反省を

迫り，自分の生活に後ろめたさを感じさせる強い概念です．
ここでは，飽食と飢餓という対概念がどのように近現代史の
なかで現れ，それが何を意味していたのかについて考えてみ
たいと思います．

1. 飽食と文明

　まず，飢餓と飽食の歴史をダイナミックにたどったドイツ
の近現代史をみてみましょう．

　1848 年，ヨーロッパ各地で，天候不良と飢饉の発生に苦
しんでいた民衆が蜂起しました．ドイツでも各都市で革命が
勃発しました．異常気象で凶作に見舞われ，飢餓が発生する
ことは，この時期までそれほど珍しいことではありませんで
した．夏に温度が上がらなかったり，病気や虫害が発生した
り，旱魃が生じたりして，収穫量が激減すると，それは農村
の飢餓に直結しました．なお，1845 年から 4 年間に約 150
万人の餓死者をもたらしたアイルランドのジャガイモ飢饉も，
ジャガイモ疫病という伝染病によるものです．

　歴史家のゴーロ・マン*1 は，1848 年以降，ドイツでは「古
典的な飢餓」がなくなったと指摘しています．というのは，
蒸気機関*2 を用いた交通網の発達により，食料がヨーロッパ
諸国に運ばれるようになったからです．ドイツは，冷蔵機能
を備えた蒸気船を用いて，アルゼンチンやアメリカ，カナダ
から膨大な小麦や牛肉，あるいは家畜の飼料を輸入し，鉄道
を通じてロシアやルーマニア，フランスから穀物を輸入しま
した．交通網で食の流通を確保すれば国は飢餓から救われる
と考えたのは，1846 年，自由貿易論者の圧力によって穀物
法*3 を廃止したイギリスも同様でした．

　図 1 は，まさにその過渡期である 1845 年，ドイツのある
雑誌に掲載されました．100 年後のドイツを想像したカリカ
チュアです．左側にはやせ細った農夫が，やせ細った家畜 2

*1　ゴーロ・マン
(1909-94 年)．ドイツ
の歴史家，エッセイス
ト．トーマス・マンの
第 3 子．ナチに追われ
亡命生活を送り，戦後
西ドイツに戻って歴史
家として活躍した．

*2　ボイラーで発生
した水蒸気の膨張と凝
縮を利用して，シリン
ダのなかでピストンを
動かし，その運動で動
力を得る熱機関のこと．
18 世紀後半にイギリ
スのジェームズ・ワッ
トが従来の蒸気機関を
改良して普及．

*3　Corn Laws.　穀
物の輸出入を制限し地
主階級の温存を目指し，
1815 年に制定された
法律．

図1 *Fliegen Blätter*, Nr. 19, 1845

頭ですきを牽引しています．右側の絵では，シャツとズボンがはち切れそうなほど恰幅のよい男が，大地を整然と自動で耕す蒸気機関車のクッションの上で新聞を読み，タバコをくゆらせています．100年後の予想図です．このカリカチュアは，天災による飢餓からドイツを解放し，ドイツの風景と生活を一変しようとしていた蒸気機関に対する期待と違和感を同時に表現しています．

　実は，この絵が掲載されているページの下部には，どこまでも伸長する蒸気機関車の線路が，ある人の家にまで侵入してきている様子をコミカルに描いている絵が掲載されています．つまり，蒸気機関は，ブレーキを掛けずにどこまでも進んでいく当時の資本主義経済の象徴だったわけです．

　クッションに横たわる男は理想像ではありません．蒸気機関文明によって肉体の抑えが利かなくなっていく様子を表しています．このように飽食と飢餓のイメージは，資本主義文明批判と密接に結びついているのです．

2．飢餓を思い起こせ

　そして，貿易で食料を確保すれば飢えは防げるという思い込みが新しい種類の飢餓を生み出します．第一次世界大戦中にも，ドイツやオーストリア＝ハンガリー二重君主国で飢餓が発生しました．ドイツは当時アメリカに次いで第2位の工業生産力を誇っていました．工業製品の輸出によって稼いだ外貨によって大量の食料と飼料，それに肥料も購入していたのです．ドイツ国内では生産できないコーヒーや紅茶，フルーツなどもアジア，アフリカ，アメリカなどから輸入し，ドイツの食生活を徐々に変えていきました．

しかし，イギリス，フランス，ロシアを敵に回し，戦争に
踏み切ると，農村の男性労働力は戦場にとられ，ロシアとフ
ランスからは穀物輸入が途絶しました．それだけではありま
せん．世界一の海軍力を有するイギリスは，膠着状態に陥っ
た前線を打開するために，ドーバー海峡を通過するアメリカ
大陸からの商業船を拿捕し，ドイツに食料が届かないように
しました．銃後の弱体化を狙ったのです．この「封鎖」は，
戦争に関する国際法で認められた行為でした．ただ，それは
戦争に関する物品に限ってのことでした．イギリスは，食料
も戦争物資であると強弁し，封鎖を続けます．ドイツは潜水
艦を用いてイギリスの戦艦を次々に攻撃しました．

　ドイツでは，食料価格が暴騰したため配給制を導入し，街
には民衆食堂が登場しましたが，飢餓は年々深刻化し，1916
年から 1917 年にかけて「カブラの冬」と呼ばれる大飢饉が
ドイツを襲いました．政府が作付け計画に失敗して，穀物の
代わりにルタバガという，味が悪く栄養価の低い飼料用カブ
が生産されたため，民衆たちはそれを食べて飢えを凌ぎまし
た．水兵は，同じ戦艦のなかで上官がビフテキを食べている
のに，自分たちはルタバガばかり食べていることに怒り，ス
トライキを起こしました．民衆も市役所などで戦争をやめよ
とデモを起こします．革命の背景には飢餓の苦しみがあった
ことの重要性は，何度強調してもしすぎることはありません．

　結局，当時のドイツ保健局の統計では，当時流行していた
スパニッシュ・インフルエンザ*4 を除いて，76 万人以上が
飢餓で亡くなり，その半数以上が子供でした．

　第一次世界大戦でドイツは敗北しましたが，経済封鎖は半
年続きました．戦勝国の懲罰的行為に対し，イギリスの経済
学者ケインズは非人道的であると批判しました．1919 年 3
月にヴェルサイユ条約を締結したあとも，ドイツは重い賠償
金を背負いつつ，戦後民主主義をスタートさせます．

　1923 年 1 月のハイパーインフレーション*5 を克服したド

*4　1918 年から 1920
年にかけて全世界に広
まった強毒性のインフ
ルエンザ・パンデミッ
クのこと．

*5　フランスとベル
ギーのルール占領が引
き金となってドイツの
マルクの価値が急落し，
パン 1 個が 1 兆マルク
で取引された．

図2 *Simplicissimus*, 1933, Heft 28 S. 325.

*6 ニューヨークの
ウォール街の株価が大
暴落し，資本主義国に
不況が訪れた.

*7 アドルフ・ヒト
ラー（1889-1945年）.
ナチ党の党首.

イツは，徐々に経済を復調させていきます．ベルリンではキャバレー文化や映画文化が栄え，食べ物の種類も増加し，階級差による人々の不満は燻り続けました．飽食してお腹を抱えるような人間像は，当時の支配階層を批判する文脈で，しばしばカリカチュアなどで描かれました．

　一つ事例をみてみましょう．1929年10月，世界恐慌*6がドイツにも到来します．失業者が街に溢れ，再び飢餓の記憶が人々によみがえりました．ヒトラー*7が1933年1月に政権を獲得したあと，失業者撲滅と，「二度と子供たちを飢えさせない」をスローガンの一つとして，食糧増産政策に打って出ることになります．図2は，1933年10月，ドイツの風刺画雑誌『ジンプリシッシムス』に掲載された「飢えた者たちを思い起こせ！」という絵です．豪華なコース料理を食べている恰幅のよい，経済的にも豊かな男性のもとに，第一次世界大戦時に飢えで亡くなった人たちの亡霊が，手を伸ばしている．飽食と飢餓のコントラストを見事に表している絵で，ナチスの主張とも共鳴する表現です．

3. 誰かを計画的に飢えさせる政策

　第二次世界大戦も食糧戦争の様相を呈していましたが，ドイツ本国は1944年頃まではほとんど飢餓がありませんでした．その背景にあったのは，占領地のユダヤ人やスラブ人を飢えさせて，その分を本国へ輸送するという「飢餓計画 Hungerplan」です．「飢えてもよい人種」と「飢えてはならない人種」を分ける発想は，ナチスの人種主義の徹底性を示すものとして，現在，歴史研究者たちの注目を浴びています．

この「飢餓の外部化」と呼ぶべき自国中心主義的方針は、時代は前後しますが、日本でも同様の展開をみました。第一次世界大戦の世界米市場の高騰と「シベリア出兵」を背景にした米価急騰は、全国各地での民衆の蜂起、すなわち「米騒動」をもたらしました。これは、国民を食べさせなければ暴動が起こるという危機感を政治家や役人に抱かせ、日本政府が「帝国内食糧自給」に舵を切るきっかけとなりました。つまり、朝鮮半島や台湾島の植民地でジャポニカ米を生産させ、十分な米の量を生産できない日本本土に移出させたのです。

朝鮮半島では「春窮」といって、春になって穀倉が尽きると飢えが始まりました。良質な米は日本本国へ送られ、朝鮮農民たちはわずかな米が手に入らなければ、ヒエやアワなどの雑穀を食べて飢えを凌ごうとしました。このような構造は「飢餓輸出」と呼ばれました。他方で、日本や植民地の都市部では、牛鍋、ライスカレー、トンカツ、支那そばなどの外食産業が発達し、また、健康ブームも到来して「カルピス」や「ヤクルト」などの乳酸飲料が登場しました。経済人や政治家たちは料亭やレストランで贅沢三昧をし、その様子は新聞記者たちに揶揄されました。

以上のような、ドイツの占領地と日本の植民地でみられた「飢餓の外部化」は、第二次世界大戦が終了した後、「飽食」の国と「飢餓」の国の構造的暴力、つまり、南北問題として引き継がれていきます。これまで飽食と飢餓の断絶は、一国内で鮮明に現れたのですが、戦後はそれに加えて、「経済先進国」と「発展途上国」の間の断絶となって、地球規模の問題として再編されることになります。

4. 国際問題としての飢餓

第二次世界大戦後、敗戦国では飢えが続き、多くの女性や子供たちが亡くなりました。そうした状況下で、飢えが国際

問題として捉えられるようになります．1945 年 10 月 2 日に，世界平和を守る目的で国際連合が設立されると，その下部組織として「世界食糧農業機関（FAO)」が設立され，ローマに本部が置かれました．ちなみに，FAO の初代事務局長オール[8] は，もともとはイギリス国内や植民地インドの貧窮問題に関わっていた医者であり生理学者でした．

　国際社会は，飢餓に苦しむ地域の農業生産力の向上と，食糧援助を進めていきます．食糧援助の主役となったのは，第二次世界大戦を経てもなお「余剰食糧」問題に苦しんでいたアメリカでした．

　アメリカは 1920 年代の農業機械化と化学肥料の大量使用によって，農業生産力を急激に上昇させた結果，農作物価格が下落し，農民たちの収入は激減しました．土地の疲弊でダストボウルと呼ばれる土壌流出も大きな問題となりました．これらが，世界恐慌の引き金を引いてしまった反省があります．この飽食の前提である食糧の「過剰在庫」はアメリカ農業政策の宿病として 20 世紀後半も引き継がれることになります．アメリカは，ヨーロッパや日本へ食糧援助に乗り出し，共産主義化を防ぐだけでなく，再軍備で必要な兵器の購入などアメリカ経済と密接に結びつかせるという戦略を打ち出します．ララという団体[9] が，脱脂粉乳と小麦粉を日本に送り，それが日本の給食の成立に一役買ったという話は有名です．

　その後，アメリカの傘下の西側諸国は西ドイツと日本をはじめ，急激な経済復興を遂げ，1960 年代には飽食の国家へと急展開します．日本にも小麦や牛乳や肉を中心とした洋食文化が根づいたことで，米の生産過剰が問題となり，減反（げんたん）政策が実施されるほどになります．

　他方で，1950 年代の中国では「大躍進」[10] の陰で，数千万人の餓死者がもたらされましたし，1960 年代からはアフリカやアジア各地で飢饉が発生しました．なかでもエチオピアでは，政情の不安定化も手伝って数百万人規模の飢餓が生

*8　ジョン・ボイド・オール（1870-1971 年）．

*9　LARA = Licensed Agencies for Relief in Asia アジア救援公認団体．

*10　1958 年から始まる農工業生産の増大を目指す政策．人民公社の設立によって農業生産力の上昇を目指したが，挫折した．

じ，世界中に報じられました．アジアでは「緑の革命」という品種改良プロジェクトが成功し，少なからぬ国々で米の生産量が急増したものの，他方で貧富の差をもたらしたり，欧米型の食文化が現地の食文化を破壊したりしました．

5. 肥満と飢餓

　経済先進国では，食料廃棄や，健康を害するほどの肥満の増加が問題となりました．これについては，ラジ・パテルの『肥満と飢餓』に詳しく書かれてあります．グローバルな展開をする穀物メジャー[11]が世界の穀物貿易の大部分を独占し，先進国に優先的に穀物が流れていく市場経済が徹底されます．また，化学肥料，農薬，品種改良を担う企業が緑の革命などを通して世界の農業技術を掌握することで，それらの高機能な生産手段を購入できない農民は貧困に陥り，最悪の場合には飢餓に陥りました．財力をもつ小売企業やファストフード企業は膨大な広告費を用いて安価な商品を大量に売り続けます．このようなフードシステムに組み込まれることで，「飢餓と飽食」は，より構造的に深まり，広まっていくことになります．このように直接兵器を用いなくとも，システムの回転のなかで人が傷ついていく暴力を「構造的暴力」と呼びます．

　「肥満」は，これまでのように富裕層の健康問題ではなくなりました．富裕層は，高価格で野菜も豊富に含まれる食事をしたあとジムで汗を流し，スリムな体形を保つことができますが，他方でアメリカの貧困層は，冷凍ピザやマカロニチーズ，ハンバーガーなどの高カロリー・低価格なファストフードを購入せざるをえず，糖尿病などの生活習慣病になるリスクが高くなりました．

　こうしたフードシステムの恩恵を日本も被ってきました．2018 年の世界の食糧援助量は 390 万トンであるのに対し，

*11　カーギル社，コンチネンタル社，ドレフュス社，アンドレ社などの多国籍穀物商社のことで，種子の開発から穀物取引，販売にいたるまで市場を独占している．

日本の食品ロスは612万トンに及びます。日本は、飢餓を生み出す構造的暴力の担い手でもあるのです。日本国内の飽食と飢餓の断絶も見逃すことができません。子供の7人に1人が貧困状態であり、給食が唯一のまともな食事である子も多いのですが、テレビでは相変わらずフード・ポルノといわれるほどのグルメ番組が垂れ流されています。

　冒頭の新聞記事にあった、飽食と飢餓の構造は、現在世界規模に広がっていますし、日本国内でも継続しています。このようなフードシステムが健全であるのか。この問題に立ち向かうのは、「飽食」の側にある日本国の有権者の義務であるはずです。

情報ガイド
・ラジ・パテル（佐久間智子訳）『肥満と飢餓――世界フード・ビジネスの不幸のシステム』（作品社，2010年）
　米国在住のジャーナリストが、「食料を生産している人々と、これを食している人々の双方を犠牲にする」フードシステムの現状を丹念に解く。
・荏開津典生『「飢餓」と「飽食」――食料問題の十二章』（講談社，1994年）
　農業経済学者が、世界および日本の農業構造を「緑の革命」「人口増加」「食料援助」などのキーワードから論じる。マルサスの『人口論』の再評価でもある。
・リジー・コリンガム（宇丹貴代実・黒輪篤嗣訳）『戦争と飢餓』（河出書房新社，2012年）
　第二次世界大戦期の飢餓と食糧政策の様相を、ドイツ、日本、インド（ベンガル地方）、ソ連、イギリス、アメリカなど全世界に目配りして論じた大著。
・藤原辰史『カブラの冬――第一次世界大戦期ドイツの飢饉と民衆』（人文書院，2011年）
　第一次世界大戦期のドイツで76万人の餓死者が生じるプロセスを追う。

飽衣の時代

杉浦未樹

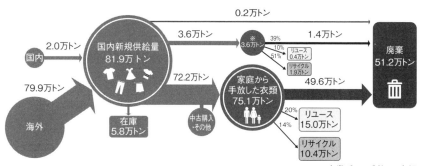

図1 2020年度衣服のマテリアルフロー

（日本総研「令和2年度 ファッションと環境に関する調査業務 調査結果概要」環境省ウェブサイト）

1.「使い捨て」の時代の先は

　現代は，衣服が「使い捨て」される時代になったといわれます．衣服は大量生産され，ワン・シーズン着用しただけで廃棄される消耗品となりました．いわゆる衣服ロスは，食品ロスよりもさらに深刻であると指摘されています．上の図1は2021年に日本総研が推計した衣服のマテリアルフローを示したものです．日本で家庭が手放した衣類約75万トン（約25億着分）のうち3分の2がリサイクルされずゴミとなります．アメリカ合衆国（以下，アメリカ）では50年前と現在を比べると，家庭ゴミ全体の量は変わらないのに衣類ゴミの量は4-5倍に増加しているとのデータもあります．

　衣服の使い捨ては，人類の豊かさの象徴とは必ずしもいえ

ません．衣類メーカーが毎年新しく提案する多彩な衣服を着られる楽しさを豊かさと考えることもできます．しかし，すぐに消耗されることを前提にしたつまらない衣服が多くなったことや，衣類ゴミが増えていることは，文化の貧困化と捉えることもできるでしょう．全体的に衣服のモノとしての価値が下がってしまうことは，衣類の作り手にとっても，消費者にとっても歓迎すべき状況ではないのです．衣服の「使い捨て」時代は，ここ50年間に起こった比較的新しい現象で，今後長く続くとは限りません．むしろ，衣類メーカーも，消費者の側も，衣服の使い捨てに疑問を投げかけ，リサイクルを進め，衣服の生産のあり方を抜本的に変えていこうと踏み出しています．

　このように，衣服をめぐる状況は常に変化し続けています．衣服は，人類にとっての最古の工業製品といえます．衣類の生産と消費のあり方は，この数百年間に大きく変わり，世界の広い地域が関わって衣類が作られるようになりました．本章では，衣服のグローバルな生産と消費をめぐる歴史を振り返りつつ豊かさの意味について考えていきます．

2. 1枚の服に隠されたグローバルな旅

　あなたがいま着ている服はどこで作られたものですか．現在，日本で1年に売られる約40億着の服の実に95％以上が海外から輸入されたものです．日本のメーカーの製品も，1990年以降海外生産にシフトしていきました．さらに，服の原料である綿花などの繊維は，縫製などの工程が行われる地域とは別の場所で作られることが多いです．1枚の服は，あなたの手元に届くまでにたくさんの地域を旅してきています．

　図2は，2010年にアメリカで消費された典型的なTシャツがどの地域を経て消費者の手元に届いているかを追ったものです．19世紀以来，アメリカ南部は綿花を莫大な量で生

産していますが，それは今
日も続いています．ところ
が，綿糸から綿布そしてT
シャツへと変わる工程は，
アメリカではなく中国の上
海の大工場で行われ，Tシ
ャツとしてアメリカに再輸
入されました．さらに，T
シャツが寄付され廃棄され
て古着となったあとにも，

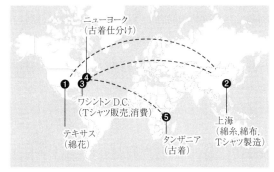

図2 1枚のTシャツが行うグローバルな旅
（ピエトラ・リヴォリの著作より編集・作成）

グローバルな旅が続きます．このTシャツはニューヨークの
古着仕分け場を経てタンザニアの古着市場に送られたのでし
た．

3. 最近30年間に急拡大した古着交易

　古着は昔から国際的に取引されてきましたが，1990年以降，
古着貿易の規模と範囲が急速に拡大しました．図3によれば，
アメリカ，ドイツ，イギリスに続いて，中国，日本，韓国も
大量輸出国に数えられます．古着を大量に集め仕分ける工場
を経由して，これらの古着の多くは，南アジアやアフリカ南
部へ輸出されています．古着の輸入が自国の繊維産業の発展
を妨げるとして，古着輸入を禁止した国も多くあります．た
とえば，インドは，自国で古着を売ることを基本的に禁止し，
毛布など他の繊維製品の材料にするためか，再輸出するため
にしか古着の輸入が認められていません．その一方で，古着
を輸入する地域では，周辺諸国への再輸出もさかんで，巨大
な古着市場が発達し，その市場と連携して衣類の修復・縫
製・仕立て業が展開しています．こうした国々でも，日本と
同じように衣類の大半は輸入に頼っていますが，古着が輸入
のかなりの部分を占めています．

図3　2019年の古着の主な輸入国と輸出国（額）

（単位：100万ドル／輸入1位ウクライナ（203），2位パキスタン（189），3位ガーナ（168），4位ケニア（165），5位アラブ首長国連邦（151）．／輸出1位アメリカ（720），2位イギリス（496），3位ドイツ（379），4位中国（372），5位韓国（312））

4．コットン（綿）——世界史を動かした繊維

　衣服はいつから世界的な交易網と分業体制のなかで作られるようになったのでしょうか．古くから衣類に使われてきた天然繊維であるコットン（綿）を例に，現在までの500年間にどのようにその生産と流通がグローバル化していったのかを考えてみましょう．

　綿は，平均気温25度以上の亜熱帯を好みます．南アジアやメキシコや北・西アフリカで栽培されその地で布に織られていましたが，早くから綿製品を広域にわたって供給したのがインドでした．ベンガルやグジャラートをはじめとしたインドの各地で織物業に特化した集落ができました[*1]．インドの綿製品は，インド洋・東シナ海の南方交易圏の海の道をはじめ，アジア全域とアフリカに広く流通する世界商品でした．その交流に刺激を受けて，15世紀頃までに東南アジアやアフリカ東岸や中国の各地で綿織物業が勃興しました．

　これに対し，ユーラシア大陸の西端に位置するヨーロッパは，織物の原料を亜麻と羊毛に頼り，綿織物は絹と同じくらい希少品でした．大西洋に面するヨーロッパの地域が綿織物

*1　ベンガルもグジャラートも古代より繊維品の生産で名高いインド北部の地方．

に本格的に接するのは，16世紀以降を中心としてポルトガル，スペイン，オランダ，イギリスが，アフリカ最南端の喜望峰を経由して東南アジアとインドへ交易のため航海しはじめてからでした．これらの大西洋岸のヨーロッパ諸国は，アジアやアフリカの交易に参加するために，インド綿布をいままでのアジア諸国以上に活用したのです．たとえば，日本の金銀の貴金属との交換にもポルトガルやオランダはインド綿布を用い，日本への流入が増加しました．

　ヨーロッパの人々もインド産綿布を熱狂的に受け入れました．17世紀後半にはかなりの量が輸入されています．綿花から栽培することはできないので，ヨーロッパが綿を作る場合はすべて輸入に頼ります．もっとも，フランスやイギリスでは17世紀から18世紀にかけて国内で綿織物を製造することも，インド綿布で作られた衣服を着ることも厳しく制限されました．イギリスでは，毛織物業者・絹織物業者の輸入反対デモを受けて，1700年に柄をプリントした綿織物の輸入を禁止する法律が制定され，1720年には綿織物使用禁止法が制定されました．インド綿布をよそへ再輸出することは奨励されましたが，毛織物産業に脅威を与えるのでイギリス本国での消費を抑えようとしたのでした．

　こうした禁止令は，1759年頃にようやく解かれましたが，インド産綿布の人気は下火になりませんでした．後に述べる産業革命に先駆けて17-18世紀に，人々の需要上に起こった変化に「消費革命」*2 というものがあります．これは，この時期を境に，各世帯の服飾品や寝具や食器などの生活雑貨への支出が増大したことを指します．社会の広い層の人々が，それまで持たなかったリボンやスカーフや帽子などの服飾品や，シーツや枕やテーブルクロスなどのリネン，そしてカトラリーや茶わんを持つようになったのです．

*2 Consumer Revolution. イギリスの歴史家たちが1982年頃に提唱した概念で，18世紀中に消費が大活性化されたことによって，経済・政治・娯楽文化にわたる商業化が起こり，現代の大量生産・消費につながる消費社会の原型が誕生したとする．

5. 一つ買ったらほかも買いたくなる——ディドロ効果

これらの製品は，各々，多くの人々を魅了した「ヒットの要素」をもっていました．しかし，注目したいのは，製品が集合し合って消費を促した点です．その点を説明する「ディドロ効果」という言葉があります．

18世紀のフランスの哲学者ディドロ*3 は，あるとき，ガウンに惹かれて購入します．このガウンは，おそらく，プリント柄のインド綿織物製室内着で，ディドロはスタイリッシュにくつろぐのにピッタリだと思ったのです．しかし，いざそのガウンを着て書斎に立ってみると，室内の設えのすべて——愛用の机，椅子，カーテンやテーブルクロスからその上にある茶器，茶の種類，ガウンのなかに着ている寝間着に室内帽まで——を新しくしたくなったそうです．さすがにすべてを刷新する費用はなく，泣く泣くその新品のガウンを返却したというエピソードです．ここから，一つの商品が他の多くの商品に対して統一させたいという消費欲を起こすことをディドロ効果といいます．18世紀には，衣食住のスタイルやテイストを総合的に考えて消費し，自分の生活の豊かさを追求していく姿勢が特権階級を超えて広まっていきました．

18世紀以降も，綿製品は数々の革新的な製品を生み出し，私たちの衣服や生活スタイルのみならず，ジェンダーや文化規範も変えていきました．その代表的な例にTシャツやジーンズがあります．アメリカでは，20世紀半ばまでシャツはアンダーウェアとみられていましたが，1940年代頃から軍隊に普及した丸首シャツが男性の男らしさを示すアウターとして流行しました．一方，これを逆手にとるように1970年代からヒッピー運動が平和のメッセージをTシャツにちりばめ，女性も着用するようになりました．この時も1つの商品にとどまらず，集合して消費スタイルが変わりました．

*3 ディドロは美学や芸術の研究で知られるフランスの哲学者であり，ダランベールとともに『百科全書』を編集した．

6. 低賃金を礎とする生産——「貧しさ」の連鎖

　たくさんの人を魅了する衣服が作られていく裏側には，低賃金労働がありました．いわゆる産業革命は，紡績，織布，動力の機械化と工場制の導入を通して，19世紀半ばまでに綿製品の大量生産を可能にしました．初期の工場で働いた労働者の大半は，子供と女性でした．たとえば水力紡績機を発明し企業家としても成功したアークライトの工場で働いた労働者6,000人のうち3分の2は子供でした．さらに，大量生産は，アフリカから奴隷労働力を大量動員した，カリブ海やアメリカ大陸南部のプランテーションなくしては成り立ちませんでした．低賃金・無賃金労働力があって利益が生み出せるからこそ，資本家は綿業の機械化や工場制の導入に必要な多額の資本を投資し続けたのです．イギリスにかわってアメリカ東岸が綿織物業の中心となったときにも，工場経営者たちは通いの労働力で工場を運営することをあきらめ，社宅や寄宿舎を整備して，朝5時から晩の7時まで働かせました．

　衣服の生産が産業化されるときにも，低賃金労働は拡大しました．スウェットショップという言葉を聞いたことがありますか．搾取工場と訳され，劣悪な環境下，長時間低賃金で働かされるアパレル産業の作業場を指し，現在でもニュースでよく出てくる言葉です．この語は，19世紀の衣服仕立て業の下請け業を語源とします．図4は，1845年のイギリスのパンチ誌が掲載した風刺画です．広い台の上で縫製作業に駆り出されている仕立て人がその過酷な労働条件を反映して骸骨として描かれています．その右横にシルクハットをかぶった資本家が，のんびりとパイプをくゆらせています．

　仕立て服に対して既製服の比重が増すと，ミシンの開発と相まって，狭い場所に工業用ミシンを多数配置したスウェットショップが，いっそう増えていきました．1900年頃にニ

図4　パンチ誌の風刺画

ューヨークでは4万人がスウェットショップで働いたという統計が残っています．このスウェットショップの中心となったのは，1880年頃から増えた東ヨーロッパやロシアからのユダヤ系やイタリア系の移民労働力でした．

　　歴史的にみると，大量生産に移行する初期からこのような低賃金構造が組み込まれていたために，繊維業の拠点はその後さらに低賃金で人々が働く地域へ次々に移転したといえます．その結果，衣服は，原料となる天然繊維と合成繊維を作る段階，縫製する段階，マーケティングをする段階のそれぞれが異なる地域で行われ，人々が手にするまでにグローバルな旅を経ていることが当たり前の状況になったのです．繊維業の中心は，イギリスからアメリカ，ドイツ，日本へとダイナミックに移行しました．最近50年でも，1980年代における衣服輸出のトップ3は香港，イタリア，ドイツでしたが，2018年には中国，バングラデシュ，ベトナムへと転換しています．前述のように18世紀以前はインド綿布や中国の絹布が繊維業の中心であったのが，産業革命を経てヨーロッパとアメリカ大西洋岸に移転していったことをふまえて，この状況を，「グローバルサウスへの回帰」[*2]とも呼んでいます．そうしたダイナミックな産地分布の変化のなかで，衣類を作らず輸入に頼る地域も生じていることに注意する必要があるでしょう．

*2　18世紀までは繊維品生産の中心がインドと中国であったのが，19世紀以降イギリス，フランス，アメリカ，ドイツと北半球の高緯度地域に移行したあと，20世紀末から再び中国，東南アジア，ブラジルなどの「南方」へ移ったことをグローバルサウスへの回帰という．

7. 現在地──新たな豊かさを探して

　私たち日本人の衣類は，世界の他の地域を切り離しては成り立ちません．現在問題となっている衣類の「使い捨て」も，衣類に関わる多様な地域全体で取り組んでいくべきといえるでしょう．衣類に私たちが求める豊かさについて，衣類の生

産や流通の歴史の展開をふまえて考えることが求められてい
ます.

情報ガイド
・「令和2年度　ファッションと環境に関する調査業務　調査結果概要」環境省
　　衣服のマテリアルフローをはじめ, ファッションと環境の指標を追った, 2021年発行のレポート.
・ピエトラ・リボリ（雨宮寛・今井章子訳）『あなたのTシャツはどこから来たのか?
　　──誰も書かなかったグローバリゼーションの真実』東洋経済新報社, 2006年
　　本文でも取り上げたが, アメリカの標準的なTシャツが原料から古着までの段階でどこに旅して
　　いるかを追った書.
・スレイバリー・フットプリント　*Slavery Footprint - Made In A Free World*
　　日常的に使っている製品にどの程度現代の奴隷労働が関わっているかを推計するサイト.
・「大量の古着, いったいどこへ　たどった先で見た驚きの「古着経済」」朝日新聞
　GLOBE＋(asahi.com)
　　古着がどのように国際的に取引されているかを述べる記事.
・「ザ・トゥルーコスト──ファストファッション　真の代償」2015年製作／93分／ア
　メリカ（原題：The True Cost　配給：ユナイテッドピープル）
　　ファッション業界のコスト構造を浮き彫りにしたドキュメンタリー映画.

占領と沖縄基地問題

鳥山 淳

> 去る五月二十三日から，「一日も早く演習場をやめて，農民の生命である耕地を返して下さい」
> と，那覇にある政府の建物の車庫の端に座り込みをはじめ，返すまでは動かないと陳情をつづけ
> ていましたが，十四，五名の警官隊が，上司からの命令だというので，私たち（うち婦人六名）
> を雨の降る屋外に追い出したのです．
>
> 家をこわされ，焼きはらわれ，耕地も腕ずくで取上げられた私たちに同情するどころか，沖縄
> の政府も，警察も，私たちを邪魔者扱いし，また罪人同様に強制的に収容するのです．
>
> 無力の政府，善悪を判断できない機械同様な警察，そして私たちの哀れな立場等々，沖縄の現
> 状はこんなですから，貴女様の方で，本土の八千万同胞に訴えて，沖縄の県民を救う一大運動が
> 展開されんことを祈る次第です．
>
> （「生命を賭した基地柵内の農耕　阿波根昌鴻（地主代表）」高城重吉・菊池虎彦・饒平名知太郎編
> 『望郷——南千島・小笠原諸島・琉球 島民の風土記・手記』三光社，1957年，215-216頁）

　　　　この文章は，沖縄の伊江島にある真謝集落の住民が，1955
年5月に日本本土の支援者に送った手紙の一部です．米軍か
ら立退きを要求された真謝の人々は，農地を奪われたら生活
できないとして立退きに応じませんでしたが，米軍はこの年
の3月に武装兵を出動させて真謝の集落を破壊し，すぐさま
射爆場を設置して実弾演習を始めました．それに対して真謝
の人々は，生活の手段を確保するため危険を冒して射爆場内
で農耕を続けるとともに，行政機関に対して演習の中止を粘
り強く陳情しました．上記の文章は，その最中に書かれたも
のです．

　　　　米国の占領統治によって日本本土から分離されていた沖縄
では，米軍基地を機能させることが常に優先され，住民の権
利は大幅に制限されていました．真謝の住民が手紙のなかで
記していた苦境は，占領下の沖縄社会を象徴する場面でした．

なぜ沖縄では，そのような政策が許されたのでしょうか．

　現在も沖縄に置かれ続けている多数の米軍基地は，この文章がはっきりと物語っているように，占領下で人々を抑圧しながら作られたものでした．日米政府が今後もその基地を維持していくのだとしたら，過去の抑圧はいつまでも清算されず，むしろ正当化されていくことにならないでしょうか．沖縄の基地をめぐる歴史に目を向けることは，いまなお続いている抑圧に目を向けるために不可欠です．

1. 基地問題の原点としての沖縄戦

　沖縄に多数の基地が建設された原点には，アジア太平洋戦争末期の沖縄戦*1 がありました．日本軍が沖縄に本格的な軍事拠点を形成したのは，1944 年 3 月以降です．日本本土へ向けて進撃してくる米軍を迎え撃つために，それまで戦闘部隊が駐留していなかった沖縄に約 10 万人の部隊が配備され，飛行場や陣地壕などが各地に建設されました．

*1　1945 年 3 月から 6 月にかけて展開された地上戦．日米両軍と民間人の合計で 20 万人以上が死亡した．

　翌 45 年 4 月に沖縄本島に上陸した米軍は，日本軍が建設していた飛行場を大幅に拡張し，日本本土に向けた出撃基地として使用しました．日米両軍による組織的な戦闘が 6 月末まで続く一方で，同じ時期に米軍は各地で基地の建設を進めていたのです．

　そのとき地上戦を生き延びた住民は，米軍が設置した民間人収容所で生活しなければなりませんでした．それによって米軍は沖縄本島の大部分から住民を排除し，一帯を無人状態としたうえで集落を破壊し，自由に基地を建設することができたのです．

　8 月に日本が降伏したことによって，沖縄に建設された米軍基地の当初の使用目的は失われましたが，米国の軍部は，戦後の軍事拠点として沖縄の基地を使用することを望んでいました．その結果，嘉手納基地*2 などの主要な基地は撤去

*2　沖縄本島の中部にある東アジア最大の米空軍基地．それに隣接して広大な嘉手納弾薬庫も設置されている．

されず，多数の集落が基地によって姿を消したままとなりました．沖縄戦の直前までそこで生活していた人びとは，土地が開放される日を待ちわびながら，仮の居住地で不自由な生活を強いられました．

2．基地の拡充と立退き

　地上戦とともに占領が始まった沖縄では，戦争終結後も，日本本土から分離された状態の米軍統治が続きました．やがて米国政府は，ソ連をはじめとする社会主義陣営に対抗するための軍事拠点として，沖縄に建設していた基地を維持する方針を固めていきます．そして52年4月に発効したサンフランシスコ講和条約によって，米国政府は沖縄の統治を望むかぎり継続する権利を獲得し，日本本土から分離した沖縄の占領を続けました．

　そのとき沖縄では，基地を長期間使用するための拡充工事が各地で進められていました．基地内の施設が続々と建設されていく光景は，自分たちの集落に戻れる日をまちわびていた人々の希望を打ち砕くものでした．嘉手納基地に隣接する北谷村（当時）の記録には，次のように書かれています．

> いづれ不要地は開放されて，自分の部落，若くはその近くに移り住んで落ちつく事もできるだろうと一縷の望をかけて，不自由な生活もたえしのんで来たのであるが，それもどうやらはかない夢に終りそうである．　　（沖縄市町村長会編『地方自治七周年記念誌』1955年，489頁）

　さらに米軍は，住民を立ち退かせて新たな土地を確保し，基地を拡張する工事を次々と進めていきました．本章の冒頭で紹介した伊江島の真謝は，その代表的な場所の一つです．同じ時期に大きな問題となったもう一つの場所が，宜野湾村（当時）の伊佐浜集落でした．立退きを迫られていた伊佐浜の住民は，日本本土の支援者に宛てた55年5月の手紙で，周囲からの支援が得られない状況を次のように語っています．

沖縄の役人や政治家たちは，軍を恐れて軍用地問題に介入するものは一人もおりません．これに介入すれば，共産主義者の同調者というレッテルが貼られます．このレッテルが貼られたなら，職の不安はもちろん，間接的に，例えば事業家が事業資金とか建設資金を銀行から借りる場合，もしくは子弟を内地や米国に留学させたい場合の選抜試験等で，結果は歴然とあらわれます．このような環境にあっては，思った通り物が言えず，特に軍用地問題は禁物たらざるを得ないのであります．

（「伊佐浜の美田一朝にして瓦礫と化す　田里友一（伊佐浜代表）」前掲『望郷』229-230 頁）

　占領統治によって米軍が多くの権限を行使していた当時の沖縄では，基地の拡張に異議を唱えることは容易ではありませんでした．それでも伊佐浜の人々は最後まで立退きに応じず，各方面に支援を求めて行動しましたが，米軍は 55 年 7 月に武装兵によって伊佐浜集落を包囲し，家屋と農地を破壊しました．生活の場を奪われた伊佐浜の人々は，しばらくは琉球政府[*3] が用意した居住地に滞在しましたが，新たな生活基盤を作ることは難しく，2 年後には約 60 名が農業移民としてブラジルへ渡りました[*4]．

*3　1952 年から 72 年まで設置されていた占領下の政府．立法・行政・司法の機能を有していたが，その権限は占領統治によって大きな制約を受けていた．

*4　本書第 22 講（今泉裕美子）参照．

3．結束した沖縄の人々

　真謝や伊佐浜の人々が続けた懸命の訴えは，沖縄社会に広がっていた沈黙を変化させる重要なきっかけとなりました（図1）．55 年 6 月には米国に代表団が派遣され，基地として使用されている土地に対する十分な補償の実施や新たな基地拡張の中止などを求めて，下院の軍事委員会で現地の実情を訴えました．米国の議会が現地の事情に配慮した判断を下すことによって，強権的な占領政策が改善されるのではないかという期待が，沖縄の人々の間には存在していました．

　しかし 56 年 6 月に明らかになったプライス勧告（軍事委員会の報告書）は，沖縄側の要求をほぼ却下し，従来の米軍の方針を容認するものでした．それを知った沖縄社会は騒然となり，琉球政府や市町村の要人たちは，占領統治にこれ以上

図1　人々の訴え

（基地建設によって生活の場を奪われた真謝の人々は，那覇に出向いて街頭での訴えを開始し，子供たちも参加した．その訴えに多くの人々が耳を傾け，米軍発表の情報とは大きく異なる現地の実情が伝わっていった）

協力できないという意志を表明しました．プライス勧告に抗議する大規模な住民大会が各地で開催され，「島ぐるみ」の結束が打ち出されました．その言葉には，米軍統治に対するそれまでの立場の違いを超えて団結しようという思いが込められていました．沖縄への支援を訴えるために日本本土に渡った代表団の一人は，人々の心境を次のように説明しています．

> どうしてこんなに結束したかというと，これまで忍従に忍従を重ねて十一ヵ年やってきた．アメリカの無理な要求もあくまで善意に解釈して，とにかくできるだけ協力しようということで，どんなに打たれようがたたかれようがここまでやってきた．それがプライス勧告によって全く踏みにじられたという怒りなんです．　（「座談会 祖国への願い」『世界』1956年9月号，111頁）

　　　　それまでの沖縄社会には，米国の政策に協力することによって問題が改善され，住民生活が安定に向かうだろうという考え方が少なからず存在していました．占領政策を批判する言動を控え，米軍と友好的な関係を築くことによって，住民生活への配慮や支援を米国から引き出せるだろうという発想です．しかしプライス勧告を知った沖縄の人々は，そのような発想が無力であったことを痛感しました．それゆえに沖縄社会では，「島ぐるみ」の結束によって占領政策に抗議する動きが一気に広がったのです．

4．米軍基地の「シワ寄せ」という問題

　　　　日本本土に渡った代表団の一人は，日本政府に訴えるべき内容を次のように語っていました．

外交権のないわれわれはこの際，どうしても祖国に訴えて現状を打開していただく以外に方法はないと思う．本土における米駐留軍による引上げによるシワ寄せが沖縄に波及している面もあるので日本政府としても日本全体の問題としてとり上げていただきたいと思う．

（「われわれは祖国に訴える 渡日代表」『沖縄タイムス』1956 年 6 月 26 日）

　このとき米軍は，沖縄の基地面積を約 2 倍に拡張することを計画しており，新たな基地の大半は海兵隊*5 が使用するものでした．もともと海兵隊の部隊は日本本土の基地に駐留していましたが，1955年から沖縄への移駐を開始しました．

　日本降伏後に占領軍として進駐を始めた米軍は，講和条約の発効後も日米安保条約によって日本本土に駐留を続けていました．しかし米国政府は，日本本土に多数の駐留軍が存在し続けることによって米国に批判的な世論が高まることを懸念しており，そのよ

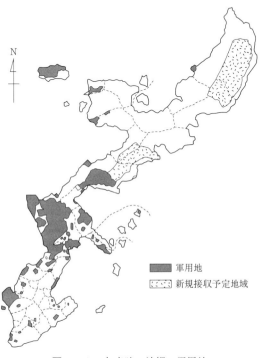

軍用地
新規接収予定地域

図 2 1957 年当時の沖縄の軍用地

うな事態を避けるために，日本本土の地上戦闘部隊（陸軍と海兵隊）を大幅に削減し，基地を返還していく方針を立てました．その結果，1955 年から 60 年にかけて，日本本土の米軍基地面積は一気に約 4 分の 1 に減少しました．

　その過程で，日本本土に駐留していた海兵隊の部隊は，米国の占領下にあった沖縄へ移駐していきました．それは沖縄の人々から見れば，基地問題の「シワ寄せ」だったのであり，沖縄の基地問題についても「日本全体の問題」として取り組

*5 陸軍・海軍・空軍とともに米軍を構成する 4 軍の一つ．沖縄には第 3 海兵師団が配備されている．

んでほしいと訴えるのは当然のことでした.

　しかし日本政府は,沖縄の基地拡張を見直すよう米国政府に求めることはせず,使用する土地への補償方法についての要望を伝達しただけでした.沖縄の基地面積は,55年から60年にかけて約1.8倍に増加し,その時点で日本本土の米軍基地面積に匹敵する規模となりました(図2).沖縄県の陸地面積は日本の国土の0.6%に過ぎませんが,そのわずかな陸地に日本本土の米軍基地面積に匹敵する規模の基地が集中していたのです.

　1960年代以降,日米安保条約に対して批判的な世論はしだいに沈静化し,日米関係は安定的に推移しました.しかしその裏面で,占領下の沖縄では米軍基地の負担がさらに増していたのです.

5. 裏切られた「祖国復帰」

*6 サンフランシスコ講和条約に基づいて米国政府が保有していた沖縄統治の権限を日本政府に返還し,米国の占領統治が終結する.

　1969年11月,日米政府は沖縄の施政権返還*6を72年に行うと発表しました.沖縄の人々が求めてきた「祖国復帰」が3年後に実現し,米国の占領統治が終了する見通しが明確となったのです.その前年に,かつて立退きを強いられた伊佐浜の元住民は,次のような文章を記していました.

> もとのわたしたちの家のあたりですか? いま兵舎,軍の車輌部隊のモータープール,軍需品の集積所などになっています.祖国復帰になったら,もうペコペコしなくてすむから,うんと強く要求してかならず返してもらって伊佐浜に戻りたいです.一日も早く帰りたいです.
> （日本教職員組合・沖縄教職員会編『沖縄の母親たち　その生活の記録』
> （合同出版,1968年,185頁）

　伊佐浜を追われたこの元住民にとって,「祖国復帰」が実現して占領が終結するということは,伊佐浜での生活を取り戻すことを意味していました.それと同様に沖縄の多くの人々が,抑圧された占領下で生み出されてきた問題が「祖国復帰」によって解消されることを強く望んでいました.

しかし日米政府が決定した沖縄返還の内実は，沖縄を統治する権限を米国政府から日本政府に返還することに限定されており，基地の返還とは無関係なものでした．そのため沖縄の人々は，71年6月に日米政府間で調印された沖縄返還協定を見直して基地問題を根本的に解決することを強く求めましたが，その訴えが尊重されることはなく，72年5月に実施された施政権返還後も大半の基地は維持されました．伊佐浜の元住民が期待していた意味での「祖国復帰」は，実現しなかったのです．

　その一方で日米政府は同時期に，東京近郊に点在していた米軍基地の統廃合を進め，そこに配備されていた爆撃戦闘機は，嘉手納基地へ移転しました．日本本土の米軍基地面積が72年から80年にかけて半分以下に減少した一方で，沖縄では大半の基地が維持された結果，在日米軍基地面積の70％以上が沖縄県内に集中するという，きわめていびつな状態が作られました（図3）．

6. 「県内移設」が意味するもの

　1995年9月に沖縄県内の米軍基地に所属する複数の米兵が起こした性暴力事件は，沖縄社会に大きな波紋をもたらしました．日本の政治にとっても，沖縄の基地をめぐる歴史に向き合うことが求められました．その翌年に日米政府が発表した普天間基地[*7]の返還計画は，沖縄の基地負担を軽減する方策として位置づけられましたが，そこには返還を実施するために沖縄県内に代替施設を用意するという条件が付されていました．

　沖縄の「負担軽減」をうたっているにもかかわらず，なぜ「県内移設」が条件とされているのでしょうか．占領下で人々を抑圧しながら作られた沖縄の基地は，いつまでも沖縄県内に温存され続けるのでしょうか．

*7　沖縄本島の中部にある海兵隊基地．2004年には隣接する大学の構内に同基地所属の米軍ヘリが墜落した．

図3　現在の沖縄本島の軍用基地

それから 25 年が経過した今日，日米政府は名護市の辺野古における新基地建設を強行しており，沖縄の人々の訴えに耳を傾ける姿勢さえも放棄しています．2015 年に沖縄県知事と内閣官房長官との間で辺野古の基地建設問題に関する集中協議が行われたとき，翁長雄志知事（当時）は，占領下において強権的に作られた米軍基地の歴史を直視するよう求めました．しかし菅義偉長官（当時）は，「戦後生まれなので，沖縄の置かれてきた歴史についてはなかなかわかりません」と答え，さらにその後の記者会見では，「戦後は日本全国，悲惨ななかで皆が大変苦労して平和な国を築いた」と述べて，占領下の沖縄に米軍基地が集中していった問題を無視する姿勢を示しました．このような歴史認識のもとで辺野古の基地建設を強行している今日の政治は，占領統治と根本的に異なるものだといえるのでしょうか．歴史からの問いかけとして，考えてみてください．

情報ガイド
・石川文洋『沖縄の 70 年 フォト・ストーリー』（岩波新書，2015 年）
　　沖縄を撮り続けてきた報道カメラマンが，多数の写真を交えながら戦後沖縄の歩みを描いており，
　　それぞれの時代やテーマをめぐる人々の息づかいが伝わってくる．
・NHK 取材班『基地はなぜ沖縄に集中しているのか』（NHK 出版，2011 年）
　　1950 年代の海兵隊の沖縄移駐から近年の辺野古の新基地建設計画までを視野に入れて，日米政府
　　の思惑と沖縄住民の反応を取材し，基地問題の根源にあるものを探ろうとしている．
・阿波根昌鴻『命こそ宝──沖縄反戦の心』（岩波新書，1992 年）
　　伊江島の基地建設に抗い続けてきた阿波根氏が，その信念と実践を語りながら，戦争と平和について考えさせる記録．

アイヌの人々への「同化」政策

谷本晃久

但馬守／右京亮

一，内地では，古代の風俗が変わってしまっていることもありますが，唐太では，かえって日本の古風が存続していることもあります.

一，ただ拙者どもは実地見分をしていないため，ここにおります村垣淡路守・堀織部正が（唐太を）廻島し，実地をよくよく存じておりますから，この両人より詳しくお聞きください.

〔……〕

使節

一，そういうことでしたら，お伺いしましょう.

淡路守／織部正

一，まず，（河川など）流れのことを「ナイ」と唱え，海の島を「シリ」と唱え，場所のことを「コタン」と唱えるなど，その類い（の地名）は，まだあります.

使節

一，それはアイノの詞であって，日本の詞ではありません.

淡路守／織部正

一，右の詞は，日本北部の詞であります.

使節

一，千島にもアイノ詞はあります．その詞は（日露の）いずれにもあるではありませんか.

（現代語訳，1859年7月26日「江戸芝天徳寺対話書」

大日本古文書『幕末外国関係文書』25巻131号文書）

---

*1　日露和親条約（1855年）で，千島列島は択捉海峡を国境と定め，サハリンは国境未画定とした．その後，江戸（1859年）やサンクトペテルブルグ（1862年）での交渉を経て，「樺太島仮規則」（1867年）でサハリン全島を両国雑居地と定め，のち樺太千島交換条約（1875年）によりサハリン全島をロシ

これは，幕末の1859(安政6)年に江戸で行われた北蝦夷地（サハリン，唐太・樺太）の国境画定*1（図1）についての日露間交渉の記録です．日本側全権の露西亜応接掛遠藤但馬守胤緒と酒井右京亮忠毗が，サハリン南部の風俗は「内地」（本州以南）では失われてしまった「日本の古風」である，と主張していることがわかります．その論拠として，サハリンを実地調査した箱館奉行の村垣淡路守範正と堀織部正利熙に，サハリンにアイヌ語地名があることを語らせています．この

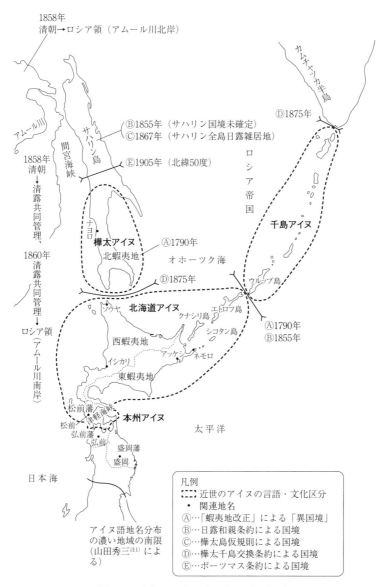

図1 19世紀の日本列島北方図（概念図）

注1）山田秀三『東北・アイヌ語地名の研究』（草風館，1993年）．

日露間の交渉ではそれぞれの主張にどのような違いがみられるでしょうか．また，なぜアイヌ民族に言及しているのでしょうか．

ロシア側全権使節の東シベリア総督ニコライ・ムラヴィヨフ伯爵[*2]はこれに対し，すぐさま反駁します．村垣らの挙げた地名は日本語ではなくアイヌ語ではないか，といい，村垣らがナイやシリは日本北部（東北地方）の地名にもあると抗弁すると，ロシア領の千島列島中北部にもアイヌ語地名があるではないか，というのです．

言語学の知見からいえば，東北地方には地鶏で有名な比内_{ひない}などアイヌ語地名が多数ありますが，それは当然北海道・サハリン南部・千島列島全域にも及んでいますから，ロシア側の主張に分があります．逆に日本側の主張は，千島アイヌを臣民とするロシアに，アイヌ語地名地域の領有権を主張する途を開いてしまっています．藪蛇以外の何物でもないわけです．

ここで重要なのは，アイヌをめぐる日露の主張の相違です．日本側はアイヌを民族としてみなすことを意図的に避け，同祖論で包摂しようとしているのに対し，ロシア側はアイヌを民族と捉え，日本との差異を前提に議論をしている，ということになります．これは，どのようなことを意味しているのでしょうか．

1. 同祖と同化

いまみたようなアイヌをめぐる日露の認識の差異は，蝦夷地と称された地域に18世紀末にロシアが接近してきた当初から，確認することができます．初めて幕府が公式に応接したロシア使節がアダム・ラクスマン海軍中尉であったことはよく知られていますが，ラクスマンが来航に際してイルクーツク総督から与えられた訓令書に，日本との通交交渉ととも

に，次のような内容の探索が含まれていたことは，あまり知
られていません．

・日本人とアイヌとの抗争関係，とりわけクナシリ・メナシの戦い*3の実否．
・アイヌと清朝・朝鮮との通交関係の有無．
・日本や中国の影響の及ばない独立したアイヌ集団の有無．

（要旨，1792年5月10日（露暦）付訓令書，A. S. ポロンスキー

（駐露日本公使館訳）『千島誌』叢文社，1979年）

　つまり，ロシアは日露間交渉と並行して，アイヌ民族の帰
趨を問題とし，日本と分離する可能性を調査させているので
す．

　幕府はこれ以降，蝦夷地の先に邪宗門たるキリスト教を奉
ずる「異国」が存在していることを自覚し，結果的に蝦夷
地を幕領とし，サハリン南部とエトロフ島をもって「異国
境(いこく)」*4として通交を制限するなど，「蝦夷地」を「鎖国」の
内とみなす措置をとっていきます．その過程で，蝦夷地のア
イヌにつき，同祖論で包摂するとともに，男性の月代(ちょ
んまげ姿)や女性の結髪(日本髪)など，同時代の和風風俗を
奨励する同化政策を始めていきました．この措置は，その後
展開する松前藩復領，開国後の第2次幕領にも基本的に継続
し，明治維新に及びます．

　蝦夷地を「異国境」の内＝「日本」の枠組みの内とみなす
と同時に，同化政策が及ぼされたことは，示唆的です．日露
のはざまで，異なったアプローチによりアイヌ民族をめぐる
両者の綱引きが起きたとみえるからです．つまり，近世後期
の日本にとってアイヌの同化政策は，北方の国境をめぐる外
交・安全保障上の措置であり，きわめてセンシティブなもの
であったことがわかるでしょう．アイヌの人々への同化政策
の始まりは，その民族的個性を糊塗することにより，蝦夷地
領有の自明性を主張する幕府の意図に基づいていたわけです．

*3　1789（寛政元）年
に南千島・北海道東部
で生じた武力紛争．ア
イヌ勢と松前藩兵との
最後の戦いとなった．
松前藩兵が勝利し，以
後，場所請負制度が蝦
夷地全域に及んだ．

*4　クナシリ・メナ
シの戦いの戦後処理策
として，1790年に松
前藩が幕府へ提出した
文書に明示された語．
サハリン南部ならびに
千島列島南部を「異国
境」とし，その内の警
衛と外との通交管理が
松前藩に委任された．
幕末の日露和親条約に
おける国境は，この範
囲が追認された．

図2　幕末に「同化」を受容したアイヌを描いた図

（「蝦夷土人りどん」　別海町立加賀家文書館所蔵．和風を受容し月代を剃った男性が，女性に
嫌われている．「いやでならぬよ　鬢付ヶくさい　もとのアイノに　なれや寝る」とは女性の
言．和人の筆による作品であるが，「同化」にはこうした文化摩擦が生じたことだろう）

2.　劣位の編入

　では，同化を受容したアイヌの人々は，和人（いわゆる日
本人，百姓）と同様に遇されたのでしょうか．そうではあり
ません．そもそも，「蝦夷」という名称は，中国の中華思想
を取り入れた考え方に基づきます．「夷」は「華」に対する
語で，東夷・西戎・南蛮・北狄の一つ，つまり「東の野蛮人
（の住む土地）」という意味をもちます．幕末に幕府は，アイ
ヌ民族を指した「蝦夷人」の名称を改め「土人」（ここでは，
「土地の人」という意味）としますが，これは先に述べたロシ
アとの関係においての措置で，アイヌの民族性を糊塗する意
図に基づきます．

　「土人」のうち，和風を受容したアイヌ（図2）は，「百姓
並」とされました．「百姓」ではなく「百姓並」なのです．
そして，和風を受容したアイヌが，和人同様の給与を要求し

た記録が残っていますが，その訴えは受け入れられませんでした．アイヌの人々を劣位にみなし，遇することは変わらなかったのです．

これは，明治維新を迎えたのちも継続します．維新後の日本は，西欧の文物を導入した近代国家を形成しますが，その際，思想・文化の受容（啓蒙）も行われました．これを積極的に担った福沢諭吉の「遺伝」をテーマとした新聞解説記事に，次のような一節があります．

> 〔……〕北海道の土人の子を 養 て之に文を学ばしめ，時を 費 し財を捐て、辛苦教導するも，其
> 成業の後に至り我慶應義塾上等の教員たる可らざるや 明 なり．蓋し其本人に罪なし．祖先以来
> 精神を錬磨したることなくして遺伝の智徳に乏しければなり．
>
> （福沢諭吉「遺伝之能力」『時事新報』1882 年 3 月 25 日付）

アイヌ民族の子弟は「遺伝の智徳に乏し」いため，いくら「教導」を加えたところで，「慶應義塾上等の教員」にはなれないのだ，とする認識です．現代の観点からすると非科学的かつ荒唐無稽な断案が，臆面もなく述べられています．

しかし，民族や人種に「能力」の優劣をみるこうした考え方は，当時社会進化論[*5]として，西欧由来の科学的なものとみなされていました．こうした認識に基づいて，「北海道旧土人保護法」[*6]において「北海道旧土人」に対する土地所有権の制限が定められ，同法が 1997 年まで廃止されなかったことは，周知の事実に属するでしょう．こうした，当時"科学的"と信ぜられた物差しによっても，近代のアイヌの人々は，日本社会にあって劣位に位置づけられてきたことになります．

3. 近代の「同化」政策

さて，「「日本」の枠組み」のなかにあって，アイヌの人々が，劣位に位置づけられたうえで「同化」を強いられたこと

[*5] 19-20 世紀の社会理論．ダーウィンの進化論を人類の文化の分析に応用．優生学など人種・民族・障害の有無などに優劣をつけ，優勝劣敗を正当化する差別的な思想．

[*6] 1899（明治 32）年制定の法律．北海道のアイヌ民族を「旧土人」とみなし，「保護」の対象とする．教育・衛生の保障と農地給付を眼目とするが，教育は簡易な課程が日本語で強いられ，農地の給付は主に開拓の際に控除されたわずかな「保護地」の分与に限られた．

図3　近世後期の蝦夷風俗を描いた巻子
（「蝦夷ノツカ〔図画〕」　東京大学史料編纂所所蔵．通詞が和人武士とア
イヌ女性との間に立ち，通訳をしている様子が描かれた場面）

は，近世・近代ともに継続した側面でした．「同化」を奨励する理由として，アイヌの伝統文化が「弊風」・「陋習」（劣った悪い風習）であるなどとみなしたのは，幕府も明治政府も変わりはありません．

　一方，近世と近代とで決定的に異なる点があります．それは，近代以降の北海道開拓政策の進展に伴う「殖民」の過程で，各地のアイヌ民族が人口のうえで圧倒的な少数者となった点です．幕末に約8万人だった人口が，20世紀初頭に約100万人となったのが北海道の状況でした（うちアイヌの人口は約2万人で変わらず）．

＊7　近世のアイヌ語通訳．和人が任じられた．場所請負商人の手代の役職で，アイヌの差配にあたった．松前藩や幕領期の幕臣にも通詞が登用された．

　近世に存在した蝦夷通詞＊7（図3）は，近代初頭には「土人取締」と名を変えますが，20世紀を待たずに廃止されました．アイヌ語の存在を前提とした支配の終焉です．同じ時期に，民族別行政を前提としアイヌを任用した「土人伍長」制度も停止されます．

　アイヌの人々は，そのうえで「旧土人」と位置づけられ，文明化・近代化のツールは，教育を含め和語（日本語）・和風への「同化」が唯一の選択肢として強いられつつ，社会進化論の尺度により劣位にみなされ，「保護」の対象であることが所与の前提とされたのです．アイヌ民族の家庭に生まれた言語学者・知里真志保＊8が1937年に刊行した著書のなかで，みずからの出身地がいち早く近代化（「新らしい文化」への「同化」という表現を用いている）したことを肯定的に評価したうえで，伝統的な言語・文化を記録し「後世に残すことを得た

＊8　知里真志保（1909-61年，北海道）．東京帝国大学卒．文学博士．樺太庁立豊原高等女学校教諭などを経て，戦後北海道大学教授．『分類アイヌ語辞典』で朝日賞．本文中で引用した著書は，知里『アイヌ民譚集』（1937年／『知里真志保著作集』1巻収録）．

愉快さを私はしみじみと感ずる」と述懐するのは，こうした
状況を踏まえて読まなければなりません．

　「北海道旧土人保護法」を廃止し「アイヌ文化振興法」が
制定され（1997年），国会でアイヌ民族を先住民族とする決
議がなされ（2008年），また「アイヌ施策推進法」の制定
（2019年）によりアイヌ民族が法的にわが国の「先住民族」
と位置づけられたいま，国家の枠組みのなかで「同化」を強
いてきた経緯を反省しつつ振り返り，これからの日本社会が
多文化共生社会を実現するために何が必要か，ともに考えて
いくことが求められています．

情報ガイド
・北原モコットゥナシ・谷本晃久監修『アイヌの真実』（ベスト新書，2020年）
　　「同化」政策を含むアイヌの歴史・文化・現状を概観し，多文化共生社会を目指すために考えてお
　　くべきトピックをわかりやすく提示．
・菊池勇夫『アイヌ民族と日本人——東アジアのなかの蝦夷地』（朝日選書，1994年）
　　近世の「同化」政策について，その論理や実際を明快に叙述している．
・萱野茂『完本 アイヌの碑』（朝日文庫，2021年，初版1980年）
　　幕末から近現代にかけての「同化」の実像を，アイヌ民族自身の個人史に即して具体的に叙述して
　　いる．
・藤本英夫『知里真志保の生涯——アイヌ学復権の闘い』（草風館，1994年）
　　知里真志保の詳細な評伝．近現代の「同化」をめぐる苦悩にも触れるところが少なくない．
・公益財団法人アイヌ民族文化財団ホームページ https://www.ff-ainu.or.jp/
　　いまを生きるアイヌの人々の活動を紹介．「オルㇱペスウォㇿ」では，実際のアイヌ語音声に触れる
　　ことができる．ウポポイなど，関連機関へのリンクも充実．

近代化と私たち

④女性の歴史

⑤産業革命

⑥政治の担い手

⑦近代社会と宗教

女性の政治参加

大江洋代

> 昨春府立高女を卒業致し，只今家事の手伝いのみを致して居ります十九歳の娘で御座います．自分の身の振り方に付いて，皆の意見が一致せず迷って居ります．
> 家族のそれぞれの意見を記して見ますと
> 父──某所に勤務──働いて自分のものをより以上にしたいと思ふならば，職業婦人になっても良い．
> 母──裁縫手芸専門の学校に入り免状をとって置くように．
> 兄二人──共に区役所に勤務──自分達周囲の婦人等を見て考えても外に出ず，生花，裁縫等を一通り習い，家庭にて修養，結婚生活に入るのが自分のため一番幸福な道だと思う．
> 私──兄に同意はするが少し心細い．結婚生活に入るまでに，万一の場合少しでも役立つよう職なり経験を持って置きたい．生花，裁縫等では親を煩わさねばならぬ故，今から職業婦人となり，後の経験に致したい．　　　　　　（「女性相談」『読売新聞』1936年4月30日）

　これは1936（昭和11）年に新聞に投書されたある女性の悩みです．女性は19歳，卒業後の進路に悩んでいて，家族の意見も分かれているようです．たとえば兄たちは結婚して家庭生活を送ることがよいのだと言い，一方彼女自身は職業婦人となってもよいのではないかと考えています．いまでも，進路のことで悩んでいる人は多いかもしれません．ではなぜ私たちはそうした場面で悩むのでしょうか．この女性の投書では，兄たちが「周囲の婦人」を見比べながら，「外」に出ずに内＝「結婚生活」に入るようアドバイスしていることが鍵になるかもしれません．

　「○○ならこうあるべき」といった規範意識はさまざまに存在しますが，こうした規範のうち，男や女といった性別に基づいた規範の存在を，みなさんは感じたことがありますか．私たちが今，性をめぐる規範意識を持っているとすればこれ

は主に明治以降，歴史的に形成されてきたものであるかもしれません．この投書の当時には男性が「外」，つまり会社などで働き，女性が「内」なる家庭の世話をするという規範意識が成立していました．その規範意識に，彼女は悩むことになります．

　この投書は80年以上前の昔のものですが，いま私たちはこうした規範意識からまったく自由でいられているでしょうか．本講では，こうした性規範が如実に表れていた政治の場における女性の歴史から，このことを考えてみたいと思います．

1. 女性のいない立憲制

　近世の人々と，近代以降の私たちとの大きな違いの一つに，私たち自身が国家の意思決定に関わることができる，ということがあります．明治新政府は，江戸幕府は人々の意見を聞かずに政治を行ったために倒れたのだ，とみずからの正当性をアピールしていました．そのため天皇が新政府の方針を神々に誓った「五箇条の御誓文」には，政府の決め事はすべて話し合いで決めましょうと掲げられていました．したがって議会を開設し，人々の意見を政治に反映する制度を作ることは明治政府，および当時の人々にとっての課題であり，期待であったのです．

　そして1889年，国政選挙について定められた衆議院議員選挙法が成立し，日本は議会をもつ立憲制国家となりました．しかし同法で選挙に関わることのできる人は「日本臣民男子」の高額納税者に限られました．人々が政治参加できる制度を作ることは明治政府の課題であったにもかかわらず，参政権が許されたのは一部の男性のみでした．国家目標として実現された明治立憲制は，「女性のいない立憲制」であったといえます．そこには当時の女性の役割として政治参加はふさわしくないという考えがありました．その代表的な意見を

みてみましょう.

> 女性に選挙権を与えるとの説は愚かである. 男性とはいえ 20 歳にならなければ知識は充分でない. 女性は 20 歳になっても知識は充分でない. それ女性は嫁しては夫に従うものだからである.
> (1879 年第 2 回地方官会議, 政府委員松田道之の発言, 我部政男ほか編
> 『明治前期地方官会議史料集成』 2 期 4 巻, 柏書房, 1997 年)

　こうした女性観は近世以前の女性観を引き継ぎながら, 明治期以降に新たに作り直されたものでもありました. たとえば, 女性は兵役の義務を果たさないことなども女性に選挙権を与えない理由として掲げられてきました. 先出の衆議院議員選挙法などがこうした考え方を法的に保障していくなかで, 男性は政治, 兵役の「公的」領域を担うものとされ, 女性は男性の妻や母として家事, 育児, 出産の「私的」領域を担うものとされたのです.

2. 明治期の婦人参政権獲得運動

　男女の差別が広まっていく一方で, 明治初期には欧米の男女同権論も紹介されていました. さらには婦人参政権を訴える運動を展開した女性もみられました. その一人, 景山英子[1] は 17 歳のとき, 「政治は女性に無関係と思い込み, 男性に独占させて何も感じないとは何事か」という男性民権家の演説を聴き, 「感激のあまり涙に咽び, 心私かに参政運動を覚悟した」(「自由民権時代の婦人運動」『普選』1-1, 1927 年)といいます. そして帝国議会開設後, 「女性のいない立憲制」を疑問に思う女性たちは議会や新聞・雑誌などへ意見を表明するようになっていきます.

[1] 景山英子 (1865-1927 年, 岡山県). 自由民権期の運動家.

3. 大正期の婦人参政権獲得運動

　第一次世界大戦後, 資本主義の発展と都市化に伴いこれま

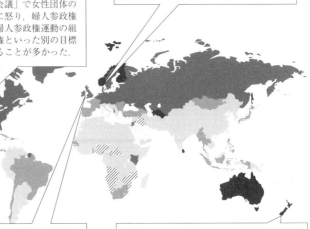

①勃興 1848 年，アメリカ
　奴隷制度反対主義者エリザベス・ケイティ・スタントンは，1840 年にロンドンで開かれた「世界奴隷制会議」で女性団体の参加が阻害されたことに怒り，婦人参政権を求める運動を開始．婦人参政権運動の組織は人種の平等や自決権といった別の目標をもつ団体に属していることが多かった．

③民族主義闘争と婦人参政権
1909 年，アイルランド
イギリスに対する独立運動のなかで実現．

■ 1914 年以前
■ 1914-20 年
■ 1921-45 年
□ 1946-70 年
▨ 1971 年以降
国政選挙での女性参政権が導入された年代

④女性の戦争参加と婦人参政権
1918 年，イギリス
　婦人参政権運動を主導するサフラジェットは，第一次世界大戦中，女性が軍需工場で働き，男性と同じく社会に貢献する力があると主張し，投票権を獲得．

②最初の獲得
1893 年，ニュージーランド
　男性の飲酒を減らし家庭内暴力を減らすには女性が政治的な力をもつ必要があると主張する団体が，3 万 2,000 人の署名を集め，マオリ族を含む全女性に投票権を実現．

図1　世界の婦人参政権獲得運動とその様々な背景

で家事労働に従っていた女性が，家の外の職業に就くようになりました．こうして社会に進出した女性のなかから婦人参政権を求める運動が湧き上がっていきます．

　女性の運動を後押ししたものにヨーロッパ諸国における婦人参政権の実現がありました．婦人参政権獲得運動は，欧米で 19 世紀半ばに勃興し，1893 年のニュージーランドを皮切りに，婦人参政権を勝ち取ってきていました．さらに第一次世界大戦後には，戦争への女性の参加，あるいは民主を背景に，次々と女性が選挙権を得ていきました（図1）．

　日本において婦人参政権獲得運動の中心となったのは，市川房枝*2，平塚らいてう*3 らの新世代の女性たちでした．彼女たちは 1922 年，女性が政治演説会の発起人になったり，

＊2　市川房枝（1893-1981 年，愛知県）．愛知女子師範学校卒業後，小学校教員，新聞記者を経歴し婦人運動家，戦後は，政治家．

演説を聞いたりする自由を回復するよう請願しています（治
安警察法第5条第2項改正）．

（一）単に婦人であるといふ理由から政治結社に加入する自由，及び政談集会に会同，若しくは
其発起人となる自由を禁ずるのは不合理であります．（二）婦人がその女として，母としての思
想や感情を通じて健全なる文化の発展にあづからうとする時，政治的知識を欠いていてはそれを
全うすることができません．（三）社会生活乃至は職業生活に従事する婦人は殊に政治的知識を
必要と致します．（四）今日の時期尚早論者の理由とするところは，現在の日本婦人はあまりに
政事的無知だと云ふ事でありながら，その能力に必要なる機会を拒むが如きは矛盾も亦甚しいも
のであります．（五）婦人参政権問題は世界大戦の結果として既に世界的承認を得，今や我が日
本に於いても男女を問わざる普通選挙要求の声さへ起つております．この時に於いてかかる法律
をそのままに存置する事は，あまりに時代の趨勢に反します．（後略）

（『女性展望』1，1920年）

　世界の趨勢や，日本女性を取り巻く環境の変化を踏まえた
この請願に対しては，家族制度が組み込まれた日本という国
のあり方にそぐわないという理由から反対意見が述べられま
した．こうした根強い男女区分の意識のなかで1925年に普
通選挙法が成立します．やはりそこでも女性に選挙権が与え
られることはありませんでした（図2）．

＊3　平塚らいてう
（1886-1971，東京都）．
日本女子大学卒業後，
女性文芸誌『青鞜』を
発刊．

4. 昭和戦前戦中期における婦人参政権獲得運動

　その後の1930年代，時代は戦時下に入っていきます（ア
ジア・太平洋戦争）．女性たちも次第に，国民生活のすべて
を戦争に注ぎ込む国家総動員体制と向き合うことを余儀な
くされます．当初，女性のなかには戦争自体に反対する動
きもありましたが，市川ら婦人運動のリーダーたちは，戦
争協力を行った先に女性の地位向上と婦人参政権獲得があ
ると信じ，戦争協力に舵を切っていくことになります．

図2　北沢楽天「参政
権を要求する婦人と要
求せぬ婦人」
（『時事漫画』204，1925年，
対照的な婦人参政権運動へ
の態度が示されている）

5. 敗戦と婦人参政権の実現

　1945年8月15日，日本は敗戦します．市川は，その数

図3 文部省が女性に初めての投票を呼びかけるポスター

（女性は男性より「忠実」であり，「カンを持って居られ」るので投票しましょうと呼びかける）

日前米軍機がまいたポツダム宣言についてのビラを見て戦後の女性の地位改善を予期し，同志を募って政府へ婦人参政権の要求を行いました．こうした運動と GHQ による改革とがあいまって，戦後の日本で婦人参政権が実現しました．

翌年，女性の参政権が認められた戦後初の総選挙では 79 人の女性が立候補し，39 人が当選しました．女性の投票率は約 66％（男性約 77％）でした（図3）．

6. 戦後女性政治家の群像

このとき当選した園田天光光*4 の回想を読んでみます．

戦後初の総選挙で，女性の議員が三十九人も当選したものですから，女性たちで一緒に何かをやろうという気構えでした．しかし，いろいろ試みたのですが，実現できたのは一つだけ，牛乳の値段を上げさせなかったということぐらいじゃないでしょうか．問題はたくさんあるんですけど，結局，「党に持ち帰って……」となると，党の方針がそれぞれ違いますでしょ．ですから，一緒にできる範囲が狭められる．党の中にあって，女性の立場を守りながら，一緒にやれるものだけやっていくしか仕方ないんじゃないか，という結論になったと思います．

（「新編・戦後政治　女性たちが語る」『毎日新聞』1992 年 6 月 7 日）

*4　園田天光光（1919-2015 年，東京都）．東京女子大学，早稲田大学卒．日本初の女性代議士の一人となる．

生活に直結した問題から政治に切り込もうとした女性議員の姿勢と壁が浮かび上がります．

時代が下ると次第に政治の場で重きをなす女性も登場してきました．1960 年に女性初の大臣（厚生大臣）となった中山マサ*5 は，就任記者会見で「私は女だからとくに婦人と子供の問題に重点を置く」（『毎日新聞』1960 年 7 月 19 日朝刊）と述べました．また 1993 年に女性初の衆議院議長となった土井たか子*6 は，「私は議長になったからには，先例・慣例にが

んじがらめになっ
ている国会を改革
しようと思った.
手始めに議員を本
会議で「○○君」
でなく「○○さん」
と呼びました」と
述べています（『朝
日新聞』1997年1月
7日）.

表1 各国の国会議員に占める女性の割合
（下院（衆議院）または一院制）2018年

1位	ルワンダ	49/80人	61.3%
7位	スウェーデン	161/349人	46.1%
19位	ニュージーランド	46/120人	38.3%
47位	ドイツ	31/100人	30.7%
75位	アメリカ	102/434人	23.5%
120位	韓国	151/300人	17.0%
162位	日本	47/465人	10.1%

（内閣府男女共同参画局「平成30年度女性の政策・方針
決定参画状況調べ」より作成）

*5 中山マサ（1891-1976，東京都）．アメリカのウェスリアン大学卒．教員生活ののち，衆議院議員（当選8回，自民党）となる．第1次池田勇人内閣の厚生相として入閣.

*6 土井たか子（1928-2014年，兵庫県）．日本初の女性の政党党首．同志社大学卒，同大学などで憲法学の講師を務める．1969（昭和44）年の総選挙で社会党（日本社会党）から当選.

　彼女たちは時代こそ違えど，いわば女性ならではの観点を政治に活かそうとしているようにみえます.

7. 現 在 地——なぜ女性政治家が増えないのか

　さてこうして婦人参政権は獲得され，女性政治家も誕生するようになりました．ただ表1から読み取れるように，他の国と比べて日本では女性の国会議員の数があまり多くありません．ある女性政治家（現衆議院議員野田聖子，1993年初当選）は次のように話しています.

> 当時，政治家というのは女性がやってはいけない仕事の一つでした．そもそも「女性が何で働くの？」という男の人たちの素朴な疑問が根強くて．すでに少子化は始まっていたけど，「男たる国会議員が口に出す政策ではない，些末な問題だ」と私は言われてきました．今は手のひらを返したように「少子化問題の解決を」と言っているけど．まだ本音では女性が政治家である必要はないと思っているんじゃないかな. 　　　　　　　　　　　　　　（『朝日新聞』2019年5月24日）

　私たちはかつてあった性規範を克服できているでしょうか．みなさんそれぞれが，きっと一つではないその答えを見つけていくことを願っています.

情報ガイド
・山川菊栄『おんな二代の記』（岩波文庫，2014年，初版1956年）
 山川は明治・大正期の婦人参政権獲得運動に尽力した．本書は母とみずからの人生を振り返った自叙伝．近世近代を通しての女性の立場やその変化が読み取れる．
・ナスリーン・アジミ，ミッシェル・ワッセルマン（小泉直子訳）『ベアテ・シロタと日本国憲法——父と娘の物語』（岩波ブックレット，2014年）
 幼い頃，日本に滞在し，のちにGHQの憲法草案制定委員として憲法に男女平等を書き込むことになったベアテ・シロタの伝記．外国人の目からみた近代の日本の女性について読み取れる．
・三浦まり編『日本の女性議員——どうすれば増えるのか』（朝日選書，2016年）
 制度は平等であるのに，なぜ日本の女性議員が増えないか政治学の観点から考察したもの．
・公益財団法人市川房枝記念会 女性と政治センターホームページ
 https://www.ichikawa-fusae.or.jp/
 大正から昭和を通じ，婦人参政権獲得運動に奔走した市川房枝の資料を展示．

近代化と私たち ｜ ④女性の歴史● ｜ 第7講

主婦と働く女性

佐藤千登勢

質問：自分で働いて生活している若い女性は，結婚後，よい妻になると思いますか．

シドニー・フリッシュ（弁護士・男性）：私の印象では，自分で働いて稼いでいる女性は，よい妻にはならないと思います．せわしないビジネスの世界に身を置いていると，気持ちが落ち着かなくなります．そうした経験は，結婚生活に決してよい影響を与えません．

キャリー・ケルシー（電話交換手・女性）：働いている女性がよい妻になるとは思えません．なぜならば，彼女たちは自立しすぎているからです．自分ですべての支払いをして，何でも自分でやることに慣れてしまっています．

ロンソン・D・カルキンズ（キウォニーボイラー会社のマネージャー・男性）：働いて自活している女性は，よい妻になると思います．社会での経験があり，ずっと家庭にいる女性よりも現実的な考え方ができます．そして，お金の価値も理解しています．

("Do Girls Who Have Earned Their Living Make the Best Wives?"
Chicago Daily Tribune, April 25, 1922)

　これは，1922年4月にシカゴの新聞社が，結婚前に女性が働くことの是非について，街頭で行ったインタビューの一部です．当時，女性は結婚すると家庭に入り，専業主婦になるのが当たり前でした．このインタビューは，女性が学校を卒業後，結婚するまでの間，社会に出て働くのがよいのか，あるいは家庭で結婚準備をするのがよいのかを問うています．

　アメリカでは，19世紀末に西部開拓の時代が終わり，1920年には都市の人口が農村の人口を上回りました．それに伴い企業などで働く女性の数も増え，伝統的なジェンダー規範が少しずつ変化しはじめました．その背景には，1920年に女性が国政レベルで参政権を獲得したことや，産児制限が進み，出生率が低下したことがありました．

　アメリカ人の女性は，早くから社会進出を果たしていたと

図1 ニューヨークの会計事務所で
働く女性タイピスト（1925年）

いう印象がありますが，日本と同じように家事や育児，介護のために，自分がやりたい仕事をあきらめたり，働き方を変えることを余儀なくされる女性は，アメリカでも少なくありません．なぜ，女性はこのような状況に置かれてきたのでしょうか．本講では，「家庭か仕事か」という議論が，20世紀のアメリカでいかなる変遷をたどったのかをみていきます．

1.「新しい女」の登場

　1920年代のアメリカでは，斬新なファッションや生活スタイルを楽しむ若い女性が注目を集め，「新しい女」が大衆文化の象徴となりました．未婚女性の半数近くが就労し，教師や看護師に加えて，タイピストや速記者として働く「オフィス・ガール」（図1）が増えました．彼女たちは，アメリカ生まれの白人中産階級の女性で，高校を出て数年間働き，結婚とともに退職して専業主婦になりました．既婚女性で働いている者は10%にすぎませんでした．その多くは，夫の収入が少なく，家計を補助するために働き続けた労働者階級の女性や移民女性，黒人女性であり，家政婦や工場労働者として雇用されていました．

　結婚後も女性が働き，キャリアを積むことに対して，当時の社会は否定的でした．病死した夫の後を継いで，ワイオミング州でアメリカ初の女性州知事になったネリー・ロスは，女性の役割について次のように述べています．

2. 「幸せな主婦」像

　結婚して家庭に入ることが，女性にとって最も幸福であるという考え方は，この時代に形成された主婦像に表れていました．1920年代には都市部で電化が進み，冷蔵庫，掃除機，洗濯機，ラジオなどの家電製品が普及しはじめました．まだ価格が高かったため，それらを購入できたのは，中産階級の上層以上の家庭に限られましたが，こうした家電は家事の負担を減らし，主婦は以前よりも自由な時間をもつことができるようになりました．家電の広告には，そうした「幸せな主婦」の姿が多用され，女性は大衆消費社会を支える存在とみなされました（図2）．

図2　フリッジデール社の冷蔵庫の広告（1930年）

3. 家庭か仕事か

　1929年秋に大恐慌が始まると失業者が増え，働く女性，特に仕事をしている既婚女性に対する風当たりが厳しくなりました．企業や役所は，夫の収入がある既婚女性を解雇する規則を設け，連邦政府は1932年の経済法によって，1世帯で2人以上が公務員として働くことを禁止しました．

　しかし，1939年秋にヨーロッパで第二次世界大戦が始ま

図3　リベット工ロージー
（ノーマン・ロックウェルのイラスト『サタデーイ
ブニングポスト』1943年5月29日. リベットとは,
金属板などを接合する鋲のこと）

ると, こうした状況は一変しました. 軍需関連の生産が拡大し, 人手不足が生じると, 政府や実業界は女性の就労を奨励しました. その結果, 未婚女性はもとより, 既婚女性の4人に1人が働くようになりました. 女性の雇用が最も増えたのは, 西海岸の大都市や東部・中西部の工業都市で新設された軍需工場で, 1944年7月には軍需産業に従事している労働者の37％を女性が占めました.

「リベット工ロージー」（図3）に代表される当時のプロパガンダは, 愛国心に駆られて工場で増産に努める女性の姿をアピールしました. しかし, 女性が働くのはあくまでも国家の非常事態に対処するためであり, 戦争が終われば仕事を辞めるべきだとされ, ほとんどの女性は, それを仕方がないこととして受け止めました.

> 女性は家庭に帰れということでした. 私たちはわかっていました. 男性には〔戦地から〕戻ってきたときの仕事が保障されていました. 私はその頃すでに仕事に疲れており, 家庭に戻る心の準備ができていました. 娘と家でやりたいことがたくさんあったので, そうした時間を楽しみにしていました.
>
> (Charlcia Neuman, Rosie the Riveter Revisited, Virtual Oral/Aural History Archive, California State University, Long Beach)

4. 理想的な家族像の形成

　第二次世界大戦後, アメリカは世界最大の経済大国として繁栄を謳歌しましたが, ソ連との冷戦のなかで, 社会は保守化しました. 安定した家庭生活が, 民主主義の基盤であると考えられ, 理想的な家族像が形成されました. それは, 郊外の住宅地に住み, 会社員の夫と専業主婦の妻, 子供たちから

なる白人中産階級の核家族でした（図4）.

その一方で，住宅や自動車，家電を購入したり，子供を大学へ進学させるために働く女性も次第に増え，既婚女性で就労している人の比率は，1960年には32%へと上昇しました．以前から結婚後も働き続けていた労働者階級の女性や黒人女性に加えて，白人中産階級の既婚女性も，子供が就学年齢に達した後，再就職する人が増えました．

図4　「台所論争」
(1959年7月にモスクワで開催されたアメリカ博覧会で，ニクソン副大統領とフルシチョフ第一書記が米ソの家庭生活について議論した)

ただし，既婚女性の就労が，女性の経済的な自立やキャリアの形成という観点から奨励されることはほとんどありませんでした.

> 家族のためにより豊かな生活――物の購入であれ，教育や医療であれ――を手に入れたいと願うのは，多くの人が共感するところであり，そうした理由であれば，家庭での責任を果たしたうえで，すべての時間とエネルギーを奪われない範囲内で，主婦が外で働くことも許されるであろう.
> (Ford Foundation, Womanpower: A Statement by
> the National Manpower Council, 1957)

5. 第二波フェミニズムの興隆

1960年代に入ると，「家庭か仕事か」という選択を女性に迫るような風潮は次第に批判されるようになりました．ベティ・フリーダン*1 が『新しい女性の創造』を出版し，1966年に NOW（全米女性機構）を設立して，女性差別の撤廃に向けた活動を始めたことが，こうした変化の契機になりました．この頃，アメリカでは人種差別の撤廃を求める公民権運動や学生運動，ベトナム反戦運動が勢いを増しており，ヨーロッパ諸国や日本でも若者を中心に変革を求める社会運動のうねりがみられました．こうした潮流に触発された白人中産階級の女性が中心となり，第二波フェミニズム*2 と呼ばれる女性解放運動が展開されました．NOW が出した宣言には，合

*1 ベティ・フリーダン（1921-2006年）. NOW を創立しフェミニストとして活動した.

*2 アメリカでは，19世紀半ばから始まった女性参政権を求める運動を第一波フェミニズム，その後，1960年代から行われた女性解放運動を第二波フェミニズムと呼んでいる.

衆国憲法に男女平等条項（ERA）を入れることや，人工妊娠中絶の合法化などに加えて，雇用における性差別の禁止が盛り込まれました．

男性だけでなく，すべての女性に平等な雇用機会が保障されなければならない．そのために，平等雇用機会委員会は，1964年公民権法の第7条に基づいて，雇用における人種差別と同じように，雇用における性差別を禁止すべきである．　　　　　（NOW権利宣言，第2条，1967）

6. 現 在 地

　今日のアメリカでも，ジェンダー規範が家庭や職場から完全になくなったということはできません．結婚後は夫の仕事が優先され，妻が家事や育児に多くの時間を割くことを当然とする風潮や，職場で女性が男性と同じように昇進するのを阻む「ガラスの天井」の存在，女性に対するハラスメントの横行などの問題があります．ジェンダーに関わりなく，ひとりひとりが生活や仕事において自分の能力や個性を十分に発揮できるような社会を私たちは実現していかなければなりません．

情報ガイド
・エレン・キャロル・デュボイス／リン・デュメニル（石井紀子ほか訳）『女性の目からみたアメリカ史』（明石書店，2009年）
　　植民地時代から現在までのアメリカ女性史の概説書．
・有賀夏紀・小檜山ルイ編『アメリカ・ジェンダー史研究入門』（青木書店，2010年）
　　アメリカ女性史・ジェンダー史の主要なテーマに関する論文集．
・ベティ・フリーダン（三浦冨美子訳）『新しい女性の創造　改訂版』（大和書房，2004年）
　　第二派フェミニズムの起点となったフリーダンによる著作．原題は『女らしさの神話』．

産業革命はなぜ「革命」と呼ばれるのか

長谷川貴彦

> 産業革命に関する本質は，それまでの富の生産と分配を支配してきた中世的諸規制に代わって，競争が出現したことにある．――新しい大資本家的雇用者階級は，――自らは工場の労働にはほとんど全く参加せずに，また何百という労働者とは全く面識がなかった．その結果かつての親方と労働者の関係はなくなり，「金銭関係」が人間的結合にとってかわった．
>
> （アーノルド・トインビー『産業革命に関する諸講義』原著 1884 年）

「産業革命」という用語がイギリス人の間に定着したのは，アーノルド・トインビー[*1] によるものです．トインビーの「産業革命」概念には，いくつかの特徴がありました．一つは，産業革命を急激な変化，つまり「断絶」と捉えるものでした．旧い経済的秩序は，「蒸気機関と力織機の力強い一撃」によって破砕されたのです．トインビーの捉えた産業革命の中心的な要素は「発明」でした．産業革命の起点は，蒸気機関，紡績業や金属業での新技術が発明された 1760 年代に求められることになります．

*1 オックスフォード大学教授．19 世紀末ロンドンで貧民救済の慈善活動を展開して，セツルメント・ハウス（隣保館）のトインビー・ホールを建設した．有名な『産業革命講義』は，こうした社会問題への関心を背景に行われ，急激な社会変動をもたらした発明＝技術革新に注目した．

1. 革命論の系譜

これに対し，トインビー以降，特に戦間期のイギリスの経済史家は，18 世紀後半に発生した産業革命の革命性に対して懐疑的でした．綿工業の領域においてさえ 1850 年までに一部が革命的に変化したに過ぎず，経済の諸部門は実質的には変化していなかったというのです．第一に，18 世紀末に劇的な変化は認められず，16 世紀から連続して経済成長が

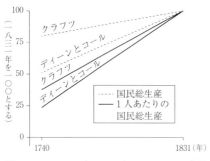

図1 ディーン／コールとクラフツの成長
率比較

*2　近代化論では、
産業革命という伝統か
ら近代への移行を「離
陸」という航空機の運
動のメタファーで表現
した.

みられること，第二に，実質賃金など
の統計をとってみると，それ以前の社
会は牧歌的で調和的な世界などではな
く，むしろ貧困に満ちた社会であり，
産業革命によって生活水準は低下しな
かったことを挙げるのです．トインビ
ーの「断絶」＝「悲観」説に代わる「連
続」＝「楽観」説の登場となります．

　第二次世界大戦後の復興ブームのな
かで，再び産業革命の革命性が注目さ
れるようになります．近代化論者やマルクス主義者は，こぞ
って革命の「断絶性」を強調しました．近代化論者では，人
類の歴史を伝統社会と近代社会に区分して産業革命をその移
行の契機としました．近代化論では，産業革命とは工業化に
向けての「離陸」*2 の時期であり，その後に経済成長が持続
したとされています．この問題提起を受けた経済史家のディ
ーンとコールは，統計的手法を用いて急激な経済成長が発生
したことを数量的に裏づけました．

　「産業革命はなかった」．経済史家ニック・クラフツが「産
業革命不在」論ともいえる説を 1970 年代に唱えたのには，
いくつかの背景があります．当時は，「英国病」ともいえる
経済的な停滞に喘いでおり，自信喪失に陥った英国の自己認
識が「産業革命」論に反映されたというのです．図1にみら
れるように，クラフツは，19 世紀初頭の国民総生産の成長
率や工業生産高の増加率に関して，「離陸」概念で示された
「急激な変化」というよりは「緩慢な成長」をみてとり，ディ
ーンとコールの見解を下方修正し，「産業革命」は劇的な
経済変動ではなかったと主張しました．こうしたマクロ経済
指標からみえてくる見解は，産業革命の神話性に対する「偶
像破壊」を進めていったのです．

2. リハビリテーションの解釈

　最近では，再び産業革命の劇的な変化や断絶の側面が強調
されています．この傾向は産業革命論の「リハビリテーショ
ン」と呼ばれており，それは次のような形で展開しています．

エネルギー革命

　産業革命の中心にエネルギー革命を位置づける説は，近年，
急速に支持を集めています．それによれば，産業革命以前，
人口と産業の成長は，天然資源の存在と土地をめぐる競合に
よって制限されていました．土地が食料だけではなく製造業
で用いられる原料（たとえば，牧草を主食とする羊の毛）の主要
な源泉であるかぎり，土地の生産性が成長に限界を設けてい
るという考え方です．このように，衣食住，燃料，動力とい
う経済活動の基本的要素が，主として植物や動物に依存して，
土地の生産性に根本的に制約されていることを「有機物依存
経済」と呼びます．

　一方，鉱物資源依存経済では，産業が木材ではなく石炭を
エネルギー源として利用するため，これまでの数世紀におい
て人口と産業の成長の足枷となってきた制約要因（マルサス
の罠）が除去されることになりました．これまで土地をめぐ
って競合していた，人間の生存維持と産業の成長の二つの要
因が和解したのです．石炭という無尽蔵の鉱石資源が，空前
の規模での長期的な経済成長を可能としたのです．石炭が，
産業，暖房，調理のための燃料を提供して，土地は，拡大す
る産業部門が必要とする人口に食糧を提供するための耕作に
利用されることになりました．

　産業革命は，資源やエネルギーの観点からすると，薪炭に
代わって石炭コークス，人力や畜力ないしは風水の力に代わ
って蒸気という形で，高度の有機物依存経済から鉱物資源依
存経済への移行の画期となりました．図2は，長期にわたる

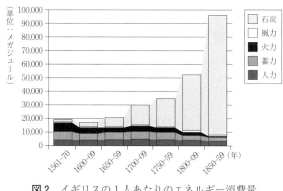

（単位：メガジュール）

凡例：
石炭
風力
火力
蓄力
人力

1561-70　1600-09　1650-59　1700-09　1750-59　1800-09　1850-59（年）

図2　イギリスの１人あたりのエネルギー消費量

エネルギー構成の変化を表したものです．これをみればわかるように，それまでの水力や畜力などに代わって，産業革命期以降には石炭をエネルギー源とする経済に転換します．ここにエネルギー革命が発生したのです．

　近世のヨーロッパでは，グローバルな経済の展開と結合した都市の成長によって，木材価格が上昇して，代替的な燃料の模索が始まります．イギリスでは，安価な石炭資源の存在が，石炭を動力源とする労働節約的な技術革新を行うインセンティブを生み出しました．16世紀半ば以降，都市としての成長著しいロンドンでは，家庭内の暖房のための資源として利用されていた木材価格が上昇して，代替エネルギーとしての石炭が注目されるようになっていきます．イングランドは豊富な石炭資源を採掘することによって，有機物依存経済の制約から解放されることになりました．

産業的啓蒙

　フランス啓蒙が抽象的かつ演繹的であり，大思想家を生み出すことになったのに対して，イングランド啓蒙の特質は，実用的かつ実利的であり，帰納的であり，幅広い裾野をもって地域社会レベルで展開した点にあるといわれます．事実，産業革命の時代のイングランドでは，科学と技術が相互に密接な関係にあり，そこから発明と改良が生み出されました．こうしたイングランド啓蒙の特質をとらえて「産業的啓蒙」という概念が提出されています．産業革命のもたらした一連の発明の原因となるものを科学革命と啓蒙思想に求め，発明家たちは，知識人と生産者を媒介する啓蒙の社会的ネットワ

ークのなかで活動していました．そ
れらには，ロンドンの王立協会をは
じめ，地方レベルではバーミンガム
の月光協会に代表される「科学哲学
協会」，アカデミーやフリーメーソ
ンの支部，コーヒーハウスが含まれ
ています．

　産業的啓蒙論では，産業革命期の
発明は，過去の技術体系との急激な
断絶を意味する「マクロな発明」と，
既存の技術体系に対して改良をもたらす「ミクロな発明」の
二つの類型に区分されます．表1をみてみましょう．産業革
命の時期を通じて偉大なる技術革新を行ったのは，化学，金
属，蒸気機関，繊維などの領域におけるワットやアークライ
トのような10人ほどのマクロ発明家であったとされます．

　マクロな発明のなかで決定的な役割を果たすのが，蒸気機
関です．原初的なニューコメンの蒸気機関に改良を加えたの
は，ジェームズ・ワットでした．彼は経営者マシュー・ボウ
ルトンとの共同経営を通じて，科学的実験を繰り返しながら
改良を加え，蒸気機関の製造において大きな役割を果たしま
した．ニューコメンやワットのマクロ発明家に続くのが，ミ
クロな発明家による改良の過程です．こうして蒸気機関は広
く一般の工場の原動機として使用され，さらに蒸気船や蒸気
機関車の動力としても活用されることになります．

3. 「大分岐」に向けて

　産業革命の断絶性をグローバルなレベルで示すことになっ
たのが，ケネス・ポメランツの「大分岐」論です．農業技術
の革新，プロト工業化*3，地域間分業の進展などを特徴と
する近世の経済発展のなかでは，イングランドも中国も共通

表1　「マクロな発明」と「ミクロな発明」

	マクロな発明	ミクロな発明	合計
窯業	1	11	12
化学	0	10	10
時計学	0	8	8
器械	0	3	3
機械装置	1	12	13
金属	2	8	10
航海術	0	2	2
蒸気機関	2	6	8
繊維	4	9	13
合計	10	69	79

*3　本格的な工業化
以前の原初的な農村工
業を意味し，低賃金労
働力を利用しながら繊
維産業などの消費財部
門を中心に展開した．

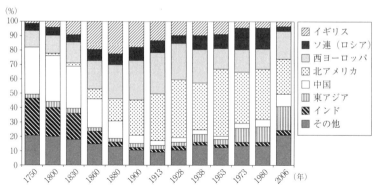

図3 世界各地域（国）の工業生産比

凡例:
- イギリス
- ソ連（ロシア）
- 西ヨーロッパ
- 北アメリカ
- 中国
- 東アジア
- インド
- その他

の経済発展を遂げていました．しかし，両者ともにいまだ「マルサスの罠」といわれる経済的成長の枠組みのもとに置かれており，やがて発展の限界に直面してしまいます．アジアとヨーロッパの間に「大分岐」が発生するのは1800年以降のことで，とりわけ偶然にも石炭と海外植民地という二つの地理的条件を備えたイギリスで産業革命が始まり，アジアとヨーロッパは発展の異なる経路をたどりはじめるとポメランツはいうのです．

このアジアとヨーロッパというユーラシア規模での力関係の変容を示すのが，図3となります．18世紀の半ばまで世界の製造業の中心は，インドや中国などのアジアにありました．たとえば，1750年時点での世界の製造業の配置をみてみると，中国が33％，インドが25％を占めています．しかし，1750年から1880年にかけて，イギリスの産業革命を起点として世界の工業生産におけるイギリスの占める割合が，2％から23％へと急激に増加します．1880年から第二次世界大戦にいたる時期には，アメリカとほかのヨーロッパ諸国が，それぞれ33％と24％を占めるようになりました．1980年代以降にアジア経済が「復活」するまで，ヨーロッパとアジアとの関係は，前者の優位で推移してきたのです．

現在，「産業革命」研究が問題とする断絶性とは，トインビーのいう技術革新一般による断絶ではなく，クラフツが批判した成長率の問題でもありません．それは，動力源の抜本的転換による有機物依存経済から鉱物資源依存経済への移行（エネルギー革命）であり，この移行は科学革命後の実験と観察を特徴とするイングランドの産業的啓蒙が生み出した蒸気機関の発明によって促されていったのです．これによって，数量的経済史では把握することができない質的転換が惹起され，グローバルな規模でのヨーロッパとアジアとの関係性の再編へとつながっていきました．以上のように，産業革命の革命性は断絶か連続かをめぐって揺らぎつつ，革命性の意味を変容させながら変遷してきたといえます．

情報ガイド
・パット・ハドソン（大倉正雄訳）『産業革命』（未来社，1999 年）
　　ハドソンは産業革命の前提に農村工業の発展（プロト工業化）があったことを指摘した歴史家で，
　　産業革命論のリハビリテーションを主導している．
・ケネス・ポメランツ（川北稔監訳）『大分岐——中国，ヨーロッパ，そして近代世界経済の形成』（名古屋大学出版会，2015 年）
　　ポメランツは「大分岐」論を提唱した経済史家．近世における中国とイングランドの比較を基礎に
　　アジアとヨーロッパの同型的な成長を指摘，1800 年前後に産業革命により発展の経路が大きく分
　　岐していったことを説く．
・ジョエル・モキイア（長尾伸一監訳，伊藤庄一訳）『知識経済の形成——産業革命から情報化社会まで』（名古屋大学出版会，2019 年）
　　モキイアは，「産業的啓蒙」論を提唱した経済史家で，産業革命の基礎に科学革命による科学技術
　　をめぐる認識論的断絶が存在していたことを示唆している．
・E. A. リグリィ（近藤正臣訳）『エネルギーと産業革命——連続性・偶然・変化』（同文舘出版，1991 年）
　　リグリィは，産業革命の基軸が有機物依存経済から鉱物資源経済への移行を意味する「エネルギー
　　革命」にあると主張する．
・長谷川貴彦『産業革命』（山川出版社，2012 年）
　　「産業革命」概念の変遷を整理しながら，最新のグローバル・ヒストリーや文化史・社会史の成果
　　に基づいた「産業革命」像を提示している．

時間認識の変化

橋本毅彦

> 我々の時間は標準尺度であるから，一日という金の塊は各時間に鋳造される．〔……〕〔だから〕時間の浪費家はお金の散財者なのだ．私は時間の価値をよく心得ている著名な女性を知っている．彼女の夫は靴作りの優秀な職人だったが，時間が経つのに無頓着だった．彼女は夫に「時は金なり」と諭したが無駄だった．夫はそのことを理解するには機転が利きすぎたし，そのため身を滅ぼした．仲間と酒場にいるとき，時計が11時を告げたと誰かが言うと「それがどうした」と言い返す．彼女の使いが来て12時になったと告げると「気にすんな，それ以上増えないよ，と伝えとくれ」と言うのだった． (*The Papers of Benjamin Franklin*, vol. 4, pp. 86-87.)

1. フランクリンと時間

　ベンジャミン・フランクリンは1704年に生まれ，1790年に亡くなったアメリカの著述家・科学者です．彼は印刷業者として身を立て，後半生では外交官・政治家としてアメリカの建国に力を尽くしました．彼の自伝には青年時代の痛快な体験談が数多く含まれます．若い時期，1年半ほどイギリスのロンドンに滞在したことがありました．印刷工として働く傍ら，多くの著作に親しみ，さまざまな人々と知り合います．同僚の職工たちが朝から晩まで浴びるようにビールを飲むことに驚き，彼はそんなにビールを飲まず，「聖月曜日[*1]をきめこむ」こともしなかったので印刷所の主人に評判がよかったと記しています．彼のロンドン滞在は1720年代のこと，職人階層の男たちは，日常的にビールを多く飲み，日曜にも大酒を飲み月曜は仕事を休んでしまうという風習がありました．イギリスは18世紀の間に産業革命を経験し，そのよう

[*1] 産業革命期に至るまで職人たちは仕事をする時間にある程度自由裁量があり，日曜日に痛飲したあとなど月曜日も仕事を休んでしまうことがあった．その際に月曜日を日曜日と同様に聖なる日とみなし聖月曜日と呼んだりした．

な風習や慣習は大きく変化していくことになります．

　フランクリンは帰国後に印刷業に関わり，みずから印刷して著作物を出版していきます．その一つに暦がありました．暦といっても1年の暦とともに，ソーンダースという筆名で書いた教訓的な話をそこに添えていました．冒頭に引用したのは1751年の暦に彼が書き添えた逸話です．時間を大切に使おうとする妻に対し，時間を気にせず酒を飲む夫．フランクリン自身もその女性のように時間を大切にしましたが，彼のまわりにはその夫のような人たちが多かったことでしょう．だが時を大切にするためには時間を知らなければなりません．彼は若いときから懐中時計を持っていたようですが，当時の人々はどのように時を知っていたのでしょうか．そのことを説明するためには，そもそも人々は時刻をどのように数えていたか，また時を知る道具——時計——がどのように生まれたか，説明しなければなりません．

2. 時計の起源と発展

　時を計る器具（時計）にはさまざまなタイプがあります．古代から使われるものに日時計，水時計，砂時計があります．13世紀末にいまの時計につながる機械式の時計が発明されました．機械時計は初め，決まった時刻で祈禱する教会や修道院だけで使われていましたが，しばらくすると都市の市庁舎などにも時計が設置され人々に時を知らせるようになります．

　機械時計の普及とともに，時刻の数え方が大きく変わることになりました．西洋では古代ローマの時代から，日の出から日の入までの時間を12等分，日の入から日の出までの時間を12等分して時刻を表してきました．このように昼の時間と夜の時間をそれぞれ別々に分割する時刻の数え方を不定時法といいます．不定時法では1時間の長さが昼と夜で違う，

図1　プラハの教会時計の文字盤
（天体の動きも表すこの文字盤には24時とともに，古代以来の昼間の時間を12等分する不定時法の時刻も表示されている．文字盤は定時法・不定時法の時刻だけでなく，だいたいの月日も示している（撮影は12月初旬の正午頃）．中世末期から近代初期にかけての複数の時刻制度の併存の様子を垣間みせてくれる（筆者撮影）.）

季節によっても違う，ということになります．それに対して，われわれの時の数え方は，昼夜を問わず1日を24等分して1時間を定め，真夜中から24時間を数えていく方式になっています．不定時法との対比で定時法と呼ばれています．英語では「時計時間（clock time）」と呼ばれたりもします．

機械時計は14世紀に各地に広まり，15世紀には文字盤を備えた時計台が各都市で設置されました．西洋社会において不定時法から定時法への転換が，いつ，どこでなされ，どのように普及していったかは，実は，歴史学上の難しい問題で，最近でも多くの研究者が調査しています．早い時期から定時法の時計時間を利用した社会制度として，裁判があります．裁判では裁判官とともに被告・原告らも時間厳守で出廷する必要があります．14世紀末以降に，定時法で裁判官の出勤や関係者の出廷の時刻が定められはじめています．また学校でも15世紀に授業の長さが定められはじめ，16世紀以降に時間割も定められていきました．

ちなみに，13世紀末に発明された機械時計は，時を刻む心臓部に，冠型脱進機と呼ばれる機構をもっていました．T字型の棒とその垂直の棒に噛み合う冠型の歯車から成り立っています．17世紀になり，これとは異なる振り子式の時計が発明されました．振り子と歯車とが噛み合う脱進機の改良などにより，17世紀の後半には正確で安価な時計が販売されるようになりました．一般の人々にも多く使われはじめたことで，「時計革命」が起こったともいわれます．また振り子時計の発明以前から，ゼンマイを利用した小型の携帯時計も作られていましたが，金属の輪を渦巻状のスプリングで振動させる「ひげゼンマイ」の機構が発明され，小型の懐中時

計として製造販売されていきました.

　振り子時計の開発によって，時計の精度は，1日に数分程度の誤差から10秒程度の誤差に向上したとされています.それまでの時計は1本の時針しかもたないものが普通でしたが，第2の針である分針を文字盤上に備えたタイプも普及するようになります.

3. 18世紀における時計の普及と時間規律

　振り子時計の登場以前から，人々はみずから時計を持たなくとも，町中の鐘の音でだいたいの時刻を知ることができていました.時刻を知り，一日の活動を始め，市場で物を買い，学校に通い，会議に出席し，仕事を終えて帰宅するようになっていました.18世紀に入ると，多くの人々が自分の時計を持つようになっていきます.たとえば，イギリス西部のブリストルという港町での時計の所有率は，18世紀初めに富裕層で2割，貧困層でほとんどいなかったのが，世紀半ばにそれぞれ8割と1割に増大しています.購入された時計は，居間や寝室とともに，しばしば厨房に設置されました.厨房で仕事をする召使いの人たちも自分で時計を持たずとも時計の時刻を気にしつつ仕事と生活をこなしていたのでしょう.

　時計の普及とともに，時計の製造や修理に携わる職人も増えていきました.図2は同じくブリストルにおいて，17世紀中葉から19世紀までの期間に時計製作職人に正式に入門した人々の数を10年ごとに示したものです.これをみるとその人数が18世紀中頃から数倍に増えていったことがみてとれます.

　18世紀のイギリスでは産業革命が起こり，それまでの小規模の手工業から大きな機械を導入した工場で製造作業が進められるようになりました.新しい紡織機が開発され，水力や蒸気力で駆動される生産体制が整えられていきます.その

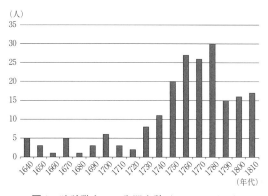

（人）

図2　時計職人への入門人数（1640-1810年代）
(Glennie et al., *Shaping the Day*, p. 113, Fig.4.2 を改変)

ような工場では，労働者の人たちが一斉に作業を開始し，定められた時刻まで作業し続けることが必要です．労働の規律，とりわけ業務の開始と終了の時刻を守ることが強く求められるようになります．それまでの職人の働き方では，始業や終業の時間，仕事に従事する日にも融通を利かせられましたが，産業革命の時代の工場主たちは，このような時間規律を含む労働規律を導入していくことになったのです．また彼らは設置した機械をなるべく長時間稼働させるために，作業者たちにも長時間の労働を強いるようになります．このことはしばしば雇用主と労働者の対立を引き起こすことにもなりました．

　親が工場主であったジョン・フィールデンは子どものときから工場の作業に従事しましたが，その労働は本当にきつかったと50代に著した『工場制度の呪詛』という著作のなかで回想しています．その当時の仲間だった人たちがすでに故人になっていることも付記しています．フィールデンは国会議員にもなりましたが，彼らのような人物たちが強く提唱し，工場の労働時間に制限を設ける「工場法」*2 を成立させていくことになります．

4.　交通の発展と時計

　18世紀のもう一つの重要な時計の応用先として航海がありました．イギリスの時計職人ジョン・ハリソンは，航海をしていても一定の周期の振動を持続できる航海時計を開発することに成功しました．完成した時計は1760年代に2度の

*2　産業革命で設置された工場では過酷な長時間労働が課されたが，特に児童の労働は問題視され，その改善が早くから試みられた．1833年に設置された工場法では繊維産業の工場を対象として，9歳未満の児童の労働を禁止し，18歳以下の労働時間が短く制限された．工場法はその後何回か改正され，若年労働者だけでなく女性労働者の労働条件も改善されていった．

航海実験にかけられ，その精度が見事に立証されました．航海時計は航海士に船の位置——経度——を教えてくれます．たとえば，太陽がちょうど南に来ているのに，ロンドン時間に合わせた航海時計が午後1時を指しているとしましょう．それは船がロンドンから経度にして15度（360度／24時間）西に位置していることを意味します．それまで海上でも太陽の高度などから緯度を知ることはできましたが，経度を知ることはできませんでした．そのために遠回りのルートをとったり，海図上の位置を間違え岩礁にぶつかったりしていたのです．

　一方，陸上の交通に関していえば，公共交通機関として馬車が発達し，定期便が毎日定時に各都市をつないで運行されていました．たとえば1775年のブリストルでは，ロンドン行きが午後4時に出発，ポーツマス行きが午前7時に出発などとなっていました．ただ到着時刻については，だいたいのおおざっぱな時刻が予告されていたようです．

　19世紀に入ると，蒸気機関車が発明され鉄道路線が整備されていきます．馬車よりも高速で安定した走行が可能になり，分単位で正確な運行がなされるようになります．路線網の拡張に伴い，各地の時刻を統一する必要が生じてきます．そこで鉄道会社は路線ごとに標準時を定めるようになり，さらに後にはイギリスのグリニッジを起点とする国際標準時が導入されていくことになります．

5.　日本の近代化と定時法の導入

　日本で明治維新が起こり，日本の近代化が急ピッチで進められるようになったのは，各国で鉄道路線の建設が進められた時代のことでした．それまでの日本では，時の刻み方，計り方は，昼夜・季節で変わる不定時法でなされていました．それが明治3年の正月から，西洋式の時計時間に従う定時法

の時刻制度に従うようになっていくのです．西洋の人々が数世紀をかけて身につけてきていた定時の通学，通勤，運行といった近代的な社会制度と規律に，明治の日本人は急いで慣れ親しんでいく必要がありました．

　若い頃から懐中時計を身につけ，毎日の時間を効率的に使いこなすよう心がけていたフランクリン．彼の自伝には，朝5時に起床し夜10時に就寝するまでの日課が各時間に割り当てられ，時を浪費せずに日々を送ろうとした姿勢が記されています．近代以降の日本人が時間規律を身につけ，フランクリンのような生活態度を心がけるようになるのは，20世紀に入りだいぶ経ってのことのようです．6月10日は「時の記念日」に制定されていますが，それには当時の生活習慣が比較的時間に鷹揚でルーズなことが背景にありました．戦後の日本は高度経済成長を経験することになります．その前と後とでは暮らし方や時間に対する態度も大きく変化したようです．

　そしていま，人々はスピードをとことん追求する一方で，（じっくりと考え）ゆっくりと生活することを志向することもあります．そしてまた現在に生きる人々は，資源をゆっくりと消費せねばならぬ一方で，地球を温暖化から救うことが急務になっています．フランクリンが口にした「時は金なり」という言葉に対して，「時は命なり」という言葉を対比させた人がいます．われわれにとって，前者は聞き慣れて，当たり前に思える言葉でしょう．あまり聞き慣れぬ後者も含蓄があり，心に響くところがないでしょうか．

情報ガイド
・角山栄『時計の社会史』（吉川弘文館，2014年，初版1984年）
　　西洋と日本の時計と時間認識の歴史的変遷を簡潔に解き明かした名著．初版は中公新書．日本については江戸時代の時刻制度と時間認識についても触れている．
・セイコー・ミュージアムのウェブサイト　https://museum.seiko.co.jp/history/
　　時計製造会社の主宰するウェブサイト．時計の歴史に関する基本事項がわかりやすく解説されてい

る．同ミュージアムには時計関係の多くのコレクションとともに文書資料を集めたアーカイブがある．

・西本郁子『時間意識の近代──「時は金なり」の社会史』（法政大学出版局，2006 年）

　明治から現代までの日本における時間意識の変遷を解説する．ところどころで時間認識に関する分析とともに，豊富な歴史事例が紹介される好著である．

・Paul Glennie and Nigel Thrift, *Shaping the Day: A History of Timekeeping in England and Wales, 1300-1800* (Oxford: Oxford University Press, 2009).

　最近の歴史研究を多くカバーする．イギリス，特にブリストルの中世末期から 18 世紀にかけての時間の認識，利用について具体的に分析し，定時法が定着する歴史過程を解明する．同書の一部をわかりやすく解説するサイト（http://www.ggy.bris.ac.uk/clocks）もある．

共産主義の展開

池田嘉郎

> デグチャレフ：私は「ジェルジンスキー」工場で 25 年働いています〔……〕．鉄鋼炉工として
> は 7 年働いてきました〔……〕．スタハーノフ的方法に移った今では，労働生産性が増えまし
> た．私の賃金は 450 ルーブリから 900 ルーブリに上がりました．
> スターリン：諸君のスタハーノフ的方法はどのようなものかね．
> デグチャレフ：スタハーノフ的方法は，よりよく，より活発に作業し，滞りが出ないようにより
> 気をつけるというものです〔……〕．私は 1 回の精錬で，8 時間 50 分の間に 172 トンの鉄
> 鋼を生産することに成功しました〔……〕．
> スターリン：以前はどれだけだったのだね．
> デグチャレフ：以前は 12 時間で 150 から 160 トンでした．
> 　　　（Первое всесоюзное совещание рабочих и работниц - стахановцев. 14-17
> 　　　ноября 1935. Стенографический отчет. М., 1935. (『第 1 回全連邦スタハーノフ
> 　　　男女労働者会議．1935 年 11 月 14 日-17 日．速記録』，モスクワ，1935 年))

1. 名もなき人が英雄になる

　　これは，1935 年 11 月にソ連の首都モスクワで開かれた
「第 1 回全ソ連スタハーノフ労働者会議」における報告の一
部です．「スタハーノフ労働者」というのは，平均の作業量
よりも遥かに高い成果をあげた労働者に対して付与された称
号です．この年の 8 月に，ドネツ炭田の炭坑夫スタハーノフ
がノルマの 14 倍の採掘に成功したことに由来します．ソ連
の最高指導者スターリン*1 は，スタハーノフ労働者を「労
働英雄」としてたたえ，勲章やボーナスを与え，議員にも抜
擢しました．

　　スタハーノフ労働者となった人々は，特典や名誉だけを求

*1　ヨシフ・スター
リン（1878-1953 年）．
1922 年に共産党書記
長となり，1920 年代
末以降，死去するまで
ソ連の最高権力者とし
て独裁的権力を振るっ
た．

図1　第1回全ソ連スタハーノフ労働者会議の参加者たち
（彼らはスターリンによる社会主義建設を熱烈に支持し，ソ連の工業化を労働現場で担った（出典：
Первое всесоюзное совещание рабочих и работниц-стахановцев. 14-17 ноября 1935. Стеногра-
фический отчет. М., 1935.））

めて労働に励んでいたわけではなく，新しい社会の建設に参
加しているという自負をもっていました．彼らはどのような
思いをもって，この会議で自分の労働について報告したのか，
考えてみましょう．また，この会議には国家の指導者たちも
出席して，報告者と直接に言葉をかわしました．スターリン
自身から新しい作業方法や心構えについて聞かれたスタハー
ノフ労働者たちは，どのような思いを抱いたかについて，考
えてみましょう．

　普通の人たちが，労働に励むことで，指導者に認めてもら
えるような社会の主人公になれる．ここに，同時代の資本主
義諸国にはみられなかった，ソ連の大きな特徴がありました．
そうしたソ連体制の基礎をなした共産主義とは，どのような
思想だったのでしょうか．

2．共産主義思想

　財産や生活物資を分かち合い，平等に共同生活を送るとい
う社会像が，共産主義が根底において想定するところといえ

図2 マルクスの墓
（ロンドン．筆者撮影）

るでしょう．このような社会像は古代からありました が，同時代への影響という点では，イギリスのトマス・モア（1478-1535年）が書いた小説『ユートピア』（1516年）が大きな役割を果たしました．架空のユートピア島では，物資は倉庫に集められ，家父長が必要なものを無料で受け取ります．食事も子供の養育も共同で行われます．市民は毛織業や石工業などを営むほか，交代で農業にあたります．この小説が書かれた当時のイギリスでは，マニュファクチュア（工場制手工業）による羊毛業がさかんで，多くの地主が収益を当て込んで，耕作地を囲い込み牧草地としました（第一次囲い込み）．その結果，耕作地から小作人が追い出され，浮浪者となりました．貧富の格差が激化する社会の現状を諷刺することが，『ユートピア』の狙いでした．

こうして，資本主義の発展と歩調を合わせて，それへの批判として，共産主義思想は明確な形をとっていくことになります．労働者と資本家を集団的に組織することを考えたサン＝シモン（1760-1825年）のように，近代産業社会に見合った理想像も描かれるようになります．また，協同組合によって調和のとれた社会をつくろうとしたオーウェン（1771-1858年）のように，現実社会への直接の働きかけを目指す動きも登場します．

こうした流れの延長線上で，19世紀半ばにマルクス*2が，体系性の高い資本主義批判を打ち出します．それによれば，労働者は自分の労働力以外には財産をもたない無産者（プロレタリア）であり，長時間労働のもと，資本家から徹底的に搾取されています．その資本家は，各人がそれぞれ，自由な市場経済において，自分の利益だけを目指して生産活動を行っているため，社会の需要と生産物の供給のバランスは不可避的に崩れ，恐慌が周期的に発生します．国家は支配階級で

*2 カール・マルクス（1818-83年）ドイツの思想家で，盟友エンゲルス（1820-95年）とともに資本主義批判の体系を打ち立てた．マルクス・エンゲルスは，先行する共産主義思想を「ユートピア（空想）的社会主義」と呼び，自分たちの「科学的社会主義」と区別した．しかし，理想的な未来社会を想像した点では，マルクス・エンゲルスもユートピア思想の流れを汲んでいた．

西ヨーロッパの国々で社会主義革命が起こるというマルクスの予想に反して，史上初の社会主義国家は後進国ロシアに誕生した．なぜ社会主義革命は最初にロシアで起こったのだろうか．

ある資本家の道具に過ぎないので，これらの問題を解決することはできません．その一方で，工業の大規模化にともない，工場労働者の数も増え，その団結力・組織力も高まってきました．それゆえ，労働者が国家権力を握り，工場や土地を国有化して，資本主義の代わりに計画的な生産・分配を実現する，これがマルクスの考えた未来社会像です．その際，資本家と労働者の対抗は国や民族を超えたものですので，万国の労働者は国境を越えて団結しなければなりません．こうしたマルクスの考えは，工業社会の猛烈な成長，そのもとでの労働者の困窮，他方における労働運動の伸張という現実に照応していたので，ヨーロッパ諸国に支持者を広げていきました．

> 社会主義と共産主義　マルクスは，資本主義が廃された当初は，各人が能力に応じて働き，労働量に応じて分配を受け取ると考え，この段階を社会主義と呼びました．その後，新しい体制が軌道に乗って，いっそう豊かに生産物が溢れるようになると，各人は能力に応じて働き，必要に応じて分配を受け取れるようになります．この段階をマルクスは共産主義と呼びました．この二つの概念は必ずしも厳密に区別されるものではないので，本講では社会主義と共産主義とを取り替え可能な言葉として使っています．

3. ロシア革命

マルクスは，工業が発展し，工場労働者の数も多い西ヨーロッパの国々で，最初に労働者革命が起こり，社会主義国家が打ち立てられると想定していました．しかし，実際には，圧倒的に農民が多いロシア帝国において，1917年に社会主義革命が起こりました．なぜ，ロシアで最初に社会主義国家が成立したのでしょう．

実は，20世紀の初めまでに，西ヨーロッパの国々では，労働者の置かれた環境がだいぶ変わっていました．労働組合の結成が認められ，労働条件も徐々に改善に向かいました．さらに，資本家や地主など，財産をもった人々（有産層）ばかりでなく，労働者や農民にも選挙権が（男子だけでしたが）

図3 レーニン像（筆者撮影）

付与されるようになりました．これらの変化の結果，西ヨーロッパ諸国では，労働者はあえて革命によって国家権力を握り，社会主義社会を実現しなくとも，議会での労働者政党の伸張を通じて，よりよい暮らしを手にするという見込みが開けていたのです．

　これに対してロシア帝国では，労働者や農民の暮らしは劣悪なままでした．政治権力は皇帝とその政府に集中し，議会は十分に機能していませんでした．これらの結果，ロシア帝国では貧しい人々の間で，現状への不満が蓄積されていきました．1914年に第一次世界大戦が始まると，戦争遂行の負担によって，こうした不満はいっそう募りました．その結果，1917年に2度の革命が起こり，レーニン*3率いるボリシェヴィキ（のちのロシア共産党）が社会主義政権を樹立することになりました（十月革命）*4．

*3　ウラジーミル・レーニン（1870-1924年）．1903年にボリシェヴィキ党の実質的な創始者となり，17年

> 社会主義・共産主義と社会民主主義　十月革命をきっかけにして，資本主義社会の維持を前提とする，西ヨーロッパ諸国の左派の理念は「社会民主主義」，革命による権力奪取と社会主義体制の樹立を目指すロシア共産党に代表される理念は「共産主義（ないし社会主義）」として，区別されるようになりました．

には十月革命を指導し，その後，死去するまで社会主義ロシアの最高指導者となった．十月革命が起こったのは17年11月だが，当時のロシアの暦に従ってこの名前で呼ばれる．

*4　十月革命の際にボリシェヴィキが本部を置いた，ペテルブルグのスモーリヌイ学院には，今日もレーニンの記念碑が残されている（図3）．ロシア人にとって，レーニンやロシア革命の評価は今でも論争の的である．

4. 20世紀世界と共産主義

　ロシア革命は，同時代の西ヨーロッパ諸国や日本では，もっぱら知識人の間で支持者を獲得しました．それに対して，欧米諸国・日本によって植民地とされ，あるいは圧迫を受けていた地域では，ロシア革命への共感はより広範なものとなりました．とりわけアジアの人々は，独立運動にとっての同盟者を，社会主義ロシアに見出したのです．

　1919年にレーニンは，共産主義の国際組織であるコミンテルン（共産主義インターナショナル）を結成し，世界各地の

共鳴者との連携を図りました．その結果，各地にコミンテルンの支部として共産党がつくられていきました．東アジアでも，中国共産党が 1921 年，日本共産党が 22 年，朝鮮共産党が 25 年に結成されています．

> 「レーニンによれば，西方で革命が勝利するためには，植民地や奴隷化された諸国における反帝国主義の解放運動と結びつくことが不可欠である〔……〕．私は，フランス植民地の現地民出身者として，フランス共産党員として，残念ながら，われわれのフランス共産党は植民地のために非常に，非常にわずかしか行っていないと言わねばならない．」第 5 回コミンテルン大会（1924 年）でのホー・チ・ミン発言
>
> (Пятый всемирный конгресс коммунистического интернационала. 17 июня-8 июля 1924 г. Стенографический отчет. Ч. 1. М.-Л., 1925. 『第 5 回コミンテルン大会． 1924 年 6 月 17 日-7 月 8 日．速記録．第 1 部』，モスクワ，レニングラード，1925 年)

　ホー・チ・ミン（1890-1969 年）は，1920 年代からインドシナの独立運動を指導し，1930 年にはベトナム共産党を創設し，1945 年から死去するまでベトナム民主（社会主義）共和国の指導者を務めました．コミンテルン大会のこの発言には，植民地支配を行っている諸国の共産主義者が，植民地問題に無理解であることへの憤りが現れています．

　社会主義のロシア（1922 年末からはソ連）は，農業国だったこともあり，当初は目立った経済的成果をあげることができませんでした．しかし，レーニンの後継者となったスターリンは，1928 年に急激な工業化に着手し，同時に農村にも集団農場を導入しました．強引に進められた農業集団化は，農村で大量の餓死者を出しました．それでも 1930 年代半ばまでに，市場経済の要素を基本的に排した社会主義体制が，本格的に確立されたのです．冒頭で紹介したスタハーノフ労働者たちは，ソ連のこの変容を急先鋒として担った人々でした．ソ連の急速な変貌は，世界恐慌（1929 年）の余波に苦しんでいた資本主義諸国にも強い衝撃を与えました．ナチス・ドイツ，アメリカ（ニュー・ディール政策），それに日本などは，計画経済を部分的に採用しました．

第二次世界大戦でナチス・ドイツを破ったソ連は，戦後には
はアメリカと並ぶ超大国となりました．大戦末期にソ連の勢
力圏に入った東ヨーロッパ諸国に加え，アジアにおいても社
会主義体制は広まっていきました．ベトナム民主共和国[*5]
は 1945 年，朝鮮民主主義人民共和国（北朝鮮）は 48 年，中
華人民共和国は 49 年に誕生しています．

　ソ連の社会主義体制は，ロシア革命の直後から，厳しい言
論統制をしき，共産党以外の政党を弾圧しました．スターリ
ンのもとでは，住民への監視がいっそう厳しくなり，指導者
崇拝も進みました．特に 1930 年代後半には，無実の罪で
100 万人単位で市民が逮捕され，銃殺や収容所での強制労働
といった刑を科されました．スターリン死後，住民への監視
は緩和されましたが，自由な創意を発揮できない体制のもと
では，産業の革新（イノベーション）が遅れ，1970 年代以降
は資本主義諸国との経済格差が深刻になりました．体制の建
て直し（ペレストロイカ）を目指すゴルバチョフ（1931-）の試
みは，社会主義そのものへの批判の噴出を招き，91 年末に
ソ連は消滅します．

　しかし，社会主義・共産主義のもとで生きていた人々が，
常に抑圧され，苦しみだけを感じていたわけではありません．
新社会建設の一員になれるという喜びに満ちて，工業化に邁
進した人も大勢いました．また，共産主義に依拠して独立運
動を進めた人々も，自分たちの運命を切り開く希望を胸に抱
いていたことでしょう．冷戦後の今日も，中国，北朝鮮，ベ
トナム，ラオス，キューバでは，市場経済を取り入れつつ，
一党支配をはじめとする社会主義体制の基本的特徴が維持さ
れています．建国当初と比べれば，これらの国々の内情も国
際環境も，大きな変化を遂げました．これらの国々が，今後
どのような道をたどっていくのか，私たちは引き続きみてい
く必要があるでしょう．

情報ガイド

・和田春樹『歴史としての社会主義』(岩波新書, 1992 年)

　　社会主義・共産主義の歴史を, 近現代の世界史のなかに位置づけたもので, 日本語で読める案内として
　　しては最もよい.

・池田嘉郎『ロシア革命——破局の 8 か月』(岩波新書, 2017 年)

　　1917 年のロシア革命についての, ロシアをはじめ, 各地の最新の研究動向を反映させた叙述とな
　　っている.

・オレーク・V・フレヴニューク (石井規衛訳)『スターリン——独裁者の新たなる伝記』
　(白水社, 2021 年)

　　文書館史料に基づくスターリンの最新の伝記で, ソ連・共産主義を理解するうえで必読の文献. 大
　　部であるが, ぜひ挑戦してほしい.

立憲政治の地域的差異

金子 肇

> 「民衆がもはや民主主義を欲しなくなり，多数者が他ならぬ民主主義破壊の意志において結集している場合，民主主義はその民衆，その多数者に抗して自らを防衛すべきか」．この問いを設定すること自体，「否」と答えることに他ならない．多数者の意志に抗して，実力行使に訴えてまで自己主張する民主主義なるものは，もはや民主主義ではない．〔……〕
> 船が沈没しても，なおその旗への忠誠を保つべきである．「自由の理念は破壊不可能なものであり，それは深く沈めば沈むほど，やがていっそうの強い情熱をもって再生するであろう」という希望のみを胸に抱きつつ，海底に沈みゆくのである． （ハンス・ケルゼン「民主主義の擁護」）

*1 ケルゼン（1881-1973年）．ユダヤ系であった彼は，1940年にはナチ党に追われてアメリカに亡命しなければならなかった．

うえに掲げたのは，1932年にドイツで活躍していた法学者ケルゼン*1 が書いた文章です．彼は，ここで「多数者の意志」が民主主義を否定しようとする状況に対して，悲壮なまでの決意を吐露しています．この文章が書かれた当時のドイツは，民主主義的なワイマール憲法のもとにありました．つまり，ケルゼンのいう「多数者の意志」とは，選挙を通じて表現されたと考えることができます．それでは，当時のドイツの国民は，選挙によってどのような「多数者の意志」を示したのでしょうか．

1930年9月，ドイツではナチ党が国会選挙で107議席を獲得して大躍進します．さらに1932年7月に同党は国会の第一党となり，1933年1月にはヒトラーが首相に就任します．この後，ナチ党は独裁を確立し，議会制民主主義は事実上崩壊するのです．ナチ党の政権獲得には，選挙による「多数者の意志」が大きくあずかっていたわけです．

世界史において1930年代から40年代は民主主義の危機と戦争の時代でした．そして，その趨勢はヨーロッパだけでな

く，日本を含む東アジアにおいても共通していました．日本
が 1932 年の五・一五事件，1936 年の二・二六事件等によっ
て議会政治を否定し，軍部主導による戦争の道へ突き進んで
いったのはご承知の通りです．ところが，意外なことに，日
本に侵略された中国では，戦前・戦中・戦後を通じて立憲政
治・民主主義の発展をめざす努力が粘り強く続けられていま
した．これは興味深い事実です．

　そこで本講では，今日の日本や東アジアに深く関わる中国
に注目して，その立憲政治と選挙の歴史を振り返ってみまし
ょう．そのうえで，ケルゼンがいう「多数者の意志」と選挙
をめぐる問題を，東アジアの現在から改めて考えてみたいと
思います．

1.　近代中国と立憲政治

　近代中国の立憲政治実現に向けた努力は，最後の王朝の清
朝から始まりました．1908 年に「憲法大綱」が公布され，
地方自治や地方議会選挙なども実施されています．しかし，
清朝の努力は，1911 年の辛亥革命によって頓挫しました．
辛亥革命によって誕生した中華民国では，1912 年に暫定憲
法の「臨時約法」が制定され，同年末から国会選挙が行われ
ます．この選挙で大勝したのは宋教仁[*2]が率いる国民党[*3]
でした．当時，彼は中国の議会制と議院内閣制の未来を確信
して，次のように語っていました．

*2　宋教仁（1882-1913 年）．日本の法政大学等で学んだ経験を持つ．彼は西欧的議会政治の実現によって袁世凱の政府に対抗しようとした．

* 3　この国民党は議会で多数をめざす議会政党．後出する中国国民党とは別の政党．

> 我々が国会において半数以上の議席を獲得し与党となれば，一党の責任内閣を組織することがで
> きる．選挙に敗れて野党となっても，政府を厳格に監督することができるのだ．
>
> （『宋教仁先生文集』下冊）

　しかし，国会に権力を制約されることを恐れた大総統（大
統領）袁世凱[*4]は，宋教仁を暗殺するとともに国民党を解散
し，国会の機能を停止させてしまいます．1916 年の袁世凱

*4　袁世凱（1859-1916 年）．中華民国の初代正式大総領となったが，帝政の復活に失敗して病死した．

の死後，国会は復活しますが，その後は政権の変動に左右されて解散と復活を繰り返し，1925年には政府によって国会の失効が宣告されました．

　興味深いのは，この時期の立憲政治をめぐる動きには，同時代の日本の影響がみられたことです．清朝の「憲法大綱」は，「大日本帝国憲法」をモデルにしていました．また，「臨時約法」の制定には寺尾亨[5]や副島義一[6]といった日本の法学者が関わっていましたし，袁世凱の法律顧問には同じく法学者で大隈重信の依頼を受けて就任した有賀長雄[7]がいました．

　1920年代に国会が失効した後，日本の影響力は後退し，代わって影響力をもちはじめたのは孫文[8]の特異な立憲政治構想でした．彼は，みずから考案した三民主義と五権憲法の発想に基づいて，国政の頂点に国民代表を集めた国民大会を置き，立法・行政・司法・監察（官僚不正の監視）・考試（公務員選考）の権能をもつ政府をコントロールしようとしました．孫文の死後，彼が生前に創設した中国国民党の政権が1928年に中国を統一し，1936年には孫文の構想に立脚した憲法草案を公布します．ところが，こうした国民党の努力を中断させたのが1937年の日中戦争の勃発だったのです．

　しかし，当時，軍部独裁が進行していた日本には，立憲政治をめざす同時期の中国を注視する動きもありました．憲法・行政法を研究する宮澤俊義と田中二郎[9]は，日中戦争勃発後の1937年に国民党の立憲政治の行方を次のように観察しています．

> 近い将来において孫文的三民主義・五権憲法の理論が経験するであらう変遷は〔……〕多かれ少なかれ権威主義的色彩を身に着けるであらう．
>
> （宮澤・田中『立憲主義と三民主義・五権憲法の原理』）

　彼らは，日本の立憲政治の末路を，勃興しつつある中国の立憲政治に重ね合わせたのかもしれません．ところが，その

*5　寺尾亨（1859-1925年）.

*6　副島義一（1866-1947年）．ともに辛亥革命後に南京臨時政府の法制顧問となった.

*7　有賀長雄（1860-1921年）．1913年から19年まで，袁世凱など4人の大総統の顧問を務めた.

*8　孫文（1866-1925年）．西欧的な議会制民主主義とは異なる立憲政治を模索した.

*9　宮澤俊義（1899-1976年）．田中二郎（1906-1982年）．ともに，天皇機関説で有名な美濃部達吉の弟子．戦後も日本の憲法学と行政法学を牽引した.

予測に反して，戦争中の中国では民主主義を求める知識人が影響力を増し，戦前に国民党が公布した憲法草案を，西欧的な議会制民主主義の方向に修正しようとする機運が高まります．この知識人たちの努力が，戦後の憲法制定論議に大きな影響を与えました．1947年に公布された「中華民国憲法」（図1）は，孫文の構想の名残はありましたが，三権分立と議会政治を保障する内容となったのです．

図1　中華民国憲法
（1947年元旦に公布されたが，すでに国民党と共産党は内戦に突入していた）

戦後の中国では，男女普通選挙による国政・地方選挙が実施され，国会と地方議会が活動を始めました．しかし，国民党は議会政治と並行して共産党との内戦を強行し，経済再建にも失敗して国民の支持を失います．その結果，内戦に敗れた国民党は台湾に移り，1949年10月に共産党の中華人民共和国が成立するのです．こうして戦後中国に芽生えた議会制民主主義の可能性は失われていきました．

共産党政権は，1954年に「中華人民共和国憲法」を公布し，国会にあたる全国人民代表大会を「最高の国家権力機関」とする政治体制を整えましたが，それは政権を牛耳る共産党の独裁を保障するものでした．この独裁体制が現在まで続いているのはご存じの通りです．一方，台湾に逃れた国民党も独裁体制をしき，「中華民国憲法」は事実上の機能停止状態に陥りました．しかし，この憲法の枠組みが，1990年代から本格化した民主体制移行[10]の基盤になったことは，現在にいたる台湾民主化の歴史が証明しています．

*10　1949年から続いた戒厳令が1987年に撤廃され，1990年代に入ると憲法の数回にわたる修正，総統の直接選挙の実現などにより民主化が進展した．

2. 中国の議会選挙

1912年に中華民国が成立すると，中央には国会が，地方（省・県）にも地方議会が置かれました．しかし，政権の変動や革命によって，いずれも活動停止や組織的な解体を余儀なくされます．そのため，大陸に中華民国が存続した38年間で，国政選挙が実施されたのは1912・13年と18年，そし

表1　中華民国時代の国政選挙

	有権者比率	選挙権資格
1912·13年選挙	10.5%	衆議院：満21歳以上の男子，直接税年納2元以上，500元以上の不動産所有 小学校以上の学歴などによる制限選挙
1918年選挙	14.9%	参議院：満30歳以上の男子，直接税100元以上，5万元以上の不動産所有 高等専門学校卒業以上の学歴などによる制限選挙
		衆議院：満25歳以上の男子，直接税年納4元以上，1,000元以上の不動産所有 小学校以上の学歴などによる制限選挙
1947·48年選挙	53%	満20歳以上の男女による普通選挙

（張朋園『中国民主政治的困境，1909-1949：晩清以来歴届議会選挙述論』（台湾：聯経出版，2007年）166-168，209頁．
金子肇『近代中国の国会と憲政——議会専制の系譜』（有志舎，2018年）21，70頁）

図2　中華民国国会の開院式
（1913年4月）

て戦後の1947・48年の3回に過ぎません（表1）．また，国民党政権が成立するまで，地方では省議会の選挙が何度か行われましたが，同政権成立後，地方議会選挙が再開されたのは戦後になってからでした．

　1912・13年と18年の国会選挙では，衆議院と参議院の選挙が実施されました（12・13年の参議院議員は省議会が選挙，図2）．この2回の選挙は，納税額などに制限をつけた男子のみの制限選挙で行われ，有権者の全人口に対する比率は，それぞれ10.5%と14.9%と推計されています．数値の信用度に少々疑問が残りますが，日本の第1回衆議院選挙（1890年）の有権者比率は全人口の1.1%でしたから，それに比べるとかなり高い比率を示しています．

　一方，戦後の国政選挙は普通選挙により実施されたため，総人口に対する有権者比率は53%に跳ね上がりました．また，同じく普通選挙に基づいて行われた1946年の上海市議会選挙でも，全市民に対する有権者比率は60.8%に達しました．戦後の日本では，1946年に男女普通選挙による衆議院選挙が実施されています．戦後の日本と中国は，同じ時期，ともに民主化による再スタートを切ろうとしていたのです．

　ところで，中国の議会選挙で深刻な問題となったのは不正

の横行でした．贈賄や供応，投票用紙の売買，投票の勝手な代書や代行，恫喝と暴力による投票場の攪乱，はては投票箱の中身のすり替えなど，不正の手口は尽きないほどです．こうした不正行為の蔓延は，1912・13年と18年の国政選挙はもちろんのこと，それから30年あまり過ぎた戦後の国政選挙でもとどまるところを知りませんでした．

図3 1946年4月の市議会選挙で投票箱に投票する上海市民

（選挙に不慣れであったとはいえ，普通選挙の実施は中国の人々にとって画期的な出来事だった）

1947・48年の選挙では，政権党である国民党が地方の有力者と結託して，暴力をともなう不正行為によって圧倒的な勝利を収めたといわれます．また，そもそも選挙の経験がなかったため，多くの有権者が投票という行為自体に不慣れだったことも，不正の横行を助長しました．1946年の上海市議会選挙（図3）を報道した新聞は次のように述べています．

> いくらかの選挙民は，遠くからせっかく投票所に駆けつけても，ついぞ何をするのかわからないのだ．誰に投票すべきかわからず人のいうままに投票する人は，そうした選挙民たちの多数を占めている．　　　　　　　　　　　　　（『大公報』1946年4月29日の記事より）

ただし，選挙の不正は西欧や日本でも頻出していましたから，中国の未熟さだけをあげつらうことはできません．また，中国の人々が，選挙の民主主義的な意義をまったく理解していなかったわけでもありません．1953年末から共産党は全国人民代表大会の選挙を実施しました．そのとき，共産党の内部情報は，有権者のなかに以下のような声があったことを伝えています．

> 選挙法は自由な選挙運動を規定していない．候補者によい意見があっても，どうして有権者に訴えることができるだろう．「選挙運動がないのは民主的ではない」と思う．
> 　　　　　　　　　　　　　　（『内部参考』145号，1953年6月26日）

共産党が作った選挙制度では，社会末端の選挙だけが直接選挙で，それ以上は地方の各級人民代表大会による間接選挙を積み上げて全国代表が選ばれるしくみでした．また，「等額選挙」（候補者と代表定数が同じ選挙）などの手段を使って，

図4 中華人民共和国憲法の制定を
祝う上海市民 (1954 年)

投票行動を巧みにコントロールし，選挙が示す「民意」を管理することもできました．そうした選挙によって全国人民代表大会の代表が選ばれ，そこで憲法も制定されました．共産党政権成立当初には，このような選挙を果敢に批判する人もいたわけです（図4）．しかし，この後，こうした民主主義的な意識は伏流を余儀なくされ現在にいたっています*11．

3. ケルゼンの決意と東アジアの今

ここまでみてきたように，近代の中国では困難な条件のなかで立憲政治の定着に向けて粘り強い努力が重ねられ，不正の横行をともないながら，戦後には普通選挙によって人々が自由に「多数者の意志」を示す可能性が開けました．ところが，国民党と共産党の内戦，中華人民共和国の成立をへて，その可能性は先細り，中国の選挙はむしろ「多数者の意志」を政権が管理し操縦する方向へ変化していったのです．

現在，共産党政権下の中国が，依然そうした状況にあるのはご存じだと思います．また，一国二制度のもとで高度な自治権を保障されてきた香港*12 の選挙制度が改悪され，共産党の統制が強められたことは記憶に新しいところです（図5）．

図5 政府による屋外広告
(2021 年 5 月，香港の議会にあたる立法会が，民主派を排除する選挙制度の変更を可決した)

一方，台湾では 1990 年代以降の民主化によって自由選挙が定着したのに対し，戦後民主主義を培ってきた日本は，近年，政治に無関心な人が増え選挙の投票率が低くなっています．東アジアの，そして私たち日本の選挙が示す「多数者の意志」は，はたしてどこに向かうのでしょうか．ケルゼンが 80 年前に述べた悲壮な決意は，私たちにとってまったく無関係ではないのです．

情報ガイド
・ハンス・ケルゼン（長尾龍一ほか訳）『民主主義の本質と価値 他一篇』（岩波文庫, 2015年）
　　ケルゼンはオーストリア出身．彼が創始した法理論は「純粋法学」と称される．本講冒頭で引用した「民主主義の擁護」は同書に収録されている．
・待鳥聡史『代議制民主主義──「民意」と「政治家」を問い直す』（中公新書, 2015年）
　　代議制民主主義の現状を直視しつつ，その歴史・課題・制度・将来を考察する．議会制と選挙の意味を知るうえで最適な一冊．
・中村元哉『中国，香港，台湾におけるリベラリズムの系譜』（有志舎, 2018年）
　　両岸三地（中国・香港・台湾）の空間的広がりと連鎖に注目して，20世紀中国の自由を求めるリベラリズムの思想と運動を活写している．
・金子肇「中華民国期の議会選挙とその政治的含意」（『歴史と地理』724号, 2019年）
　　中華民国時代における議会選挙を概述し，同時代の選挙によって表出された「民意」（＝「多数者の意志」）の役割を考察している．

イスラーム世界と近代化

三浦　徹

1871(明治4)年11月から1873(明治6)年9月までの2年にわたって，岩倉具視を団長とする使節団が，欧米諸国を歴訪しました．その目的は，国内改革を進め，不平等条約を改正し，近代的な主権国家としての認知を得ることにありました．下の史料は，団員の一人で各国宗教視察を命じられた久米邦武*1が記したものです．当時明治政府では，キリスト教の禁令や廃仏毀釈などをめぐって，宗教の位置づけをどうするかが課題となっていました．欧米の諸国において，宗教(法教)はどのような役割を果たしていたのか，この史料をもとに考えてみましょう．

*1　本書第13講（畔上直樹）参照.

岩倉使節団がみた欧米社会における宗教

その〔宗教と国民の〕管〔関〕係は甚だ重し．〔……〕土耳其〔トルコ〕の回教に於る，露国の希臘教に於る，墺仏の羅馬教に於る，米英の耶蘇新教に於る，これを概して其教の人民に浸漬したるの深き，国君の政事を施行するも，兵備を振わすも，商工の事業を励ますも，農牧の開墾をなすも，総て人を以て人を使役するには，常に法教に大なる管係あるものなり

（『米欧回覧実記』第四編，岩波文庫，カタカナをひらがな・現代表記に改めた）

---

1. 憲法における信教の自由

ヨーロッパでは，16世紀前半の宗教改革やその後の宗教戦争・対立の苦い経験から，法律によって，複数の宗派の共存や個人の信教の自由を定めるようになりました．フランス人権宣言（1789年）やアメリカ合衆国憲法修正1条（1791年）がその端緒です．19世紀に，ヨーロッパの多くの国で憲法

が定められ（ベルギー，プロイセンなど），オスマン帝国や日本
では，これらを参考にして憲法が制定され，そこでは，信教
の自由に関する条項が盛り込まれています．

フランス　人権宣言　1789年
「何人も，たとえ宗教的意見であっても，意見の表明が法律の確定した公の秩序を混乱させるも
のでないかぎり，その意見について不安にさらされてはならない」
オスマン帝国憲法（ミドハト憲法）　1876年12月公布
「第11条　オスマン帝国の国教はイスラーム教である．この原則を遵守し，かつ国民の安全と
公共良俗を侵さない限り，オスマン帝国領において認められるあらゆる宗教行為の自由，ならび
に処々の宗教共同体に与えられてきた宗教的特権の従来通りの行使は，国家の保障の下にある」
（『世界史史料』8巻，2009年）
大日本帝国憲法（明治憲法），1889年2月発布
「第28条　日本臣民ハ安寧秩序ヲ妨ゲス及臣民タルノ義務ニ背カサル限ニ於テ信教ノ自由ヲ有
ス」

2. 政教分離と世俗化

　オスマン帝国憲法では，上記のように，イスラーム（教）
を国教と定めています．19世紀のヨーロッパ諸国の憲法では，
多くの国（オランダ，ベルギー，プロイセン，オーストリアなど）
で，国教に関する規定がみられますが，アメリカ合衆国憲法
修正1条では，信教の自由を保障するとともに，国教を定め
ることを禁じています．明治憲法の制定にあたっては，ドイ
ツのシュタインらが国教を定めることを勧めましたが，伊藤
博文は，仏教も神道も深く人心に浸透する力がないため，万
世一系の皇室を機軸とすべきと考え，憲法前文には「神聖ナ
ル祖宗」が国の源泉と記されました．教育勅語（1890年）に
よって天皇みずからが教育の基本を告示し，忠孝に励み，危
急のときには一身を捧げて皇国のために尽くすことが臣民の
務めとされました．第二次世界大戦中は，天皇制と神道が一
体化し「現人神」や「神国日本」の概念が喧伝されました．
　フランスの人権宣言や憲法では，前文に「神」の存在への

言及がありましたが，19世紀後半以降に，教会から国家への公的任務の移管や国家の宗教的中立性の改革が行われ，1905年に政教分離法を制定し，1946年憲法1条で「ライック（世俗化された，政教を分離した）な共和国」であることが明示されました．

フランスのこのような政教分離の動きは，トルコ共和国（1923年成立）における世俗主義（ラーイクリキ）のモデルともなり，カリフ制*2 の廃止，イスラーム法廷*3 の廃止，スーフィー教団*4 の施設の閉鎖，イスラームを国教とする条項の削除（1928年）などの一連の改革が実行されました．

日本国憲法（1946年制定）では，政教分離について，第20条で「いかなる宗教団体も，国から特権を受け，又は政治上の権力を行使してはならない」「国及びその機関は，宗教教育その他いかなる宗教的活動もしてはならない」，第89条で「公金その他の公の財産は，宗教上の組織若しくは団体の使用，便益若しくは維持のため，又は公の支配に属しない慈善，教育若しくは博愛の事業に対し，これを支出し，又はその利用に供してはならない」と規定しています．この政教分離原則に関して，小泉純一郎首相の靖国神社参拝（2001年）を違憲とする訴訟などが争われました．

3. イスラームにおける政教関係

イスラームでは，政治と宗教を分離しないため，宗教者や宗教団体が政治に関与すると思われています．その経緯を歴史からたどってみましょう．イスラーム国家の発祥は，622年に，預言者ムハンマドに率いられた信徒がメディナに移住し，その地の信徒らとともに，神とムハンマドのもとに共同体の結成を誓ったこと（メディナ憲章）にあります．632年にムハンマドが死去すると，アブー・バクルが後継者に推挙され，カリフへの就任演説を行いました．

*2 オスマン帝国では，君主であるスルタンが，イスラーム世界の長であるカリフを兼ねるという考え方が18世紀末以降に強調されたが，トルコ革命のなかで1922年にスルタン位が廃され，1924年にカリフ位も廃止された．

*3 イスラーム国家では，イスラーム法（シャリーア）が公法と私法の位置を占め，政治・経済・社会の規範となり，イスラーム法廷では主に民事案件が扱われた．

*4 スーフ（羊毛）をまとう人の意味で，清貧を尊び修行によって神との合一をめざす人（神秘主義者）のこと．師弟関係を基盤にして教団をつくり，修道場や寄進財産をもち，社会的影響力をもった．

みなさん，私はあなたたちに指導権を託された．あなたたちの最良の者でもないのに．だから，私がよいことをしたら協力し，悪いことをしたら正してほしい．〔……〕私が，神とその使徒に従っている限り，私に従いなさい．私が，神とその使徒に背いたなら，私に従う必要はない．

(イブン・イスハーク「ムハンマド伝」『世界史史料』2巻，2009年)

　カリフとは，アラビア語で代理を意味するハリーファがヨーロッパ語に転化したもので，「神の使徒の代理人」を意味し，預言者に代わって政治を指揮する者をいいます．カリフが決して絶対的な権限をもつのではないことは，アブー・バクルの就任演説において，「私がよいことをしたら協力し，悪いことをしたら正してほしい」と述べていることからわかります．よいことと悪いことの判断基準となるのは，「神とその使徒に従っている」かで，神の定めとは「コーラン（クルアーン）」のことで，ムハンマドの言行がこれに次ぐ規範（スンナ）となります．このため，第3代カリフの時代にコーランの章節を集めてテキストを確定し，またムハンマドの言行の伝承（ハディース）を集め，60万という膨大な量の伝承から，信憑性の高いものを厳選したハディース集が9世紀に完成しました．イスラーム法（シャリーア）は，コーランとハディース（スンナ）をもとに，法学者（ウラマー）の合意と解釈によって体系化されたものです．この意味で，カリフとは，イスラーム法に基づき，政治を行う者であり，イスラーム国家は，立法と行政を分権した法治主義の国家ということになります．10世紀から18世紀まで，イスラーム世界の多くの国家では，軍人が政治支配者となりますが，イスラーム法に基づいて統治を行い，それに著しく外れると，ウラマーや民衆や他の政治勢力の批判を受け，政権が交代しました．

　イスラーム法は，宗教儀礼に関する部分と人間の社会関係に関する部分（公法，民法，商法にあたる）の二つからなっています．規定や解釈は，カトリックのような教会組織をもたないため，ある信条や教義が異端かどうかはウラマーの議論

に委ねられました．コーヒーの飲用，現金の寄進（ワクフ）とその貸付，長期の不動産の賃貸借といった新たな問題が生じると，ウラマーがファトワー（意見書）を出し，法の刷新が行われました．18 世紀末以降には，西欧諸国の政治的・経済的進出に直面し，イスラームの原点に立ちかえり改革する運動が起こり，法の柔軟な解釈により利子の容認や服装の改革も議論されました．現在では，イスラームを国教とする国家を含めて，国家によって定められた制定法に基づいて政治も社会も運営され，イスラーム法が直接適用されているわけではありません．

4. 現代における宗教復興

20 世紀前半には，近代化や世俗化（政教分離）によって，宗教は個人の内面の問題となり，社会的な運動や現象としては後退すると考えられたことがあります．しかし，アメリカのプロテスタントやユダヤ教の原理主義，あるいはイスラーム復興運動などの潮流が起こっています．

イスラーム復興運動は，近代以前に逆戻りしようとする時代錯誤のものではなく，近代文明を享受しながら，社会生活においてイスラームを拠りどころとしようという動きです．1980 年代以降女性のヴェール*5 着用比率が増えていますが，同時に大学や就業の女性の比率も上昇しています．ヴェールは女性を守るものと考え，ヴェールを基調としたファッションも流行し（図 1，2），2013 年には，トルコで公務員のヴェール着用を禁止する法令が廃止されました．他方で，イスラームを政治の原理に掲げた反政府運動も生じ，1989 年にはアルジェリアで政権を獲得し，2014 年にはシリア・イラクで「イスラーム国」*6 の樹立が宣言されました．

フランスでは，ムスリムの移民が約 1 割を占め，その第二世代では，みずからのアイデンティティをイスラームに求め

*5 コーランでは女性信者に対し「外に現れるもののほかは，美（や飾り）を目立たせてはならぬ．覆いを胸の上に垂れよ」（24 章31 節）と述べられているが，ヴェールの明文規定はなく，身体のどこをどの程度隠すべきかについては議論がある．サウジアラビアやイランなどでは，法律でヴェール着用を義務づけているが，多くの国では各人の判断や意志に委ねられてきた．

*6 イラクおよびシリアの政権に対し，武力行動によって支配領域を拡大し，2014 年 6月に，カリフによって統治される国家の樹立を宣言し，インターネットなどを用いて世界のムスリムに参加と支持を呼びかけた．米国やロシアなどが軍事介入し，2019 年にはその支配領域はほぼ消滅した．

る動きが強まっています.
1989 年パリ郊外の公立中
学で,校長がムスリムの
女生徒に対しスカーフ着
用禁止を命じ,さらに 90
年代前半にはスカーフを
かぶる女性生徒に対する
退校処分が出され,学ぶ
権利の侵害として問題と
なります.2004 年には,
公立学校でのこれみよが
しな宗教的標章の着用を
禁じる法令が発布され,
ムスリム女性のヴェール,
ユダヤ教徒の帽子が対象
とされました.2009 年 9
月には,治安上の理由か
らとして,ブルカ型(顔

図1 ヴェール(ヒジャーブ)ファッションのウェブサイト

図2 「アラブの春」運動におけるエジプト女性のデモ
(さまざまなヴェールを着用している.2011 年)

と全身を覆う)ヴェールの禁止令が制定されました.2015 年
1 月には,ムハンマドの風刺画を掲載したパリのシャルリ・
エブド社が,イスラーム国の支持者によって襲撃され,編集
長や漫画家ら 12 人が殺害されました.11 月には,パリ市街
などで,イスラーム国の支持者グループによる銃撃・爆発が
同時に多発し,死者 130 人という事件が起こりました.

5. 宗教と向き合う

　宗教とは,人智を超えた力や存在を認めることであり,人
間や万物の意味を考えることです.日本では,江戸時代の長
い鎖国の間に,仏教も神道も宗教の活力を失い,他方で日本
の古典に依拠した国学研究が幕末の尊王攘夷運動に大きな影

響を与えます．第二次世界大戦後は，戦前の国家神道への批判や反省から，宗教に関する議論は後退し，国民の大多数が「無宗教」といわれる状況が続いています．

岩倉使節団に同行した仏教僧島地黙雷[*7]は，ヨーロッパでキリスト教の講義を受け，エルサレムの聖地を訪れ，カイロではメッカ巡礼団の帰着を祝う行事に出遭い，コーランの朗誦を「南無阿弥陀仏」の読経になぞらえて理解しようとしました．彼がヨーロッパで購入したムハンマドの伝記は，帰国後林董[*8]によって翻訳され，日本で最初のムハンマド伝が刊行されました．林は，原書がキリスト教徒の愛憎があり公平を失する記述となっていることを見抜き，注意を喚起しています．英国留学経験をもつ夏目漱石は，晩年に「則天去私」（身を天地自然にゆだね，私心を捨てること）という言葉で人生の理想を示しました．1970年代後半から先進国において，スピリチュアルな文化[*9]の流行がみられます．

「政教分離」の趣旨は，信教の自由を保障し，人間が宗教と向き合えるようにすることです．グローバル化時代には，国内でも国外でも，さまざまな宗教やその信徒と接することになります．宗教を理解することは，グローバル市民に必要なリテラシーといえるでしょう．

[*7] 浄土真宗の改革を進めるとともに，明治政府に対して，政教分離（信教の自由）を求め，仏教の立て直しを図った．

[*8] 蘭学医の家に生まれ，幕末に留学，岩倉使節団の一員ともなる．外交官として活躍し，外務大臣も務めた．

[*9] 神のような超越的な存在を信じ，内面的な救済や自己実現，神秘体験やヒーリング（癒やし）を求める活動のこと．

情報ガイド
・藤原聖子『教科書の中の宗教——この奇妙な実態』（岩波新書，2011年）
　　宗教学を専門とする著者が，宗教の基本的な理解に向け，日本の教科書における宗教に関する記述や観点の問題点を指摘する．
・三浦徹編『イスラーム世界の歴史的展開』（放送大学教育振興会，2011年）
　　イスラーム世界の発祥から現在まで，社会の変化を歴史的にたどる（放送大学教科書）．
・三浦徹編『イスラームを学ぶ　史資料と検索法』（山川出版社，2013年）
　　イスラーム世界についての情報の収集と学び方を解説する（「イスラームを知る」シリーズのひとつ）．
・新井政美『憲法誕生——明治日本とオスマン帝国二つの近代』（河出書房新社，2015年）
　　トルコ近現代史を専門とする著者が，二つの国の憲法にいたる道筋をたどり，課題を整理する．
・後藤絵美『神のためにまとうヴェール——現代エジプトの女性とイスラーム』（中央公論

新社, 2014 年)

    2000 年代以降, みずからの考えでヴェールの着用を決心したエジプト女性のインタビューや人気
説教師の言説などを読み解く.

・野中葉『インドネシアのムスリムファッション——なぜイスラームの女性たちのヴェー
ルはカラフルになったのか』(福村出版, 2015 年)

    世界最大のムスリム人口をもつインドネシアでは, 1980 年代以降ヴェール着用が増加し, カラフ
ルなファッションが創り出される過程を現地女性のインタビューなどの調査を通して明らかにする.

・(公財) 東洋文庫編「日本における中東・イスラーム研究文献 DB」 http://search.tbias.jp/

    明治から現在までの 150 年間に, 日本で刊行された中東・イスラームに関連する研究文献がオンラ
インで検索できるサイト (2021 年 12 月現在 6 万件を収録).

近代日本の「宗教」

畔上直樹

（船内の）喫茶室に集まれば銘々宗教の話が始まる．〔……〕亜米利加（アメリカ）が始まりで，西洋人に逢えば何宗かということを問われる．〔……〕仏教と言おうという人があった．が，仏教信者とはどうも口から出ない．どうも仏教はよく知らないから，アトを聴かれると二の句をつげぬ．仏教は困る，全体西洋は宗教を信ずるけれど，我々はそんなことはこれまで信じない．嘘を言わずに儒教だ，忠孝仁義と言おうといえば，一方からまた儒教は宗教ではない．〔……〕デまた我輩は日本人だ，みな神道を信ずると言うが相当だという説がある．それはいかぬ，なるほど国では神道などと言うけれど世界に対して神道というものはまだ成り立たない，かつ，何一つの経文もない，ただ神道と言っても世界が宗教とは認めないから仕方がない．こんな議論で神儒仏ともにどれと言うこともできない．

（久米邦武「神道の話」（1908年）『久米邦武歴史著作集第三巻　史学・史学方法論』
吉川弘文館，1990年）

*1　久米邦武（1839-1931年，佐賀県）．戦前日本・近代実証史学の歴史家．岩倉使節団に随行，報告書『特命全権大使米欧回覧実記』をまとめる．帝国大学文科大学教授となるが，論文「神道は祭天の古俗」が問題視され非職．古文書研究・日本古代史研究を進めた．

いまから150年前の明治初年，幕末（19世紀中葉）に西洋諸国と結ばれた不平等条約の改正予備交渉等を目的に，明治新政府は岩倉使節団を西洋各国に派遣しました（1871-73年）．ここに掲げたのは，西洋各国で必ず問いかけられる「おまえたちの宗教は何か」について船中の一行が頭を抱えている場面です．その様子を使節に随行した久米邦武*1が明治時代終わり頃（1908年）の講演録の中で回想として述べたもので，近年の歴史研究で注目されている史料の一節です．

明治時代の文章ですが平易に書かれていて，内容も現代日本の私たちの共感できるところがあると思います．しかしながら，一方で何か奇妙な感じもまた同時に受けるのではないでしょうか．以下，近年の研究に基づきながらこの史料をみていきましょう．

1. 西洋独特の「レリジョン」に面食らう

　この明治時代の史料を読むうえで最も注意しなければなら
ないのは，史料で使用されている「宗教」という言葉を，現
代日本の私たちがこの言葉で想起するイメージで単純に理解
してはならない点です．このエピソードの核心は，当時のキ
リスト教世界の西洋諸国における（英語でいえば）「レリジョ
ン」religion といった言葉がもっていた，西洋独特のものの
理解の仕方への根本的な戸惑いともいうべきものです．一行
は久米が書くようにたしかに「宗教の話」をしているわけで
すが，その内容を現代のわれわれが正確に理解するうえでは，
「レリジョンの話」を一行はしているのだと，いっそのこと
カタカナ語に置き換えてしまったほうがかえってわかりやす
いといえるでしょう．

　つまり，仏教とでもいっておけばよさそうだが，西洋でレ
リジョンを信ずるように接してきたわけではない．「忠孝仁
義」の儒教も，すぐにレリジョンではないと反論が出る．明
治新政府の旗揚げにあたり大きく看板に掲げた日本固有の神
道信者の国でよいのではといえば，「経文」つまりは教義も
なくとてもレリジョンとはいえないと即座に却下されてしま
う．結局，当時の西洋諸国でのキリスト教とその位置づけを
背景とするレリジョンに自国の「神儒仏」がうまくあてはま
らない，はてさてどうしたものか，と悩んでいるわけです．

2.「文明」とレリジョン

　岩倉使節一行（図1）が自国のなかにレリジョンを探そう
としてああだこうだと悩むのは，行く先々での「おまえたち
のレリジョンは何か」という西洋諸国から発せられる問いが，
当時大変重い意味をもつことを一行が痛感していたからです．

図1　岩倉使節団

冒頭の史料で，神道を日本のレリジョンと主張しても「世界が〔……〕認めない」とあったように，当時のレリジョンは，明治新政府が参入しようとする「世界」の問題と強く結びつけられていた事柄だったのです．

　当時の西洋諸国は，非キリスト教世界を含めた世界の国家と民族を，自分たち同様の「文明」とそうでない「未開」に分けて考えていました．当時，西洋諸国が形成していた近代国際法の世界では，対等の相手となる国と認められるのは人類の「文明」の部分で，「未開」と判断された部分は人類の文明化の使命として当然征服されるべきものとされました．

　ただ，日本はトルコや中国，朝鮮，タイなどと同じく，この「文明」「未開」の境界線上の存在とみなされました．西洋諸国が不平等条約*2 を結んでいくのはこの部分です（図2）．明治新政府は不平等条約を改正し「文明」側として近代国家を建設していこうとしますが，その「文明」の条件として当時の西洋諸国が重視したのがレリジョンでした．久米自身も冒頭の史料引用部分を含む明治時代終わり頃に書かれた文章のなかで，レリジョンを悪くいうことは「甚だ悪い事」で，「宗教というものは非常に貴重なものという事に人の前では云わなくてはなら」ないものだと，レリジョンについて認識を改めていったと書いています．

　レリジョンなくして「文明」なし．これが具体的な条件になったものとして「信教の自由」があります．幕末の日米修好通商条約*3 の条文（第8条）にもすでに次のようにあります．

*2　締結国相互の平等性が確保されていない条約のこと．治外法権（と領事裁判権），協定関税，最恵国待遇といった内容を片務的に取り決めた．

*3　1858（安政5）年締結．自由貿易を定める一方，日本側が居留民の領事裁判権を認め，関税自主権を持たず，日米和親条約来の片務的な最恵国待遇を継承した不平等条約．

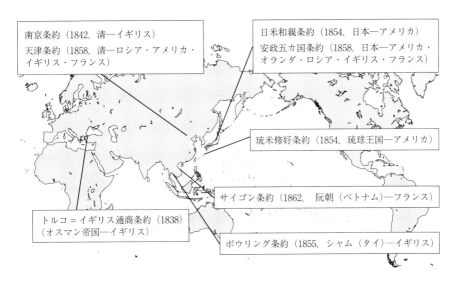

図2 19世紀中葉の西洋諸国との不平等条約の例

> アメリカ人，自らその国の宗法を念じ，礼拝堂を居留地の内に置くも障りなく，ならびにその建物を破壊し，アメリカ人宗法を自ら念ずるを妨げる事なし〔……〕双方の人民，互いに宗旨についての争論あるべからず．
> （「日本国米利堅合衆国修好通商条約」『締盟各国条約彙纂』第1編，外務省記録局，1884年）

　ここではレリジョン（religion, religious）の訳語に「宗法」「宗旨」があてられ，アメリカ人が居留地に礼拝施設を設置してみずからのレリジョンを信仰することを許可し妨害行為をしないことや，両国人民がレリジョンをめぐり敵対してはならないことを定めています．同条約を含む西洋諸国間に結ばれた安政五カ国条約は，いずれも信教の自由条項を含んでいました．「文明国」をめざす明治新政府も信教の自由を組み込んだしくみをつくっていくことになります．

3. レリジョンの訳語「宗教」の登場

　さて，冒頭史料で用いられる「宗教」を，この言葉をめぐ

る現在のイメージから区別するために「レリジョン」と現代
風な表現に置き換えて説明してきましたが，当時の西洋流の
ものの考え方が含む独特さゆえに，幕末以来，レリジョンの
よい訳語は従来の日本語にはなかなか見つかりませんでした．
「宗法」「宗旨」も結局，訳語として定着できませんでした．

　これに対し，明治初年に姿を現し，あっという間にレリジ
ョンの訳語の地位を固めていったのがほかならぬ「宗教」と
いう言葉なのです．実は，この「宗教」は近代以前の日本に
は存在しないも同然の言葉でした．「宗教」という言葉は，
当時のレリジョンを表現するためのほぼ造語に等しい新奇な
言葉として明治の日本に舞い降り定着したのです．明治時代
の冒頭史料を現代の私たちの語感そのままで読んではならな
い理由はここにあったのです．

4. 大日本帝国憲法下のレリジョン

　明治時代を通じての日本の近代国家建設において，「宗教」
という目新しい言葉のもとでレリジョンが社会のしくみのな
かに組み込まれていきます．明治時代半ば（1889 年）制定の
大日本帝国憲法，その第 28 条で「安寧秩序」を妨げず，「臣
民たるの義務」に背かないかぎりという制限を明記しつつも，
「信教の自由」をはっきりと規定しました．戦前日本では仏
教，教派神道*4，そして江戸時代以来明治初年まで禁教下に
あったキリスト教も，信教の自由が関わる行政対象として公
認された「宗教」に位置づけられました．

　ただし，この公式に「宗教」として行政対象となったのは
戦前期を通じてみても限定的で，現在の私たちからみると狭
いものでした．これも，非西洋キリスト教世界の日本の近代
化が当時の「文明」と結合したレリジョンをどのように社会
のしくみのなかに組み込んでいくかという問題が大きく関わ
っているといえます．

神道がわかりやすい例でしょう．天皇を押し立てて発足した明治新政府は，その天皇の権威を支え正当化する神話に関わる神道を必要とし，明治政府が出発する当初，神道を大きく前面に押し出しました．しかし明治前半期を経て，信教の自由の対象となる上記の教派神道が分離され，祭祀を軸とする神社神道の部分は「宗教ではない」として，これが戦前日本の政府公式見解となりました（神社非宗教論）．この神社神道の扱いは現在の私たちの語感からすると奇妙に思えますが，起源は冒頭史料にもみた，神道はレリジョンではないという明治初年来の理解にあります．神社非宗教論は，明治時代の近代国家構築にレリジョンを組み込む過程で行き着いた一つの姿だったということになります．

他方，「文明」と結びついたレリジョンとして位置づけられた教派神道のほうでは，みずからをレリジョンとして純化していこうとする自己改革が進みます．幕末あたりから民衆運動的に台頭してきた経緯をもつ教派神道の各派では，本来自身が濃厚に根差していた病気直しといったみずからの呪術的な要素を「文明」と相いれないものとして排除していく動きを進めていくのです．こうしたことは仏教でもみられます．西洋のレリジョンはこのようにして近代日本内部に深く作用していったのです．

5. 現代日本の私たちとレリジョン

戦後日本では神社神道もほかと同様の宗教団体となり，明治時代の仏教・教派神道・キリスト教のそれぞれの各派だけが公認宗教だったような状況ではもちろんなくなっています．現代日本の私たちは，明治時代よりももっと幅の広い一般的なイメージで「宗教」という言葉を使用していますし，たとえば「日本人」の宗教的特質は「自然宗教」*5 にあると，「宗教」という言葉でしかもキリスト教的なモデルにあてはめず

*5 教祖・教典，教団が明確な「創唱宗教」（キリスト教など）に対して，それらを欠いた自然発生的で無意識に受け継がれていくような宗教のあり方（情報ガイドの文献参照）．

に主張することもできます.

　明治時代のレリジョンの話がそのまま現代の私たちにつながっているわけではないことはもちろんです.ただ,現代日本でも「自分の宗教とは何か」と問われれば戸惑い,居心地の悪さを感じる人もまた多いのではないでしょうか.現代日本は,レリジョンをその基本的要素に組み込んでつくりあげられた近代日本のしくみをルーツにもっており,その住人として西洋的なものの考え方や基準が自明なものになっているといえます.しかし,それとどこかでうまくすり合わせられない部分ももち続けているのでしょう.その意味で150年前の久米たちの悩みは私たちと深いところでいまもつながっているのです.

情報ガイド
・小倉慈司・山口輝臣『天皇と宗教』(講談社学術文庫,2018年,初版2011年)
　　歴史家が執筆した「天皇の歴史」シリーズの1冊.第二部(山口執筆)は本講冒頭でみた久米の回想から説き起こされ,宗教という言葉の日本近現代史としても必読.
・島薗進・末木文美士・大谷栄一・西村明編『近代日本宗教史第1巻　維新の衝撃──幕末～明治前期』(春秋社,2020年)
　　最新の近代日本宗教史の通史シリーズの1冊.第4章「宗教が宗教になるとき──啓蒙と宗教の近代」(桂島宣弘)は,本講の内容をさらに深く具体的に理解することができる.
・阿満利麿『日本人はなぜ無宗教なのか』(ちくま新書,1996年)
　　現代の私たちが自身を「無宗教」と考えがちな理由を,日本の「自然宗教」と,近代化で西洋特有の宗教理解を組み込み自明化してきたはざまに起きた問題として位置づける.

国際秩序の変化や大衆化と私たち

⑧ファッションの形成

⑨「1968 年」の広がり

⑩二つの世界大戦

身体装飾の歴史

阿部恒久

図1　官吏とヒゲ

（『驥尾団子』206号，1882年10月11日，3304頁）

　図1は1880年代の日本の雑誌に載った風刺画で，「萬御
髯所」の看板がある店が舞台です．看板には，上に「鯰形」,
右に「上中下御好次第」，左下に「籠絡堂政吉」の文字が小
さく書かれています．店先には，大きく太い八の字髭などの
「権大書記形」や，「判任形」「鯆形」と書かれたヒゲの雛
形が掲げられています．2人の客は「民権通宝」と刻印され
た大きな銭貨を差し出し，ヒゲを買おうとしています．右下
に書かれた会話は，お客「髭屋は沢山あるが髯を売る所ハ
此大店只一軒で此通宝を持てさへ来れば何時でも好み通りの
髯に有り付く調法な世とハ成りました」，番頭「旦那御直段
ハ少しも髯ません」です．「髯ません」は「引けません」を

113

**図2 月代と丁髷,
ヒゲ無し（髪型は
町人風）**

（喜田川守貞『守貞謾
稿』巻之九，ここでは
『近世風俗志』二，岩波
文庫，1997年，43頁に
よる）

掛けたものでしょう．これは自由民権家が金で官吏の職を買おうとする行為を風刺したものですが，当時の官吏とヒゲの関係をよく示しています．官吏といえばヒゲを蓄えた者で，ヒゲの形・量は官吏の身分の上下を表す記号でもありました．

人は衣服をまとい，髪を結い整え，顔に化粧を施すなど，身体を装ってきました．そこには女性・男性の違いとともに時代の変化が投影されています．ここでは近現代日本の男性のヒゲに焦点をあて，ヒゲを通して時代のありようをみてみましょう．

日本人男性は20歳前後からヒゲが生えはじめる人が多いです．あなたは剃りますか，それとも伸ばしますか．伸ばすとしたら，どんな形・ボリュームのヒゲですか．男性は一度は考え，判断を迫られます．ヒゲの歴史に向き合ってみませんか．

ヒゲはその場所によって呼び名があります．漢字表記（音）は，口ヒゲ（鼻ヒゲ）は「髭」，顎ヒゲは「鬚」，頬ヒゲは「髯」，唇真下のヒゲは「承漿」ですが，訓読みは髭・鬚・髯ともに「ひげ」です．ここでは全体を指すものとして「ヒゲ」ないし「髭」と表記することにします．

1. ヒゲ無しの近世からヒゲ有りの近代へ

日本では，近世前期まで「大ヒゲ」を蓄えた武士が多くいました．「武威」を示すためで，戦国の世の名残りです．しかし，泰平の世となるにつれ，武士の間でヒゲを剃る風習が広がりました．それは，1670（寛文10）年に幕府が発した「大ひげ禁令」[*1]で決定的となり，庶民の世界にも及びました．こうして月代と丁髷，ヒゲ無しが近世中・後期男性の一般的な頭髪・顔の身装となりました（図2）．

ところが，幕末，開港とともに日本にやってきた西洋人の多くは立派なヒゲを生やしていました．その影響で明治維新

*1 大名行列などの際に従者の武士が大ひげを蓄えていることを幕府が禁じたことに由来する．

後，断髪とともにヒゲは西洋文明のシンボルとなりました．冒頭の図1にある官吏はもちろん，軍人・教員など文明開化を推進しようとする人々の多くは断髪してヒゲを蓄えました．明治天皇も1873（明治6）年に断髪してヒゲを生やしました．図3は「御真影」として小学校などに下賜された明治天皇の肖像画ですが，太い八の字髭とあご鬚を蓄えています．文豪・夏目漱石もカイザル髭や英国髭（アングレー）を生やしています（図4）．明治はヒゲ大流行の世でした．

図3 明治天皇
（須藤光暉『明治天皇御伝』口絵，1912年，金尾文淵堂）

1906（明治39）年から1915（大正4）年の10年間に，当時の雑誌『太陽』に掲載された口絵などに載っている顔写真を調べたところ，男性の約82％がヒゲを蓄えていることがわかりました[2]．

ただし，ヒゲは威厳や権威を表現するものとされたことから，その形・量は社会的身分，立場の上下を表すものでもありました．身分の高い人はボリュームがある「八の字髭」（「鯰ヒゲ」の異称あり）が多く，ドイツ皇帝のヒゲにちなむ「カイゼル髭」もみられました．これに対して，量が少ない「鰌ヒゲ」は下級官吏を意味する隠語でした．他方，当時の雑誌『風俗画報』などを見ると，洋服を着て断髪していても，新米の兵士・警官や郵便配達員・職工などはヒゲがなく，商人もそうでした．

図4 夏目漱石
（上は1906年，下は1912年の写真，『漱石全集』1・5巻，岩波書店，1965・66年，口絵）

[2] 阿部恒久『ヒゲの日本近現代史』講談社現代新書，2013年．

2. 第一次世界大戦後はヒゲ無しが広がる

日本でまだヒゲが流行していた第一次世界大戦の頃，アメリカではヒゲ無しが急速に広がっていました．それにはジレット社が製造販売した安全剃刀[3]の普及が関係しています．アメリカ政府は出軍兵士に大量の安全剃刀を送り，ヒゲ剃りを奨励しました．それもあってアメリカでは戦後，ヒゲ剃りの風習が定着します．大戦期のウィルソン大統領以降，アメリカ大統領はすべてヒゲ無しです．

[3] 従来の西洋剃刀・日本剃刀は，刃が直接肌に触れるもので，皮膚を傷つける恐れがあった．刃を上下2枚の鋼板などで覆い，刃が毛だけに触れるようにしたのが安全剃刀．T字型がほとんどで，今日にいたるまで改良が積み重ねられている．

図5　チャップリンの髭（『キネマ・レコード』3号，1916年1月）

図6　コールマンの髭（『キネマ旬報』235号，1926年8月）

大戦中に発展したアメリカ・ハリウッド映画のスターはヒゲ無しがほとんどで，例外は量の少ない「チャップリン髭」（チョビ髭），かわいらしい「コールマン髭」などでした（図5・6）．

ハリウッド映画は大戦中から日本に大量に輸入，上映されました．1923（大正12）年の関東大震災後，復興の過程で「昭和モダニズム」[*4]が登場しました．それを担った若い世代に「モダンボーイ」（モボ）といわれる人々がいます．彼らの多くはハリウッド映画のスターのようにポマードなどで整髪し，ヒゲ無しでした．モボと対になる「モダンガール」（モガ）は断髪（ショートカット）して自由恋愛を志向し，権威主義的な男性の「ヒゲ」を嫌いました．女性目線が男性の身装に大きな影響を与えていると考えられます．金沢生まれの詩人・室生犀星は当時の様子を次のように記しています．

> アメリカ映画が洪水のやうに日本の岸辺から搬ばれ，西洋のモダン・ガールとか何とかいふ風俗が桜咲く国の娘達を殆ど裸体同様な痩身にしてしまつたが，これらの映画主演俳優は誰一人として髭を生やしてゐるものはゐなかつた．殆ど，これと同時に調髪師は悉く片ツ端から髭を剃り落とすことを，髭の持主から命じられたのも，この時代であつた．
>
> （『読売新聞』1936年3月11日）

*4　南博ほか『昭和文化1925-1945』（勁草書房，1987年）によれば，日本の「昭和モダニズム」は関東大震災からの復興を契機に形成され，1930年をピークに35年頃まで続いた．大震災復興の過程で新しい商業施設などがつくられ，アメリカ文化の影響を強く受けた「モダン生活」が普及したが，経済力の限界から，生活の隅々までモダン化することなく，「街頭」の文化にとどまったとされる．

ここから，この頃に多くの若者がヒゲを剃り落とす風習が広がったことがわかります．室生犀星もその一人でした．

これより10年くらい前になりますが，考現学者たちが1925（大正14）年5月に行った「東京銀座街風俗」の調査によると，総数244人中，ヒゲ無しは69％，ヒゲ有りは31％でした．ヒゲ有りのなかでは英国髭が46人で最も多く，その両端を切り落としたチャップリン型が20人で，この2つがほとんどです（図7）．大正後期・昭和初期には，全体としてヒゲ無しが多くなっていること，ヒゲ有りではヒゲの範囲が小さくなってきていることがわかります．

3. ヒゲ有りとヒゲ無しが共存した軍国主義時代

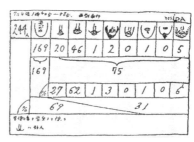

図7 東京銀座街の風俗調査
（今和次郎・吉田謙吉編『モデルノロヂオ〔考現学〕』春陽堂, 1930年, 20頁）

1931（昭和6）年9月の満洲事変を契機に日本は軍国主義の時代となりました．この時代には「武威」を表すためにヒゲをもてはやす傾向が強まりました．1936年4月，「以髯会」という大ヒゲ愛好団体が生まれ，大ヒゲを自慢し合う会合を定期的に催しています．以髯会はまた，「戦争とひげは不可分の原則」だとし，「軟弱なる髭を廃して大いに威厳ある非常時型のひげ」を普及しようと，1938年4月，『髭舞台』という書を刊行しました．

新聞もまた，戦地における「陣中ひげの会」「ヒゲ勇士」「ひげ部隊」「戦争とひげ」などの記事を掲載し，ヒゲを戦意高揚と結びつけました（図8）．

図8 「戦争とひげ」
（『東京朝日新聞』1937年8月9日）

しかし，兵士の蓄髯は戦場でヒゲを剃ることが難しい事情も関係しており，他方で，若い兵士の間ではヒゲを剃る習慣も定着しつつありました．火野葦平の『土と兵隊』は，1937年11-12月の中国・杭州湾における敵前上陸作戦に，自身が13人の部下を率いる分隊長として参戦した体験を記した戦争文学ですが，上陸艇に乗り移る直前の輸送船内での出来事を次のように書いています．

〔……〕小隊長が来て，怒つたやうな表情をし，そろそろ乗船準備をしろ，と云つた．それを聞くと，私は不意に髯を剃つておかうと思つた．安全剃刀を出して水に石鹸をつけてがりがりと剃つた．痛かつた．我々は昨日まで皆競争のやうに髯をのばしてゐた．髯の寸法を計つて比べ合ひ，髯を落としたものは罰金五十銭と冗談を云つてゐた．不意に私は髯だらけで死にたくないと思つたのだ．私が髯を剃り始めると，何か忘れものでも急に思ひ出したやうに，四五人髯を剃り始め

た.

(火野葦平『土と兵隊』改造社，1938 年，57-58 頁)

　　ここには，「武威」を示すためにヒゲを伸ばそうとしてい
た若者が，いよいよ戦場に臨み，いつ死ぬかわからない状況
に立たされたとき，ヒゲ有りは自分の本当の姿ではないと，
ヒゲを剃り落としたことがわかります．このように，兵士た
ちには安全剃刀でヒゲを剃る習慣もあったのです．

　　この頃，国産の安全剃刀は改良が進み，普及しはじめてい
ました．そして，戦時中には，大量の安全剃刀が慰問袋に入
れられて戦地の兵士に届けられています．原料の鉄は戦時統
制下にありましたが，岐阜県にある日本安全剃刀株式会社な
どのメーカーは，軍刀製造のため原料の入手が可能でした[5].

＊5　阿部恒久『ヒゲ
の日本近現代史』175-
176 頁.

4.　戦後のサラリーマン世界に広がるヒゲ無し

　　1945(昭和 20)年 8 月の敗戦を機に，日本社会のありようは
大きく変わりました．日本の経済が復興を経て高度成長して
いくなかで広がったサラリーマンの世界では，ヒゲ無しが一
般化しました．新聞には，「サラリーマンにとっての朝のヒ
ゲ剃りは毎日欠かすことのできないエチケット」(『読売新聞』
1953 年 3 月 13 日)という記事や，南極越冬隊員についての次
のような記事がみられます (図 9).

最後の氷山をみた夜，大塚隊員が一昨年，日本出発以来のヒゲをそり落した．五月人形のショウ
キさまのように，顔中まっ黒みごとなヒゲだった．カミソリも刃がたたない．バリカンで地なら
ししたあとで，あらためてカミソリを使いなおした．青い地ハダがあらわれたとき，隊中から
「オオ」という嘆声を浴びた．／〔……〕一年氷雪に耐えた越冬隊の勇士が，こうしてアッという
間に姿を変える．一皮むくと，そこには善良な都会のサラリーマンの顔があった．

(『朝日新聞』1958 年 3 月 4 日)

　　このように，サラリーマンといえばヒゲ無しとなったので
す．企業がヒゲを禁止する理由には，客に不快感・不潔感・
違和感・威圧感を与えてはならないことが挙げられていま

す*6. そして, 1955 年には初めて国産の電
気シェーバーが発売され, 60 年代に急速に
普及し, ヒゲ剃りはきわめて楽になりまし
た.

　経済の高度成長が終わりを告げた 1973
(昭和 48)年, 東京都が行った調査では, ヒ
ゲ有りは約 21 万 4,000 人で, 全体の約 5%
でした (『朝日新聞』1973 年 6 月 19 日, 夕刊).
戦後は, ほぼヒゲ無しの世となったのです.

　他方, 少ないですが, ヒゲ有りのほとん
どはミュージシャン・映画監督・学生活動
家などの非サラリーマンで, 当時の支配的
な体制に違和感・反感をもつ人々が少なく
ありませんでした. キューバ社会主義革命

図 9　「サラリーマンの顔」
(『朝日新聞』1958 年 3 月 4 日)

指導者のカストロのヒゲ (図 10) が注目を受けることもあり
ました. このような意味で, 戦前とは逆に, ヒゲは非体制・
反体制の記号となったとみることができます.

5. 経済大国化・国際化時代のヒゲの様相

　その後, 日本が経済大国化・国際化するなかで, ヒゲをめ
ぐる様相も少しずつ変化しました. サラリーマン世界では依
然としてヒゲ剃りによるヒゲ無しが主流で, 数量的にもヒゲ
無しが最も多い状況は続きますが, 次の三つの変化が認めら
れます.

　一つは, サラリーマン世界でもヒゲが許容される傾向が出
てきたことです. 「ヒゲは俺の名刺代わり」の言葉のように,
組織よりも個人の能力によって成果をあげることができる企
業で, こうした傾向が強まっているようです. プロ・スポー
ツ界も同様です. 2010 年の調査では, 女性管理職の 34% が
「清潔感がかんじられれば」社員のヒゲを許容する, と回答

図 10　カストロの
ヒゲ
(H. マシューズ (加茂
雄三郎訳)『フェデル・
カストロ』紀伊国屋書
店, 1971 年, 口絵)

＊6　阿部恒久『ヒゲ
の日本近現代史』192
頁.

表1 「ヒゲのある部下どう想う？」（男性・女性管理職へのアンケート）（％）

	男性	女性
似合っていればよい	8.0	7.0
清潔感がかんじられればよい	18.0	34.0
仕事に差し障りがなければよい	12.0	12.0
気にしない	4.0	0.0
頼りになりそう	1.0	0.0
好ましい	0.0	0.0
仕事をまかせられない	3.0	2.0
生意気だ・偉そうだ	12.0	9.0
好ましくない	42.0	28.0
その他	0.0	4.0

（『DIME』2014年4月20日）

しています（表1）.

　二つめは，許容されるヒゲが「おしゃれヒゲ」であることです. 男性は個性や男らしさを演出するためにヒゲを生やすのですが，かつてのように威厳や権威を示すためのものはまれで，多くは「おしゃれ」としてなのです. 形・場所は口ヒゲ（髭），顎ヒゲ（鬚），唇真下のヒゲ（承漿）とともに，無精髭が好まれているようです. しかし，無精髭はきちんと整形されたものなので「無精髭風」というべきでしょう. ここには女性目線が投影されていると考えられます.

　三つめは，エステティック・サロンなどで脱毛する傾向が増えたことで，若い世代に顕著です. 俗称は「ツルン」. これはヒゲ剃りによるヒゲ無しとは違います. みずから女性のような顔肌になりたいわけで，ジェンダー・フリーにつながる動きです.

　以上のように，ヒゲのありようは時代とともに変化してきました. ヒゲも時代を映す鑑といえましょう. 変化を促した要因としては，①権力側の働きかけ，②欧米を中心としたヒゲのあり方の影響（＝外国文化の影響），③女性の目線，④剃刀などの器具の発達の4点を挙げることができます.

情報ガイド
・阿部恒久『ヒゲの日本近現代史』（講談社現代新書，2013年）
　　男らしさ・男性性は歴史的・社会的につくられたものという「男性史」の観点から，近現代日本のヒゲのありようについて，ヒゲ有りとヒゲ無しの比率，その変化，ヒゲが表す意味，変化の要因などを検討し，ヒゲの時代性・社会性を考察している. 電子版あり.

ファッションの歴史

平芳裕子

1925(大正14)年5月，風俗学者の今和次郎[*1]は，東京銀座の路上を歩く人々の服装を調査しました．その結果を示した図1の下方には，男性と女性それぞれの洋服と和服の着用率が記されています．この図から大正末の東京では，男性は洋服が多かったのに対し，女性はほぼ全員が和服であったことがわかります．そこで今は次のように述べています．

> *1 今和次郎（1888-1973年，青森県）．建築学者，民俗学者．街や人々の生活の様子を観察・分析する「考現学」の創始者として知られる．

> 現代の風俗の記録として，十年，百年後の人びとに，この私たちの仕事が残される可能性があ
> ることを思うとさらに愉快になる　　　　　　　　　　　（「東京銀座街風俗記録」『考現学』）

それから実際に約100年が経ち，私たちはみな「洋服」を着ています．では日本人の装いはどのようにして「和服」から「洋服」へ変わったのでしょうか．

日本の衣服が，伝統的な着物から西洋の服装へ移行したことを「洋装化」と呼びます．「洋装化」は単に「和服」から「洋服」への外見の変化だけではなく，「洋服」を着ようとした人々の生活，文化，社会，経済，政治に関わる変化でもありました．そしてその歴史は，男性と女性において異なる速度と道筋で進みました．本講では，西洋の装いからど

図1　和服と洋服の比
（今和次郎「東京銀座街風俗記録」『考現学』ドメス出版，1971年）

図2 エドガー・ドガ《ニューオリンズの綿花
取引所》1873年，カンヴァス，油彩

*2 袖口を小さく縫
い詰めた衣服．現代の
着物の原形．

*3 和服の袖の垂れ
た部分のこと．

*4 平安時代後期に
生まれた公家男子の準
正装．

*5 上衣と袴からな
る武家男子の平常服．

*6 平安時代以降の
公家の平常服．鎌倉時
代以降には武家の礼装
ともなる．

のようにして洋服が取り入れられ，
現代に通じる日本のファッション文
化が形成されたのか，その歴史をみ
ていきましょう．

1. 近代化の象徴としての
   スーツ

江戸時代には男女ともに小袖*2
と呼ばれる着物を着ていましたが，
幕末の黒船来航を機に，軍服から洋
服の要素が取り入れられるようになります．袂*3をなくし
た筒袖や裾の余りを除いた細袴など，活動性を重視した衣服
が登場しました．開国後の日本は，政治交渉の場に就くため
に，身なりから西洋諸国に倣い，外見的にも対等であろうと
試みました．そのため公職に就く男性の衣服から改革が始ま
りました．1872(明治5)年には，「大礼服並上下一般通常礼服
ヲ定メ，衣冠*4ヲ祭服トナシ，直垂*5，狩衣*6，上下等ヲ
廃ス」（太政官布告第339号）とする政令が出され，伝統的な
装束に代わり「大礼服」が礼装として採用されました．

大礼服とはスーツにあたる衣服です．19世紀西洋に台頭
した新興階級は，貴族好みの装飾や色彩を廃した機能的なス
ーツを身につけました．図2には，アメリカ南部の綿花取引
所が描かれています．糸の原料である綿花の周りにスーツ姿
の男性がいます．産業革命により紡織産業や既製服が発達し，
男性用スーツが普及しました．スーツは西洋近代の市民社会
を象徴する衣服でした．それゆえ，開国後の日本がスーツを
男性服として採用することは，日本の近代化を目に見える形
で示すことでもあったのです．明治初期から警察や鉄道員な
どの制服が洋服に定められ，社会で働く男性の洋装化が進ん
でいきました．

2. 開国後のドレスと大正期の子供服

では女性服はどうでしょう．女性の洋装化は複雑な経緯をたどります．最初に洋服を取り入れたのは，明

図3　楊洲周延《貴顕舞踏の略図》1888年

治政府で要職に就いた公人の妻でした．鹿鳴館などの外交パーティに出席するために西洋のドレスを着る必要があったのです（図3）．ところが当時のドレスは複雑な作りで高価であったため，実際に着用できた女性はごく一部でした．また，家庭で生活する女性の服装には伝統的な慣習が保たれる傾向にありました．そのためドレスは一時的な現象として終わってしまいます．

一方，子供服では洋装化が進みました．大正時代の生活改善運動のもと，将来の国家を担う子供たちの健康に対する関心が高まり，学校制服や子供服でも洋服が推奨されました．着物は紐や帯を多用することで体を圧迫し，活発な運動を妨げ，子供の発育に適さないとみなされたからです．紳士服や制服とともに子供用の既製服が登場しますが，小さく簡単な子供服は家庭でも手作りされました．当時の裁縫書の広告には「小児を完全に保育せんとする方は小児洋服の仕立方を知らねばなりません〔……〕．洋服は運動を軽快にして見てゐても気持のよいものです」（伊藤峯子『小児洋服裁縫全書』の広告）とうたわれています．子供のための服作りが，のちの女性服の洋装化にも影響を与えました．

3. 女性服の変化と洋裁技術の普及

第一次世界大戦による女性の社会進出は，西洋の女性服に

図4 杉浦非水《銀座三越　四月十日開店》1930年，ポスター

変革をもたらしました．従来の複雑な装飾と構造は取り払われ，肩から布が垂れるワンピース型の女性服が登場しました．これらのスタイルは日本女性にとっても着こなしやすいものでした．大正時代には百貨店やカフェの店員など，働く女性の制服から洋服が採用されはじめましたが，女優，令嬢，おしゃれに敏感な人たちが積極的に洋服を着はじめ，「モガ（モダンガール）」と呼ばれるようになります（図4）．しかし冒頭でみたように，女性の多くはまだ着物を着ていました．

　というのも女性用のおしゃれな既製服はいまだなく，また学校では着物の「和裁」を中心に教えていたため，洋服については自ら学ぶ必要がありました．そこで女性誌のなかに「先ず各々の服の目的々々に応じて正しく使ひ分けて着こなす事〔……〕体によく合つた服を着る事」（『新女苑』別冊付録「洋装」，田中千代編，1938年）と洋服の着方を紹介するもの，洋服の作り方や型紙を掲載するものが登場します．記事の多くは，国内外でデザインを学び洋裁学校を設立した洋裁家たちが執筆しました．女性服の洋装化は，女性自身が服作りの知識と技術を習得することによって，徐々に進んでいきます．

4. 戦時下の国民服ともんぺ

　こうして昭和初期には，洋服を着る女性もみられるようになりました．しかし戦争が衣生活に大きな影響を及ぼします．1940（昭和15）年には「国民服」が制定され，多くの男性が着用しました（図5）．一方で，多様な日常を送る女性の服装を定めることは難しく，当時の雑誌には次のように記されてい

図5　国民服
(『被服』被服協会，11 巻 8 号，1940 年)

図6　婦人標準服姿図
(『婦人標準服の決定に就て』厚生省生活局，1943 年)

ます.

> 仮に男子服に活動性を第一とすべしとする場合に於いても，女子服には必ずしも左様には律し得ないものがあるであらう．剛健美と優美と云ふが如きもまた両者の本然的相違である．従って，なるべく一元的改善を理想とするには異りはないが，婦人服に対しては先ず何の服装に対象を採るかが重要なる問題であらうと思ふ．　　　　　　(『被服』11 巻 7 号，昭和 15 年)

　1942 年には数種の「婦人標準服」が定められましたが，普及はしませんでした（図6）．実際には，肩が張った軍服調の洋服，手持ちの着物を作り直して活動性を高めた更生服，農村の作業着であったもんぺなどが着用されました．物資節約のために着物が解体され再利用されたこと，敵国とは異なる日本独自の衣服の考案が挫折したこと，西洋のズボンと同じ二股のもんぺが取り入れられたことは，戦後に女性の洋装化を推し進めていく要因となりました．

図7 『アメリカンスタイル全集』
（日本織物出版社，1950 年）

5. 戦後の流行現象と既製服の発達

　戦後いち早く再開した洋裁学校の会報から
は，洋裁を学びたいという女性たちの意欲が
伝わってきます．「各地の卒業生の皆様から，
学校が復興したら，行事の展覧会や指導者大
会を開いてくれとの希望がまゐります」（ド
レスメーカー学院の機関紙『D・M・J 会誌』1947
年，No. 21）．戦後は日本の民主化を進める連
合国軍の占領下に，欧米の最新ファッション
を紹介した雑誌が多数発刊されました（図7）．
また，国内外の有名俳優たちの映画衣装が
人々の憧れをかき立てました．1950 年代に
は日本の百貨店がパリのオートクチュール*7 のデザイナー
によるファッションを販売するようになります．西洋の流行
情報はすぐさま伝えられ，日本でも流行のスタイルを入手す
ることが可能になりました．また一般の女性たちは，同様の
スタイルを手作りすることで流行を身につけました．

　1960 年代には学生運動がさかんになり，若者文化が台頭
しました．ロンドンの若者集団から生まれたミニスカートは
世界的な流行となりました．また日本ではアロハシャツ*8
を着た「太陽族」，アイビールック*9 を好んだ「みゆき族」
などが注目されました．化学繊維の開発や既製服の発達によ
り，安価でデザイン性の高い衣服の生産が可能となり，流行
のファッションがさまざまな世代の人々に影響を与えるよう
になりました．

6. ファッションデザインの発展

　ファッション産業の発展に伴い，1970 年代には海外で活

*7　上質の素材と卓
越した技術でオリジナ
ルのファッションを生
み出す高級服飾店．特
にパリ・クチュール組
合に所属する店やその
高級注文服を指す．

*8　色鮮やかなプリ
ント柄で開襟の半袖シ
ャツ．ハワイで着られ
るようになり，夏のリ
ゾートウェアとして人
気となる．

*9　アメリカ東部名
門大学の学生たちの伝
統的なスタイル．ジャ
ケットを特徴とする保
守的だがカジュアルな
スタイル．

躍する日本人デザイナーが登場しました。森英恵[*10]，高田
賢三[*11]，山本寛斎[*12]，三宅一生[*13] らが，ニューヨーク，
ロンドン，パリ等でデザインを発表し話題となりました。彼
（女）らは，日本の伝統的な素材（麻，紙，竹など）や意匠（花
鳥風月，歌舞伎など），直線的な裁断と縫製を利用した非対称
のデザインを得意とし，新奇なアイデアによって西洋のファ
ッション界で評価されました。

　一方，東京の原宿では，1980 年代の爛熟した消費社会を
表現するかのように，「竹の子族」[*14] が派手な色彩の衣装で
踊りました。しかしバブル経済崩壊後の 20 世紀末には，高
品質低価格のカジュアルウェアを得意とする「ユニクロ」の
人気が高まりました。若者集団の発信するスタイルは細分化
され，さまざまなストリートファッションが出現しました。
最先端の流行を低価格で販売するファストファッションも人
気となりました。インターネットの普及とともに流行は多様
化しつつも，現代ではあらゆる人々がファッションを享受し
ています。

7. グローバル化における日本のファッション

　本講では，洋装化の流れから日本におけるファッション文
化の形成をみてきました。日本の衣服は近代化を果たしまし
たが，西洋ファッションのグローバル化が進む現代ではさま
ざまな問題も浮上しています。たとえば「洋服」が日常着と
なった現在，私たちは「和服」の伝統や習慣をいかに継承す
ることができるでしょうか。また多様化する社会において，
ファッションや制服の性別をどのように捉えるべきでしょう
か。そして増大するファッションの生産と消費は，国境を越
えた労働問題と地球規模の環境問題に発展しています。持続
可能な社会の実現に向けて，私たちはどのようにファッショ
ンを変えることができるでしょうか。誰もがファッションと

[*10]　森英恵（1926
年-，島根県）。ファ
ッションデザイナー。
1950 年代から映画の
衣装デザインを手がけ
る。パリ・クチュール
組合に属する唯一の東
洋人デザイナーとして
活躍。

[*11]　高田賢三（1939-
2020 年，兵庫県）。ファ
ッションデザイナー。
1970 年パリにブティ
ックをオープン。民族
衣装を源泉とするデザ
インを得意とした。

[*12]　山本寛斎（1944-
2020 年，神奈川県）。
ファッションデザイナ
ー。歌手デヴィッド・
ボウイのステージ衣装
をデザインし世界的に
有名となる。

[*13]　三宅一生（1938
年-，広島県）。ファッ
ションデザイナー。多
摩美術大学出身。「一
枚の布」で身体を包み
込む衣服のデザインを
展開する。

[*14]　1980 年代初頭
に原宿の歩行者天国に
出現した若者集団。原
色の派手な衣装で路上
で踊った。

関わる現代において，これらは着る人各人が考え，取り組ま
なければならない課題なのです．

情報ガイド
・徳井淑子『図説ヨーロッパ服飾史』(河出書房新社，2010 年)
　　西洋の貴族社会から近代の市民社会にかけての服飾の推移をテーマ別に豊富な図版とともに解説す
　　る．明治以降日本へ流入したファッションの源流を学ぶことができる．
・飯田未希『非国民な女たち——戦時下のパーマとモンペ』(中公選書，2020 年)
　　戦時下に国家による活動的衣服の制定が進むなか，洋風の髪型と服装にこだわり続けた女性たちの
　　模様を描く．戦後のファッション大衆化への道筋を読みとることができる．
・井上雅人『洋裁文化と日本のファッション』(青弓社，2017 年)
　　女性が洋服を作る技術を身につけることによって日本の社会にファッションが普及していく様を，
　　デザイナー，ミシン，洋裁学校，服飾雑誌，洋裁店などの事例から描き出す．
・島根県立石見美術館・国立新美術館編『ファッション イン ジャパン 1945-2020——
　流行と社会』(青幻舎，2021 年)
　　戦後日本社会におけるファッションの歴史を，服飾デザインや雑誌・写真資料等を中心として豊富
　　なカラー図版とともに解説．

民衆運動とプロテスト・ソング

油井大三郎

> （We Shall Overcome（日本語タイトル「勝利をわれらに」）の1番の歌詞：資料1）
> "We shall overcome/We shall overcome/We shall overcome someday/Oh, deep in my heart/I do believe/We shall overcome someday
> 我らは勝つ／我らは勝つ／我らは勝つ　いつの日か／心の奥で／私は信じる／我らは勝つ　いつの日か

　みなさんはこの歌を聞いたことがありますか．現在，多くの苦難に直面していても，いつかはそれを克服して，勝利するといった楽観的な展望を，どんな運動にも適用できる形で示したので，さまざまな民族や人種を超えて，多くの人々を励ます歌になったのでしょう．

　この歌は，アメリカ合衆国（以下，アメリカ）の公民権運動を通じて広く歌われるようになったのですが，なぜ，アフリカ系アメリカ人を中心とする運動歌が人種を超えてアメリカの国民歌となったのか，さらに国境も越えて，国際的にも歌われるようになったのか．ここでは，この歌を事例にして考えてみたいと思います．

1. アメリカの公民権運動とプロテスト・ソング

> （アメリカの公民権運動と「ウィ・シャル・オーバーカム」：資料2）
> 幾百万のアメリカ人たちと同様，シーガーは，こうした犬の襲撃をテレビで見た．群衆に放水が行われていた．細い体の，十代の少女は，放水によって地面に叩きつけられた．テレビのカメラはこうした情景を流して撮りながら，非暴力のデモ隊が，シーガーのアレンジした『ウィ・シャル・オーバーカム』を歌う場面を映し出した．黒人たちへの暴行が，テレビのニュースにあふれた．

（D. K. ダナウェイ（矢沢寛訳）『歌わずにはいられない——ピート・シーガー物語』

社会思想社, 1984 年, 237 頁）

図 1　黒人用水飲み場

(Rosa Parks with Jim Haskins, *Rosa Parks: My Story*, Puffin Books, 1992, p. 47)

図 2　バーミンガム闘争の写真

(Michael S. Durham, *Powerful Days: The Civil Rights Photography of Charles Moore*, Stewart, Tabori & Chang, 1991, p. 99)

＊1　ジム・クロウ制ともいう. 南北戦争後の南部に成立したもので, レストラン・バス・鉄道などの公共施設を人種別に分ける制度. 図1は公園の水飲み場が黒人用に限定されていたことを示す写真.

この文章は, 1963 年 5 月にアラバマ州バーミンガムで行われた南部における人種隔離制＊1 の撤廃を求める高校生たちを含むデモ隊を警察が放水や警察犬を使って排除しようとした状況を説明したものです. アメリカのフォークソングの草分け的な歌手であるピート・シーガーの伝記のなかの一文です. また, 図 2 は, 放水の威力で建物の壁に押しつけられ, びしょぬれになっている高校生たちを映した写真ですが, 放水がいかに激しいものであったかがわかるでしょう. この抵抗の過程で 1,000 人近くの生徒たちが逮捕されたといいます.

　警察によるこのような激しい規制のなかで, デモ隊の人々は, 警察に対して暴力的な反撃はせずに, 「非暴力」に徹し, 「ウィ・シャル・オーバーカム」を歌いながら, 耐えていたのでした. なぜ, デモ隊の人々は, 「非暴力」の抵抗に徹したのでしょうか. その抵抗でなぜ「ウィ・シャル・オーバーカム」の歌が歌われたのでしょうか.

　この激しい弾圧に耐える高校生などの姿は, 全米のみならず, 全世界にテレビ中継され, アメリカ政府に対する批判が高まりました. その結果, ジョン・F・ケネディ大統領は, ジム・クロウ制の廃止を目指す公民権法案の提出を決断しました. しかし, 南部選出の議員からの激しい抵抗が予想されたので, キング牧師は, 南北戦争中の 1863 年に発表された「奴隷解放宣言」から 100 年目にあたる 1963 年の 8 月 28 日

に首都ワシントンで大規模な集会を開いて，政府に圧力をか
けるように計画しました．

　この「ワシントン大行進」と呼ばれる集会は，リンカン記
念堂*2の前に約25万人もの人々を集めて開催されましたが，
この集会の最後にキング牧師が行った演説が，あの有名な
「私には夢がある」でした．そして，この大集会で「ウィ・
シャル・オーバーカム」を歌ったのが「フォークの女王」と
いわれたジョーン・バエズでした．彼女は，父親がメキシコ
系であった関係で褐色の肌をしていたので，幼い頃から差別
を経験していました．また，両親の影響で早くからクエーカ
ー*3の「非暴力主義」に関心をもち，高校2年生のときには，
バス・ボイコット運動を指導して一躍有名になったばかりの
キング牧師の講演を聞いて，キング牧師を尊敬するようにな
っていました．このバエズが，高音の美声で歌う「ウィ・シ
ャル・オーバーカム」に合わせて，参加者全員がこの歌を歌
いましたので，この歌は，白人も含めてアメリカの国民歌の
一つになったのでした．

*2　リンカン大統領
の功績を記念して首都
ワシントンに建設され
たギリシア式の建物．

*3　平和主義を掲げ
るプロテスタントの一
派．

2. 「ウィ・シャル・オーバーカム」の誕生

（黒人学生による学生非暴力調整委員会（SNCC）の創設と「ウィ・シャル・オーバーカム」：
資料3）
私が初めて運動の最も有名な歌である「ウィ・シャル・オーバーカム」を聞いたのは，1960
年にノースカロライナ州のローリー市で行われたSNCCの創設会議の折でした．それは，ガ
イ・キャラワンによって歌われ，指導されました．ここでは彼の歌よりもその「指導」が重要で
した．南部キリスト教指導者会議（SCLC）のエラ・ベーカーによって招集された学生のなかに
は若干名，疑いなくその歌の初期の元歌である「アイ・ウィル・オーバーカム・サムデイ」を聞
いた者がいました．しかし，ほとんどの者は，今や世界中で信じられないくらいに多様な抗議運
動のなかで歌われているこの歌を聞いたことはありませんでした．
　　　（Guy and Candie Carawan ed., *Sing for Freedom: The Story of the Civil Rights
　　　Movement through the Songs, NewSouth Books, 2007, p. x）

　この指摘は，SNCCの創設メンバーで，公民権法の成立後

に南部のジョージア州で初めての黒人の州議会議員に当選し，下院と上院合わせて10期も務めたジュリアン・ボンドが行ったものです．そのなかで，彼は，ガイ・キャラワンのことを「カリフォルニアのサーファー」を思わせる「長い金髪の男」だったと語っています．なぜ，白人がこの歌をSNCCに伝えたのでしょうか．また，この歌にはどうも元歌があったようですが，それはどのようなものだったのでしょうか．

*4　アメリカの最高裁が1954年に下した人種隔離教育を違憲とする判決．

アメリカの公民権運動は，ブラウン判決*4に励まされて，1950年代の半ばから始まりました．1955年にアラバマ州のモントゴメリーで発生したバスにおける人種隔離の撤廃を求めるバス・ボイコット運動が成功し，それを「非暴力」の立場で指導したキング牧師が一躍，公民権運動の指導者として注目されるようになりました．それゆえ，1950年代後半の運動は主として黒人教会や第二次世界大戦前からの黒人運動団体（1909年に設立された全米黒人地位向上協会など）を中心とした運動でした．1960年代に入ると，資料3にあるSNCCが登場し，黒人学生運動とそれを支援する「民主社会を目指す学生組織（SDS)」などの白人学生運動が大きな力を発揮するようになります．このSNCCは，白人専用のレストランに座り込んだり，「フリーダム・ライド」といわれた長距離バスに白人と一緒に乗り込んだり，黒人の有権者登録を支援したりして，南部のジム・クロウ制に身をもって挑戦しました．各地で白人暴徒の襲撃や警察の弾圧を受け，多くの犠牲者を出しましたが，SNCCは非暴力の原則を貫くことで，むしろ南部の警察や白人暴徒のほうが「暴力的」という印象を全米，全世界に伝えることに成功し，1964年の公民権法成立に大きな役割を果たしました．

「ウィ・シャル・オーバーカム」の歌もこのSNCCが組織した「フリーダム・シンガーズ」によって全米に広められたのでした．ただし，資料3にあるように，この歌には元歌がありました．それは，チャールズ・A・ティンドリー*5とい

*5　チャールズ・A・ティンドリー（1851-1933年），独学で黒人教会の牧師となり，ゴスペル・ソングの作曲者でもあった．

う人物が1903年に作った「アイ・ウィル・オーバーカム・サムデイ」という歌でした．この元歌が労働運動の歌になるなかで「ウィ・ウィル・オーバーカム」にタイトルを変えました．その歌を，1932年にテネシー州に設立された「ハイランダー・フォーク学校」の関係者が収集して，会合で紹介していたのを，1947年にピート・シーガーが聞き，タイトルを「ウィ・シャル・オーバーカム」に変え，歌詞も変えて普及したといわれています*6．

＊6　Stuart Scotts, *We Shall Overcome: A Song That Changed the World*, Clarion Books, 2010, pp. 11, 23-25.

　つまり，「ウィ・シャル・オーバーカム」は，黒人教会のゴスペル・ソングとして生まれ，ピート・シーガーなどの白人フォークシンガーを経由して，公民権運動の歌になったのでした．その際，非暴力の抵抗運動を象徴する歌であったことが重要で，警察や白人暴徒による激しい暴力に耐えるには集団的な団結力が不可欠でしたが，プロテスト・ソングはそれを支えるうえで大きな力を発揮しました．そのうえ，非暴力で抵抗する姿がテレビなどで中継されることで，多くの良心的な国民の共感を集め，公民権法の制定を実現させたのでした．

　ただし，公民権法が成立し，南部の「ジム・クロウ制」が解体し，「法の下の平等」が実現しても，経済的・社会的不平等は残りましたので，それへの不満から1960年代後半になると，「ブラック・パワー」*7の主張がSNCCのなかからも登場し，「武装自衛」などの暴力的な対決路線が台頭したことも事実です．この路線は，警察などの激しい弾圧を受け，1970年代には衰退してゆきましたが，アメリカの場合，非暴力抵抗運動の伝統は，1970年代以降も女性解放や環境保護の運動に継承され，持続可能な運動モデルとなりました．近年の「ブラック・ライブズ・マター運動」にも引き継がれていると思います．

＊7　1966年頃から提唱された黒人の自立を求める運動．

3. 「ウィ・シャル・オーバーカム」の日本への越境

　妻が日本人であったピート・シーガーは，日本への親近感をもっており，1963年10月には日本を訪問して，「花はどこへいった」などの歌をテレビで披露したといいます．しかし，「ウィ・シャル・オーバーカム」を多くの日本人が歌うようになったのは，1965年2月以降，アメリカのベトナム介入が本格化してからだったと思われます．同年4月に発足する「ベトナムに平和を！市民連合」*8の中心には小田実*9や鶴見俊輔*10などのアメリカ留学経験のある知米派の知識人がいた関係で，アメリカの反戦運動との交流が密接であり，集会でよく「ウィ・シャル・オーバーカム」が歌われていたといいます．また，同年7月に日比谷公会堂で開催された「第1回ベトナム侵略に反対する大音楽会」ではベトナムの民族舞踊が披露されるとともに，アフリカ系アメリカ人と日本人を親とするキャサリン・ミネという人が「ウィ・シャル・オーバーカム」を紹介し，2,500人もの聴衆から拍手・喝采を浴びたといいます*11．この集会は，革新政党系の諸団体が主導して開催されていましたから，「ウィ・シャル・オーバーカム」が「ベ平連」以外にも浸透してゆく動きが1965年から始まっていたといえるでしょう．

　このように日本では，ベトナム反戦運動の高揚とともに，「ウィ・シャル・オーバーカム」が普及してゆきました．ただし，日本における反戦運動は，社会党・共産党などの旧左翼系，新左翼系の学生運動，「ベ平連」のような市民運動に分裂しており，新左翼系の学生運動では，「インターナショナル」や「ワルシャワ労働歌」のような革命歌のほうがよく歌われていました．

　それを象徴する事件が1968年8月にベ平連が主催し，米欧の平和団体から多くの代表が出席した「反戦と変革に関す

＊8　通称「ベ平連」．ベトナム戦争の終結を要求して結成された，市民の自発性を重視した運動．
＊9　小田実（1932-2007年），小説家．
＊10　鶴見俊輔（1922-2015年），哲学者．

＊11　矢沢寛「ベトナム戦争と音楽」，ベトナム戦争の記録編集委員会編『ベトナム戦争の記録』大月書店，1988年，282頁．

る国際会議」の場で発生しました．ベ平連系の会合では最後
に「ウィ・シャル・オーバーカム」を歌うのが慣例だったと
いわれますが，この日は会場に新左翼系の学生も多数参加し
ており，彼らが「インターナショナル」の合唱を始めたため，
主催者の一人であった小田実は「憮然として腰をかけたまま
であった」と鶴見俊輔が証言しています*12.

＊12　油井大三郎『平
和を我らに——越境す
るベトナム反戦の声』
岩波書店，2019年，
192頁.

　つまり，この事件は，プロテスト・ソングにも思想対立の
影響があったことを示しているのであり，「ウィ・シャル・
オーバーカム」はどちらかというと「ベ平連」のような市民
運動系でよく歌われていたといえるでしょう．その背後には，
革命を通じて平和を実現しようとする路線と「非暴力・直接
行動」により，世論を変え，議会での多数を獲得することで
平和を実現しようとする路線の対立がありました．

　その点に関連して，1966年6月に来日したアメリカの歴
史学者，ハワード・ジンやSNCCの活動家，フェザースト
ンが日本各地でアメリカにおける反戦運動の状況について講
演したのを聞いて，ベ平連で事務局長的役割を果たした吉川
勇一が述べた次の証言が興味深い問題を提起していると思い
ます．

（日本におけるアメリカの市民運動の受け止め：資料4）
　「二人のアメリカ人活動家の語る教条主義とは無縁な自由な思考，不服従と直接行動の思想，
そして参加民主主義の実践，それらは当時の日本の運動にとってまったく新鮮なものであり，薄
紙が水を吸いとるように講演会に参加した人びと，とくに青年，学生たちによって共感され，吸
収された」
（吉川勇一『市民運動の宿題——ベトナム反戦から未来へ』思想の科学社，1991年，124頁）

　なぜ，吉川はアメリカの市民運動の進め方に新鮮さを感じ
たのでしょうか．それは，長年，革新政党系の平和運動をし
ていた吉川が，1963年の米英ソ3国による部分的核実験禁
止条約の評価で対立し，政党を離れた人物だったので，長年
経験してきた社会主義的な平和運動の進め方に比べて，アメ
リカの「非暴力直接行動」の思想が大変新鮮に映ったためだ

ったと思います.

その点は,1966年8月にベ平連主催で開催された「日米市民会議」に参加した中野重治[13]も同様でした.中野も長年,社会主義を信奉する知識人でしたが,初めてベ平連系の集会に参加し,参加者全員で「ウィ・シャル・オーバーカム」を歌って「感銘を受けた」と書いています.同時に,集会を通じて「個人の責任」が強調されていることを強く印象づけられたと語っていました[14].

ここでは,それまでの日本における民衆運動の主流をなしてきた政党や労組中心の運動と,アメリカにおける市民の自発的な運動との違いが顕著になっていたと思います.

4. 結びにかえて

「ウィ・シャル・オーバーカム」という歌は,アメリカの初期の公民権運動を支えていた「非暴力・直接行動」という思想とともに普及しました.日本では,ベトナム反戦運動とともに広く普及しましたが,「非暴力・直接行動」といった持続可能な運動形態は少なくとも,1960年代の学生の間ではあまり普及せず,1970年代に入ると,学生運動は急速に衰退してゆきました.ただし,2015年の安保法制に反対する「自由と民主主義のための学生緊急行動」[15]の運動は,ベ平連の運動から多くを学んだといわれますので,「非暴力的」な市民運動の伝統は,長い目でみると,日本でも継承されたといえるでしょう.

*13 中野重治(1902-79年),戦前のプロレタリア文学運動にも参加した高名な作家.

*14 『文藝』1966年10月,300-305頁.

*15 SEALDs. SNSなどで呼びかけて国会議事堂前に集まり,ラップ音楽などに合わせて抗議集会を展開した運動.

情報ガイド
・大和田俊之『アメリカ音楽史――ミンストレル・ショウ,ブルースからヒップホップまで』(講談社,2011年)
　　ブルース,ジャズ,カントリー,ロックなどアメリカ音楽の通史.
・湯浅学『ボブ・ディラン――ロックの精霊』(岩波新書,2013年)
　　ボブ・ディランがフォークソングからロックに転身する過程を描く書.

・ジェームス・M・バーダマン，里中哲彦『はじめてのアメリカ音楽史』（ちくま新書，2018年）

　　ゴスペル，ブルース，ジャズ，ソウル，カントリー，フォーク，ロックなどのアメリカ音楽の概説.

・NHKスペシャル　新映像の世紀　第5集「若者の反乱が世界に連鎖した　激動の1960年代」（DVD，2013年）

　　ベトナム反戦運動，パリ5月革命，プラハの春，カウンター・カルチャー.

人として生きられる社会への希求

荒川章二

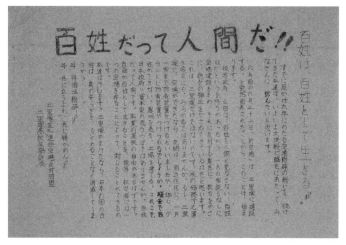

図1　百姓だって人間だ‼
（三里塚芝山連合空港反対同盟三里塚高校生協議会作成，成田空港　空と大地の歴史館蔵）

1. 成田空港の建設と地元高校生

図1は，いまからほぼ50年前の1971年，空港建設に反対する三里塚という地域の高校生が，ガリ版印刷機*¹（謄写版）を使って作成したビラ（bill）＝社会的訴えです．

建設が計画された「空港」とは，1966年に計画が発表された現在の成田空港（千葉県）で，三里塚は空港建設のための買収予定地を含んだ成田市三里塚地区，芝山は隣接する芝山町です．この地域一帯を含む千葉県北部の下総台地は現在

*1　鉄筆で原版を書き一枚一枚刷り上げるガリ版は，社会運動機関紙誌から同人誌や学級新聞まで，パソコン・プリンター時代を迎えるまでの長い間，民衆の情報発信を支えた身近な道具だった．

でも畑作農業がさかんな地域ですが，当時も農家が多く，地域住民は，売買の合意を無視した農地・家屋の収用や騒音を懸念して空港反対同盟*2 を結成し，空港との「共生」に転換するまでの主要な運動期間で区切ってもほぼ30年に及ぶ長い反対運動が続くことになりました．

　本講では，「1968年」という呼称を，1960年代後半から70年代初めのさまざまな社会運動・抗議運動が活発に繰り広げられた時代を象徴するものとして用います．当時は，東京大学をはじめとして大学生・高校生の社会的抗議運動が集中して起こっただけでなく，各地域の生活破壊に抗議し，環境改善を要求する住民運動団体が全国で2,000にも達した時代でした．そして，三里塚闘争と略称される抗議・抵抗は，この時期を代表する社会運動の一つでした．

　なぜこのように多くの異議申し立ての動きが，全国いたるところで起こったのでしょうか．その手がかりを，この1枚のビラから考えてみましょう．見出しからわかるように，この高校生たちは，地元農家に生まれ，農業を継ごうとした若者でした．彼（彼女）らは何に怒り反対し，どのような運動組織を作り，どうありたいと考えたのでしょうか．なお，当時の大学進学率は同世代の2割程度で，大多数の若者は，高校卒業後ただちに職業人生を歩みだした時代であったことも念頭に置いてください．

2. 「百姓だって人間だ」

　三里塚闘争は，地元農民と反対運動を支援する学生集団に，警察機動隊が力ずくで対峙した激しい実力衝突を中心に語られることが多いのですが，農民たちが地域ぐるみ・家族ぐるみで実力抵抗まで行ったそもそもの原因は何だったのでしょうか．

　ビラは「空港粉砕」という激しい主張で始まりますが，彼

＊2　1966年の空港建設計画の発表後直ちに，成田市と芝山町では地域ぐるみの建設反対運動が始まり，まもなく合流して三里塚・芝山連合空港反対同盟が発足．

らの怒りのありかを示すのは，空港計画が「突然発表」「一片の相談もなし」と記すように，今風にいえば，合意形成や事前の説明責任という問題でした．実は，学生運動・住民運動を通じて，当時の社会運動の発端の多くは，大学や地域社会での生活，特に人生を左右するほどの決定が，当事者の与かり知らぬところで「上から」決定され，説明もなく実施に移されるという，民主主義的手続きの不在という問題でした*3.

　ではなぜ政府や公共組織は，地元の人々が勝手と受け止めるような計画の推進をしたのでしょうか．1960年代という時代は，新幹線や高速道路，空港建設，大規模工業用地（コンビナート）の造成など大規模な公共事業・国策的開発事業が次々と推進された時代でした．この国策推進の流れのなかで，成田空港建設に即して見れば，空の新時代を開く交通基盤の大革新という「公共性」が錦の御旗とされ，国家的利益・国民多数（利用者）の利益に反対するのは地元住民（多数派に対する少数派）の「エゴイズム」（利己主義）であるという構図が作られるのですが，類似の論理で事業が正当化されていく事態が各所で生じます．

　日本には土地収用法という法律があり，道路建設などの公共的利益を理由として，一定の補償により個人の所有地や家屋などの物件を強制的に取得することができます．災害対策の治水工事など考えれば必要不可欠な法律ではありますが，私有財産の強制的取り上げを認める措置ですから，収用対象地域の住民には生活圏・生存権に関わる深刻な影響を及ぼすケースもまれではないわけです．計画に納得できないままに追い詰められた場合，公共＝多数派という形式で包囲され「少数派」として孤立した地域住民は，やむなく土地の取り上げに体を張って抗議する実力抵抗にも及びます．それに対しては，機動隊を含む権力的強制が行使され，住民からみればビラが訴える「弾圧」が繰り返されることになりました．

*3　たとえば，横浜市域の住宅地で起きた大きな住民運動の一つである横浜新貨物線建設反対運動（8700世帯）の重要スローガンは，国鉄（JRの前身）が「勝手に決めた貨物線」であり，「度重なる住民無視を許すな」という批判に始まり，住民は地域の主人公であるべきであり，それを保障する「真の民主主義」とは何か，という問いに発展した．東大の学生運動の要因も，医学部教授会の事実誤認に基づく学生処分だった．

こうして公共の福祉を理由に，説明なく計画が決定・推進され，抗議・抵抗が勃発するのですが，そのなかで，先の民主主義とは何か，という問いとともに，個人の生存権・生活権を侵そうとする計画が公共に値するものなのか，そもそも公共性を考える基準は何であり，公共性を判断するのは誰なのだろうか，という異なる問いも掘り起こされていきました．戦後の日本国憲法の基本理念に関わる問いですが，主として戦争放棄・平和主義を通して多数の国民に受け入れられてきた戦後憲法が，地域住民のそれぞれの場の現実的課題に対応して，国民主権・民主主義・公共性・生存権など多様な側面から，意義を捉え直された時代でした．

　このような局面での三里塚の高校生の意思表示が，「百姓だって人間だ」，そして「百姓は，百姓として生きる」でした．農民ではなく，あえて「百姓」を掲げています．当時，百姓という呼称がある種の侮蔑を伴っていたことは，ビラのなかの「百姓奴」という言い回しからもうかがえます．当時の高度経済成長によって，人々が都市の職場や工場に大量に移動し，農業で生計を立てる見通しが難しくなっていた時代でした．政府の農政によって追い詰められた農業の状況は，ビラのなかでも，米価格据え置きや稲の作付け面積の縮小を迫る減反（げんたん）など農業経営を追い詰める政策[4]への批判として示唆されています．実家の家業を，農家と名乗ることさえはばかられる時代状況に抗した百姓宣言でした．

　興味深いのは，百姓として生きる職業選択の自由を訴えている部分です．近代の職業選択の自由の一つの側面は，移動の自由と表裏をなすことからもわかるように，農民の土地への緊縛（身分としての農民）からの解放でした[5]．しかし，このビラでは，職業的自由の歴史的経緯を反転させ，空港建設が百姓として生きる職業選択の障害なのだ，と指摘しています．空港建設＝公共という論理に対し，職業選択の自由という近代社会の基本原理を読み直しつつ，さらに踏み込み「農」

*4　1960年代前後の高度経済成長の時代に，日本の農産物輸入は急拡大し，特に，日米経済協力の名のもとで，アメリカからの穀類輸入が増加した．稲作など国内穀類生産は大きな影響を受けて作付け面積が減り，農村からの離村や農地荒廃が進み始めた．

*5　日本の近世社会の特色は，厳格な身分制度，および領主が百姓の自由な移動を禁止して，村を単位とする年貢（税）を取っていたことである．近代日本国家の最初の政策は，この制約の撤廃であった．農民は私的な土地所有権を持つようになり，土地の処分の自由もえた．制度的には，農村を出ること，他の職業に転じることが可能になったのである．

の社会的意味を対置しようとしたと読めます.

　農への強いこだわりは,自分たち三里塚の農民の行動が,「日本の国の百姓」の消長に関わるとの文章にみてとれます.1971年の強制収用反対行動において空港反対同盟は,「日本農民の名において収用を拒む」という大きな垂れ幕を掲げて,農業の継続・農民であり続けることの正当性を訴えました.この運動を担った農民たちは,全国的にもいち早く食の安全に注目して,化学肥料に頼らないで有機物から堆肥を作る有機農業に取り組み,都市の消費者と産地の農家を直接結び,生産者と消費者が相互に顔の見える新しい関係を切り開いた人々でした.そして安全で良質な「土」をつくることにこだわり,農民として誇りをもてる農業経営を続けること自体が,三里塚の闘いの原点と考えた人々でした.

　この人々の抗議は時代への逆行と思われるかもしれません.しかし持続可能な農業システム(環境システム)として有機農業(バイオ)が次第に世界の一潮流になっていったその後の時代の流れをみると,農業生産者としての誇りと消費者の安全という角度から,公共・公益的である姿へのもう一つのアプローチを続けた運動として,表面的には見えにくい意義が浮かび上がります.このような質をもった運動であったからこそ,三里塚闘争は,類まれな長期戦に耐え抜くことができたのでしょう.そして,三里塚の農民が若い高校世代を含めて職業としての農のあり方を大きな視野から見つめ直していたように,この時代の多くの社会運動では,たとえば漁業を通じて海とともに生きること,住民であれば,その地域で安心して暮らし続けること,大学では,自主ゼミなどの実践を通じた学びへの主体性の模索,などそれぞれの足もとから,人が人として生きられる社会のあり方,関係性を作り直そうとしていました.このような問いの生まれ方と問いに挑む能動性,それが先行する社会運動[6]と異なる特徴でした.人として生きられる社会への希求は,水俣病闘争[7]における,

患者とともに行動することで人間になる，あるいは，死んだ患者を公害病として認定させることで患者の生を再確認する，という考え方により明確に表れています．

3. 主体性と民主主義

この時代，学生運動を中心に主体的であることが強調されました．他方で，先にも触れましたが，戦時体験を経た敗戦後の日本人が重視してきた民主主義に疑問の声があげられ，戦後民主主義*8の虚妄，とまでいわれることもありました．戦前日本の選挙権は基本的に25歳以上の男子に制限されましたが（首長の一般選挙制はありません），戦後は，男女の差別なく，20歳以上の成人が首長や議会に対する参政権をもつことになりました．日本の民主主義の質は飛躍的に高まったわけですが，この各級議会で議決された個々の政策決定が，必ずしも国民や地方の住民の意思を反映する保証はありませんでした．高度成長時代に各地で推進された公共事業や地域開発事業の場合，政府や自治体，あるいは議会の判断が地域住民の意向と真っ向から対立することも多々ありました．こうして戦後民主主義の機能不全に広く批判，改革の目が向けられ，だからこそ，それを変える方法，変える力——主体——を生み出すことが運動体の課題として意識されました．

この点を，もう一度三里塚から考えてみます．空港建設反対運動は，特定の運動目標を達成すべく思いを同じくする住民が結びついた同盟*9という一時的組織の形態をとっていますが，都市の個人参加型運動と異なり，農村を基盤としたこの運動は，地域内の集落を基礎単位としていました．しかしそれだけでなく，年齢や性別などにより，婦人行動隊・老人行動隊・青年行動隊・少年行動隊など，属性に対応した団体を作っていて，高校生もビラのように協議会を組織して，反対運動の一角を担っていました．近代日本の農村集落組織

*8　第二次世界大戦敗北後，連合国軍占領の枠組みの中で非軍事化・民主化を目的とする戦後改革が行われた．改革は，労働改革（労働基本権の保障）・農地改革（地主制支配の解体）・反独占的な経済改革など諸分野にわたるが，改革の中心的理念は，改正された新憲法（日本国憲法）が共通的価値として示した国民主権・平和主義・基本的人権の尊重である．これらの理念が総体として「戦後民主主義」としてとらえられていたが，戦後改革から20年を経た1960年代後半，その形式化や実態に批判の目が向けられ，人々はそれぞれが生きる現場から，さまざまな角度で，「戦後民主主義」について問い，その意義を掘り下げ始めた．

*9　ここでは，党・組合などの常設的組織とは区別して，特定目的達成のために，個人・小集団が連携して，政治的・社会的行動を展開する一次的な組織を念頭においている．自由民権運動の中で生まれた「国会期成同盟」などは，その初期の例であり，明治時代の中頃から大正時代にかけての普通選挙実施を求める運動の多くは，普通選挙期成同盟会など「同盟」を冠した．同盟を冠した名称は戦前の地域住民運動でも多く，近代日本社会運動における人々の機動的な結合のあり方を示している．

は 30-40 代の壮年男子により運営されるのが通例でしたが，この反対同盟は，地域の意思決定に参加，反映されにくかった年齢層や女性の意見を取り込むしくみを組み込んでおり，住民の最大多数が能動的に運動参加できる構造をつくり上げていました．類似の特徴は他の住民運動や学生運動でもみられますが，主体を広く掘り起こすことを可能とした運動体の形成が，さらに集落・地域の意思決定のあり方にまで影響を与え，集落単位の意思決定の場を女性や青年に開放していきました．また，このような重層的な厚みのある運動主体の形成は，交渉相手に対する直接交渉力の強化につながり，直接民主主義の実現可能性を開きました．

　1970 年代初めの三里塚の集落風景についての地元女性の語りを記録した一文をご覧ください．当時，静岡県富士市で公害反対運動を行っていた甲田寿彦さんの三里塚訪問時の記録で，辺田は集落名，講は集落内の金銭的扶助のしくみです．

辺田の遊山講では，おっかあらが集まると，今までは旅行の話とおやじさんの悪口と着物と子どものことに限られていたが，闘争がはじまってからは，空港の討論会に変りましたよ．おやじさんらと月 1 回，部落集会をやる．そのときばんばん意見をかわす．これまで部落の話といえばおやじさんらがやることだった．それを横から口を出したら，しゃしゃりでるといっておこられたもんだ．闘争になってからは，今日来た嫁でも堂々とものが言える．そういう習慣になった．こんな楽しいことはねえ．いつになったら世の中へ出られるもんだかわかんなかった女どもが，なんでも男なみにやれるようになったのだから，これがよ，革命っちゅうものじゃねえかと思ってるよ．

（甲田寿彦『わが存在の底点から――富士公害と私』創土社，2005 年，初版 1972 年）

＊10　アメリカの女性解放運動の影響も受けつつ 1970 年の日本で始まった新しいタイプの女性解放運動．性別役割分業と性差別を社会的支配・抑圧構造ととらえ，性別分業を肯定する女性自身の意識の内面の変革をも課題とした．

　これらの社会運動は，実は男女間・夫婦間の関係における静かな社会意識の変動を伴っていたわけです．1970 年代に入ると，ウーマン・リブ (lib)＊10 など性別役割分業と性差別を変革する運動が強まりますが，女性の人権に関わる思想を受容する裾野に，1960 年代後半からの社会運動の試行があったのではないかと思います．この語りのなかの「革命」という言葉の使い方も注目です．革命は，政治経済の根本的改

革を意味するものとして使うのが通例ですが，ここでは男女の同権が日常生活の関係にまで行き渡った事態を意味しています．一つの社会運動が，当初目標とは質が異なる別の根源的な問題意識を覚醒させ，主体の深化を引き起こしたと考えられます．

　日本の「1968 年」社会運動は，「緑の党」というエコロジー政党*11 を誕生させたドイツなどに比較すれば，政治構造に目に見える影響を与えることなく収束しました．しかし，改めてこの運動を見直してみると，現代社会でも課題であり続けている民主主義・人権・平等・公共・持続可能性などの基本理念を，相互に深く関連するものとして多様に問い，その問いを共有しはじめた意味ある時代であったと思います．高校生の小さなビラは，これら社会課題と優れて実践的に向き合った人々の経験という歴史的鉱脈への扉を提供しているようです．

*11　1980 年に当時の西ドイツで誕生した新政党．1968 年社会運動以来の社会底辺への民主主義の拡大，分権の推進，あるいは環境市民運動などの延長上で反原発・自然エネルギー推進にとり組んできた環境政治団体が地方議会，ついで連邦議会への政治的進出を開始し，反核平和運動も取り込みつつ，次第にドイツ議会の有力政党としての地位を確立した．

情報ガイド
・成田空港 空と大地の歴史館ホームページ　https://www.rekishidensho.jp
　　空港建設反対運動を，空港のあり方をめぐる政府と住民の対等な協議の実現まで踏まえて歴史過程を伝える展示館であり，関係資料収蔵機関．
・宇沢弘文『「成田」とは何か──戦後日本の悲劇』（岩波新書，1992 年）
　　かつて自動車の社会的費用の推計に取り組んだ経済学者が，空港の社会的費用という視点から成田空港問題に取り組んだもの．三里塚闘争の軌跡をコンパクトにまとめ，最終章は「徳政をもって一身を発せ」として三里塚農民のたどり着いた結論が紹介される．
・隅谷三喜男『成田の空と大地──闘争から共生への途』（岩波書店，1996 年）
　　成田空港問題の解決に関わった日本有数の労働経済学者が，反対運動の経緯と和解へのプロセスを記録的にまとめたもの．序章の最後には「主権在民とは何か，民主主義とは何であるか」がこの三里塚という場から問われたとある．
・荒川章二『全集日本の歴史 16 豊かさへの渇望』（小学館，2009 年）
　　第 2 章で三里塚闘争・水俣病闘争を含む当時の住民運動・公害反対運動や学生運動を紹介．

兵士たちから見た世界大戦

小野寺拓也

〔……〕じつを言うと，我々はほとんど敵を捕虜にはしませんでした．〔……〕我々は大きな損害を出しましたが，ドイツどもの損害に比べればたいしたことはありません．我々は確実な場合にしか撃ちませんでした．もう弾薬が尽きかけていたからです．一発撃つたびに一人を倒しました．こんな殺りくは，想像すらできませんでした．ドイツどもが逃げるときは，至近距離から撃ちます．やつらは，たしかに「仲間ヨ！」〔降参するさいに叫ぶ言葉〕と叫ぶのですが，負傷していた5人だけしか捕虜にしませんでした．運のいいやつらです．ドイツどもの小さな塹壕にたどりつくと，みな「仲間ヨ！」と叫ぶんですが，やつらは爆弾を持っていて，すきを見ては我々に投げつけてくるのです．だから，そんなときは全員ぶっ殺してやりました〔……〕

　　(1916年2月28日　アルマン・ピュエシュから両親宛の手紙，大橋尚泰『フランス人の
　　　　第一次世界大戦──戦時下の手紙は語る』えにし書房，2018年，164頁)

　　　　　これは，第一次世界大戦における激戦の一つ，ヴェルダン
　　　の戦いに参加したある兵士による手紙です．ドイツ軍に対す
　　　る強い敵愾心によって，捕虜を取らずに殺害したり「ぶっ殺
　　　し」たりすることを何とも思わなくなっている様子がうかが
　　　えます．
　　　　　一方，その約20年後，日中戦争で南京攻略に参加してい
　　　たある日本兵は，「憎き支那兵」を刺し殺した様子を日記に
　　　次のように書いています．

午後一時我が段列より二十名は残兵掃蕩の目的にて幕府山方面に向かう，二三日前捕虜せし支那〔中国〕兵の一部五千名を揚子江の沿岸に連れ出し機関銃を以て射殺す，その後銃剣にて思う存分に突き刺す，自分もこのときばかりと憎き支那兵を三十人も突き刺したことであろう．山となっている死人の上をあがって突き刺す気分は鬼をも拉がん勇気が出て力一杯に突き刺したり，ウーンウーンとうめく支那兵の声，年寄りもいれば子供もいる，一人残らず殺す，刀を借りて首をも切ってみた，こんなことは今までにない珍しい出来事であった〔……〕〔現代仮名遣いに書き換えたうえで，誤字を修正してある〕

　　　　　(1938年12月16日　黒須忠信陣中日記，小野賢二・藤原彰・本多勝一編

『南京大虐殺を記録した皇軍兵士たち──第十三師団山田支隊兵士の陣中日記』

大月書店, 1996 年, 350-351 頁)

「憎き支那兵」を射殺したり「突き刺し」た様子が, 生々しく描写されています. いずれの史料からも, 敵軍に対する強い敵愾心が暴力の行使をエスカレートさせている様子が読み取れます.

世界大戦を兵士の視点から見ること. そこにどのような意味があるのか, まずは考えたいと思います.

1. 戦争の世紀と「ふつうの人々」

20 世紀は「戦争の世紀」とも呼ばれます. 日露戦争や二度の世界大戦など, 世紀前半には日本も多くの戦争を経験しましたし, その後も朝鮮戦争, ベトナム戦争, 湾岸戦争, 旧ユーゴ内戦など, 地球上から戦火が途絶えることはほぼありませんでした. 20 世紀には, 戦争や紛争によって 1 億 9,000 万人という未曽有の規模の人々が命を失いました.

なぜこれほど多くの人々が亡くなったのか. その原因はさまざまに考えられます. 第一次世界大戦での毒ガス, 戦車, 航空機の登場, 第二次世界大戦での原子爆弾の投下から, ソ連によるアフガニスタン侵攻や湾岸戦争などでの弾道ミサイルにいたるまで, 武器の技術が加速度的に「進化」し, 殺傷能力が著しく高まったこと. 第一次世界大戦以降の総力戦体制のもとで, 「銃後」の人々による武器弾薬や食糧の生産などが決定的に重要になり, そのためにそうした人々も空襲などの形で戦争暴力に巻き込まれるようになったこと. 戦争目的が, 領土や権益といった交渉可能なものだけではなく, ファシズム, 共産主義, 民主主義というそれぞれが掲げるイデオロギーの正当性をめぐるものともなり, 戦争も, 相手が無条件降伏するまで戦い続ける, 妥協を許さないものとなった

こと.

　いずれも重要な要因でしょう.しかしもう一つ忘れてはいけない問題があります.1億9,000万人を「殺した」のは誰か,という問題です.ヒトラーをはじめとする政治家や軍人たちにその責任の過半があることはいうまでもありません.しかし彼らたちだけで1億9,000万人を殺すことはできません.総力戦においては,それまで民間人として暮らしてきた数多くの人々が軍隊に召集され,戦争に参加しました.冒頭に挙げたピュエシュや黒須のような何千万人もの「ふつうの人々」がさまざまな理由で戦争暴力に協力したからこそ,未曽有の暴力が現実のものとなったのです.

　世界大戦を兵士たちの視点から見ること.それは,「戦争の世紀」がなぜ生じてしまったのかを,底辺から問い直すということでもあるのです.そのためには,戦友意識や「男らしさ」,暴力経験,ナショナリズム,被害と加害の重層性など多面的な観点から考察する必要がありますが,本講では紙幅の関係から,敵認識という一点に絞って,史料をもとに考察していきます.その際,史料の性格や読み方についても注意を払いたいと思います.

2.　敵国の住民への憎悪や蔑視

　敵軍だけでなく,敵国の住民を憎んだり見下すような姿勢も,兵士たちにはしばしばみられました.たとえばあるユダヤ系アメリカ兵は,ドイツ人のことを憎んでいました.ヒトラーに熱狂した多くのドイツ人には,この戦争の責任があると考えていたからです.

私たちはドイツの地に戦争を持ち込んでいます.双眼鏡で見ても非常に美しい街に死や破壊をもたらすのは恐ろしいことです.ですが,無辜の数百万人の人々を拷問したり焼いたりするようなおぞましい行為に責任がある〔ドイツ人という〕人々にとって,いかなる苦しみも悲惨さも,大きすぎるということはありません〔……〕.ドイツ人はヒトラーに歓喜の声をあげるか,沈黙を

守ってきたのです．そしてほとんどはヒトラーに喝采していたのですから〔……〕

（1944年10月7日 ローレンス・ケインの友人宛手紙，Cane, Lawrence, *Fighting Fascism in Europe. The World War 2 Letters of an American Veteran of the Spanish Civil War*, New York, 2003, p. 136）

　こうした憎しみは，「きっとぞっとするだろうけれど，ドイツの街が破壊されていく様子を見ることを私は楽しんでいます」（1944年7月24日のケインの手紙）という，破壊を喜ぶ気持ちともつながっていました．

　また第二次世界大戦では，ドイツ兵にとっての東部地域（ロシアやポーランドなど），日本兵にとっての中国は，文化的に「劣った」地域とみなされていました．ある日本兵は日記に「きたない支那人」「ここはなんと蠅の多い所だろうか．飯の上に真黒になる程とまる」[1]と嫌悪感を示していますし，あるドイツ兵も次のように手紙に書いています．「私はすでにポーランドの状況についてはいろいろ聞いたり読んだりしていますが，ここの汚さや荒廃ぶりは，中欧人としてとても想像もできないようなものです．ですがドイツの支配下ですべてが100%改善されています」[2]．

　こうした蔑視は，現地の人々からの物質的収奪をしばしば容易にしました．「きたない支那人」と書いた日本兵は，現地のサツマイモ畑から芋を掘ってきたり，豚2匹や2-3日分の食糧を略奪したりしたことを，特に悪びれる様子もなく日記に記しています．他方，上述のドイツ兵は現地住民から鶏を徴発することについて「住民からしばしば最後の持ち物を奪うというのは，たしかに多くの場合申し訳ないこと」（Latzel, S. 144）であると，東部の人々に対して同情をみせる一方，「自己保存の本能」のためにはやむをえないと正当化してもいます．収奪を正当化するという点では，この兵士の手紙は典型的なものですが，東部の人々に対して同情を示すドイツ兵は，第二次世界大戦においては例外的な存在でした．当時の多数派の価値観だけでなく，少数派の考え方について

[1]　小林太郎『中国戦線，ある日本人兵士の日記——1937年8月〜1939年8月　侵略と加害の日常』新日本出版社，2021年，35, 186頁．

[2]　Latzel, Klaus, *Deutsche Soldaten-nationalsozialistischer Krieg? Kriegserlebnis - Kriegserfahrung 1939-1945*, Paderborn, 1998, S. 147.

も知ることができるというのが，日記や手紙という史料の重要なことなのですが，それについては後で述べることとして，次はこの二つの史料群の性格について考えてみましょう．

3. 史料の性格について

　日記と手紙，この二つの史料に共通しているのは，出来事が起きてから間もない時期に書かれている，という点です．インタビューや自叙伝といった，出来事からかなり時間が経った後につくられる史料では，後からみて都合の悪い出来事は無視されたり，あるいは単純に忘れてしまったりすることがあります．ですが日記や手紙の場合，戦場や軍隊生活において体験したこと，感じたことが，それほど間をおかずに記されるために，試行錯誤や行き当たりばったりも含めて，当時の人々の戦争経験により深く迫ることができるのです．
　一方で，日記と手紙には大きな違いもあります．誰に対して書くか，という点です．日記は（『アンネの日記』のように後の刊行を想定している場合もあるとはいえ）基本的には自分自身に向けて書くものですが，手紙には必ず宛先があります．手紙の内容も相手に合わせて変わりますし，何を書くべきか，何を書くべきでないかも相手によって変わってきます．また，軍事郵便には上官や組織などによって何らかの検閲が行われるのが一般的でした．
　そう考えると，自由に書ける日記（日本軍では上官がときどき兵士の日記を検閲することがあり，何でも自由に書けたわけではないようですが）のほうが信憑性が高いと思うかもしれません．しかし，実はそうした制約こそが手紙の興味深いところなのです．検閲にもかかわらず，兵士たちは上述のような生々しい叙述を「銃後」へと書き送っていたわけですし，何よりそのような叙述が書かれたということ自体，「この内容なら銃後の人々でも理解してくれるだろう，受け入れてくれるだろ

う」と書き手が判断したことを意味しています。たとえば，現地の女性に対する性暴力などは，滅多に手紙に書かれることはありません。それが「銃後」の人々にとってタブーであることを，兵士たちはよくわかっていたからです。逆にいえば，ドイツ兵の殺害やドイツ人への憎しみ，ポーランド人への蔑視や収奪についての前述の記述は，当時の社会において決して理解不可能な，受け入れがたい内容ではなかったということを意味しているのです。

4. 「例外的」な人々をどう考えるか

　最近特によく使われる言葉に，「当時の価値観」というものがあります。「当時の価値観と現在のそれは違うのだから，現在の視点で過去を裁いてはいけない」というふうに。

　しかし，「現在の価値観」が決して一枚岩ではないように，「当時の価値観」も決して一つではありません。先ほど述べたように，東部地域の人々に対する差別意識はドイツ人に根強いものがある一方で，彼らに同情を寄せるドイツ兵も少数ながらいたのです。「当時の価値観」は単数形では語れないと知ること，これも日記や手紙を読むことで得られる重要な知見です。

　と同時に，多数派の価値観から抜け出るのも簡単ではない，ということも知っておく必要があります。先ほどの兵士はポーランドの「汚さや荒廃ぶり」を蔑視していたわけですし，結局のところ収奪も「自己保存の本能」として正当化しているわけです。

　次の日本軍兵士の手紙からも，同様のことがみてとれます。

戦争中逃げ後れた支那兵の婦女子は土穴に隠れ，吾等皇軍を見る如く，土に伏して手を合わせお許し下されよと言うが如く，泣いて泣いて拝んで居る有様は，我々も同じ人間であり，若しや当支那国に生を受けたなら斯様な悲惨極るところのうき目に合うも免れ得ないのである。我々は幸いにして皆様と生を大日本帝国に生れ合わし，世界各国に比なき国体を有しつつがなく暮らし居

る幸福さよ.〔現代仮名遣いに書き換えた〕

（1938 年 3 月 15 日　高橋千太郎からの手紙，山辺昌彦「軍事郵便に見る兵士と戦場論」
『国立歴史民俗博物館研究報告』101 号，2003 年，69 頁）

　　この兵士は，逃げ遅れた中国の女性や子供たちに対して，自分たちも同じ人間であり，自分がもし中国に生まれたらどうだったかという想像力ももち合わせています．と同時に，敗戦国の悲惨さは，日本に生まれ比類なき「国体」を有する自分たちの現状が幸せであるという認識と，表裏一体になってもいるのです．自分たちが恵まれているのだということを自分自身や家族に言い聞かせるために，中国の悲惨さを詳細に書き記しているのかもしれません．

　　少数派の価値観の持ち主であるということは，その時代の「ワク」の外に出られたということを必ずしも意味しません．ある部分で多数派の価値観を免れていた人が，ある面では多数派に絡め取られていたと知ること．そうした現実の複雑さも，史料を読むことで得られる重要な知見なのではないでしょうか．

情報ガイド

・小野寺拓也『野戦郵便から読み解く「ふつうのドイツ兵」──第二次世界大戦末期におけるイデオロギーと「主体性」』（山川出版社，2012 年）
　　第二次世界大戦のドイツ兵による手紙を分析したもの．
・ゼンケ・ナイツェル／ハラルト・ヴェルツァー（小野寺拓也訳）『兵士というもの──ドイツ兵捕虜盗聴記録に見る戦争の心理』（みすず書房，2018 年）
　　本講では取り上げられなかったが，兵士の戦争経験を知るための史料として，日記や手紙のほかにも，捕虜の盗聴記録が近年注目を集めている．
・一ノ瀬俊也『皇軍兵士の日常生活』（講談社，2009 年）
・吉田裕『日本軍兵士──アジア・太平洋戦争の現実』（中央公論新社，2017 年）
　　兵士たちの「日常」を知るためには，まずはこの 2 冊を薦めたい．

戦争へのプロセス

加藤陽子

さて，欧州戦争もようやく終りが見えてまいりました．今後は外交に中心が移るはずです．私は，この空前の外交戦を，後学のため，是非とも欧州で見学したいと思っています．〔……〕しかし，現在のところ外務本省などに特別なつてがございません．〔……〕ご迷惑でなければ，しばらくの間でよいので私が英国あたりへ勤務地を変えるなどの方法で講和会議に参加できるよう，ご尽力願えないでしょうか．

「牧野伸顕宛吉田茂書簡」（『吉田茂書翰』）1918（大正 7）年 10 月 31 日

　若き日にこの手紙を書いた吉田茂[*1]は，後の 1951（昭和 26）年 9 月 8 日，サンフランシスコ平和条約に首席全権として署名する巡り合わせとなった人物です．この条約によって日本は，第二次世界大戦の連合国との戦争状態を終結させることができました．

　手紙が書かれたのは，ドイツが第一次世界大戦の休戦協定に調印した 1918 年 11 月の少し前の時期にあたります．当時，中国在勤の外交官だった吉田は，翌年 1 月から始まるパリ講和会議を見てみたいとして，岳父（妻の父）で全権に就任予定であった牧野伸顕に英国などへの異動を頼んだのです．史料中の「空前の外交戦」という言葉は誇張ではなく，実際に会議には米国のウィルソン大統領，英国のロイド・ジョージ首相，仏国のクレマンソー首相ら，世界の著名な政治家が参加しました．二つの世界大戦の終結に立ち会った吉田ですが，第一次世界大戦が終結した 1919 年と第二次世界大戦が勃発した 1939 年の間には 20 年しかありませんでした．平和はなぜ 20 年しか続かなかったのでしょうか．

　歴史を振り返れば，軍事的な緊張は，ある時代を支えてい

*1　吉田茂（1878-1967 年，東京都）．戦前は外交官として英国大使などを歴任．戦後は初代の日本自由党総裁．

た体制や秩序構想が大きく揺らいだときに生じたとわかります．そこで本講では，第一次世界大戦後に生まれた国際協調体制の特徴を外交と経済の二側面から捉え，続いて，日本において安全感（安全保障観）をめぐって鋭い対立が生じてきた歴史的経緯を読み解きます．国際協調体制を打破すべく新たな秩序構想を掲げて登場したのはいかなる人々だったのでしょうか．戦争へのプロセスを，体制の崩壊過程を中心に考えてみたいと思います．

1. 戦後の国際秩序の特徴と改造運動の始まり

　第一次世界大戦後に築かれた一つめの国際秩序は外交上の国際協調主義でした．1917 年 12 月にソビエト政権が無賠償・民族自決を提唱し，1918 年 1 月にウィルソン大統領も海洋の自由など 14 カ条を提唱したことを受け，1920 年 1 月には，歴史上初めての国際平和機構である国際連盟が創設され，国際紛争解決の方法も規約に書き込まれました．

　ただ，敗戦国の旧植民地を委任統治権[*2]の名のもとに再分配したことからもわかるように，戦勝国による協調体制との側面もありました．1912 年の清朝崩壊後は南北に分立していた中国における権益確保が参戦目的の一つだった日本もまた，山東省のドイツ権益の継承，南満州および東部内蒙古の権益[*3]の強化などを 1915 年 5 月 9 日の二十一カ条の要求で認めさせ，また委任統治領とした旧ドイツ領南洋諸島とともに講和条約で追認されています．

　一方，日本が連盟規約の前文などに書き込みたかった理念に人種差別撤廃がありました．当時の日本側の考えは，米国などによる日本移民排斥をやめさせるため，連盟規約という国際協約で排斥国の行動を縛ろうというものでしたが，これは英帝国などの反対で挫折します．新時代の外交理念を体現していたはずの人種差別撤廃案が認められなかったことは，

[*2] 国際連盟からの委託という形で一定地域を統治する権限．対象地域はドイツなどの旧植民地だった．

[*3] 南満州とは，1907年の第 1 回日露協約附属の秘密協約によりロシアと日本が南北の地図上の境界線を引いて確定した中国東北部の領域．東部内蒙古とは，1912 年の第 3 回日露協約附属の秘密協約により内蒙古（内モンゴル）について北京の経度の東側を日本，西側をロシアとしたもの．満蒙とも称される．

日本の国民世論を刺激し，それは全権への強い批判となって現れました．下記の史料は，1919年8月に創設された「改造同盟」のメンバーで立憲同志会の政治家であった人物が，日本の政治と外交を改革すべきだと決意した理由を述べたものです．「無能な全権」しか派遣できない国の「国情」を強く憂いていました．後に国家社会主義運動の中心人物となっていく北一輝もまたこの同じ年，大川周明らとともに「猶存社」を結成しました．

> 　日本の政治，外交を改造しなければならぬと奮い起った理由については〔……〕こんな無能な全権では失敗が当然である．また，こんな全権が派遣せられるような国情では，いかに全権の顔を変え，政府を更迭させても，到底国民の精神情熱を外国に認めさせるような外交は望まれない．
> （長島隆二「世界的暴風の襲来に面する日本」『太陽』1920年7月号）

2. 経済的な国際協調体制

　第一次世界大戦後に築かれた二つめの国際秩序は経済的な国際協調体制でした．米国の圧倒的な資金力を背景に，欧州ではドイツの戦後復興を支え，東アジアでは日本と中国への資金投下を行いました．米国は，日本に対しては，1923年の関東大震災からの震災復興公債などを購入し，中国に対しては，1920年に新四国借款団*4 を組織し，中国の門戸開放と主権を尊重すべく，中国に既得権益をもつ英仏日などの行動を牽制しようとしました．もちろん米国には，英仏などの権益が集中する長江流域に進出する意図もありました．

　日本には，米国とともに華中へ進出する道を歓迎する勢力もありましたが，みずからが満蒙にもつ特殊権益*5 をこの借款団の資本からいかに守るかを懸念する勢力もありました．日本側は，日本の満蒙権益を新借款団が概括的な形で借款対象から除外する確約を求めますが英米政府はこれを拒絶します．結局は，米財界のトップであるモルガン商会の代表が日

*4　英米仏日4カ国の銀行団からなる借款団．1910年の英米独仏の四国借款団と区別するため新を付す．

*5　名実ともに日本の占有や優先の認められた権利について，日本が施設・経営を実行したことによって，経済的政治的に発展をみた現象や状態を指す．

本の銀行団代表に宛て，米国の銀行団は日本の銀行団と意見を同じくするとの書簡を発出することで妥協が図られました．政府同士ではなく銀行団同士，日米の財界による保証によってこのしくみが成立していたことに注目してください．

この妥協を日本側で進めたのは，1918年9月29日に誕生した初の本格的政党内閣の首相の原敬[*6]で，原は日記で日本の権益が列国の承認を得たことに満足していました．

これまで日本側で「満蒙は我が勢力範囲なり」と漠然と主張していただけだったのが，今回の借款団によって，具体的に列国の承認を得たと言えるのだから，これまでよりずっと将来のため利益が大きいと思われる．　　　　　　　　　（『原敬日記』1920年5月4日）

*6　原敬（1856-1921年，岩手県）．1914年立憲政友会第3代総裁，1918年組閣．1921年東京駅で暗殺される．

*7　幣原喜重郎（1872-1951年，大阪府）．浜口雄幸内閣などで外相を務め，対中不干渉政策を展開．1945年10月内閣総理大臣に就任．

上院の反対により国際連盟に加入できなかった米国は，借款団以外にも外交と経済両面での国際協調の枠組みを作りました．それが，1921年11月から22年2月に開催されたワシントン会議でした．日英同盟条約の終了が決まり，「太平洋方面における島嶼たる領地の相互尊重を約する」日英米仏による四国条約，中国に関する九カ国条約，主力艦の比率を英米日5：5：3とした海軍軍縮条約，中国関税条約などが調印されました．この会議中に日本は，懸案だった山東問題に関して中国の主権回復を認める二国間条約を，全権で駐米大使だった幣原喜重郎[*7]の奮闘によって締結することができました．

この頃の日本では，国際協調体制下では日本の諸権益は守れないのではないかと危ぶむ政治勢力がまずは登場します．それは，軍のなかでも，予算・人事を管掌する軍政系統ではなく，作戦の立案・指揮にあたる軍令系の勢力でした．陸軍の参謀本部は，1923年に「支那の現状に対する策案」を策定し，その認識を陸軍省側と共有するようになります．

ワシントン会議において，門戸開放国際協調主義が確認され，〔……〕満蒙特種〔殊〕地位の国際的承認が無くなってしまった今日，実力を扶植して，当初の目的を達成することが特に肝要です．

　史料からは，満蒙特殊権益に関して国際的な承認がなくなったいま，実力によって承認させていくことが大事だと考えはじめていたことがわかります．また米国で 1924 年，いわゆる排日移民法が制定されるのを知った参謀本部は，もう一つの「米国新移民法と帝国国運の将来」と題する文書を作成していました．米国で帰化を許されない外国人とされてきた中国人と，これまで紳士協定で自主規制してきた日本人とが，新移民法で同じ区分とされる点が問題だと指摘しています．注目されるのはその理由で，体面の問題ではなく，この米国の行為が日本の「武威」を減少させてしまうからだというのです．日本人移民への米国の対応の仕方をみた中国の人々が，日本の武力への怖れをなくしてしまうので日中戦争の危険が増す，という理屈でした．

3.　世界恐慌と戦後秩序への挑戦

　1929 年 10 月，ニューヨーク株式市場の大暴落で始まった世界恐慌は，欧州と東アジア両地域での経済的国際協調体制を破綻させた最大の要因でした．さらに世界恐慌以前から金融恐慌などの不況を経ていた日本では，このタイミングで浜口雄幸[8]内閣が金解禁[9]を断行したことにより国民生活の疲弊は深刻化しました（図1）．

　一方，ワシントン体制から距離をとるソ連は，恐慌の影響を受けませんでした．結局のところ，米国を軸とする経済的な国際協調体制は，ソ連・ドイツ・中国を体制内に組み込むことに失敗し，資本主義の代替策として計画経済が注目されるようになっていきます．

　日本で決定的だったのは，明治維新以来の近代化成功の証，または日露戦争勝利の象徴として国民が捉えていた満蒙権益

*8　浜口雄幸（1870-1931 年，高知県）．加藤高明内閣などで蔵相を歴任，立憲民政党初代総裁．1930 年ロンドン軍縮をめぐって狙撃され翌年死去．

*9　1917 年に離脱した金本位制への復帰を目指す政策．国際収支の黒字化，為替相場の安定化が目的．

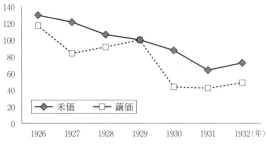

図1　昭和恐慌期を中心とする米価と繭価（1929＝100）
（三和良一・原朗編『近現代日本経済史要覧』東京大学出版会，2010年
より作成）

＊10　1928年8月27
日調印。日本は英米仏
独伊らとともに原署名
国となる。国際紛争解
決の手段としての戦争
の放棄を約す。自衛権
と制裁のための武力以
外は禁じられる。

＊11　石原莞爾（1889-
1949年，山形県）。満
州事変の計画者。後に
参謀本部作戦部長とな
るが不拡大方針をめぐ
り陸軍中央と対立し
1941年予備役編入。

の維持が，1928年に締結された不戦条約＊10によって困難になったのではないかとの主観的な危機感が強まったことでした。

　本来不戦条約は，自国領域の防衛のほか，外地の自国民保護のための軍事行動などを認めていました。しかし当時の日本は，革命からの国家形成の途上にあった中国やソ連と隣接する国でした。世界の経済的危機に加え，極東の軍事的危機にもさらされているとの認識が強く抱かれるようになったのです。中国の主権下にある日本の諸権益を守るための自衛権を名目とした出兵は可能か否かが，不戦条約の登場によって問われるようになりました。打開策を準備したのは，1929年段階での関東軍参謀・石原莞爾＊11でした。ソ連の赤軍がいまだ弱体なうちに満蒙を領有しておこうとの考え方です。石原は同年7月5日付で「国運転回の根本国策たる満蒙問題解決案」という文書を作成し，満蒙問題の解決が「日本が活きる唯一の途」だとし，「国内の不安を除くための対外進出が必要」と断じました（『石原莞爾資料　国防論策』）。

　続いて，国論を二分するような対立が，1930年のロンドン海軍軍縮条約をめぐって起きます。この条約は日本が対米作戦で重視していた大型巡洋艦や潜水艦などの保有比率・量を日英米間で定めたものでしたが，時の浜口内閣は，海軍軍令部の要求項目を完全には満たさないまま，英米との調印に踏み切りました。ところが，調印にあたって政府が軍令部の同意を得ていなかった，これは統帥権干犯だとして，浜口内閣の打倒を図る政治勢力（政友会，右翼，軍令部，枢密院の上層部）らが活発な運動を展開しました。この事件の重大性は，これを契機として，国家の軍事力に関する財政面での審議権

が，国務大臣と帝国議会から，実質的に奪われていった点にありました．国家の一機関に過ぎなかった軍が1930年代以降，政治的影響力をもっていった理由の一つを説明しましたが，このような説明以外の観点を探すため，当時の新聞の論調などを確かめてみるのもよいでしょう．

　さて石原は，周到な準備のうえで1931年9月18日，満州事変を引き起こします．本事件の歴史的な意味をまとめておきましょう．まず，世界に先駆けて日本は，外交的な国際協調主義と経済的な国際協調主義という，第一次世界大戦で生まれた二つの戦後秩序からの離脱を図ったということです．次に，中国主権下の満州地域への軍事行動により，戦後の国際秩序に対する反体制モデルである，傀儡国家「満州国」を作り上げたことです．

4. 新しい地域秩序と戦争観

　国際連盟理事会によって派遣された，いわゆるリットン調査団の報告書[12]による調停の道を選ばなかった日本は，連盟からの除名処分を避けるため，1933年2月に脱退を通告しました．それ以降の日本は，満州国と接する華北地方への経済支配を強め，それを認めない中国国民政府との間に，1937年7月日中戦争が勃発します．この戦争勃発時に第一次内閣を，また1940年9月の日独伊三国軍事同盟締結時に第二次内閣を組織していたのは近衛文麿[13]でした．近衛は，日中戦争をいかなるものと考えていたのでしょうか．三国同盟調印の翌日に近衛が行ったラジオ演説からみておきましょう．

*12　1932年10月公表の報告書の要点は，①日本軍の軍事行動を自衛と認めない，②「満州国」は民族自決によって誕生したものではない，③中国はこの地域における日本の経済上の利益を満足させなければならないというもので，日中双方が理事会の調停で交渉のテーブルにつけるよう配慮されていた．

*13　近衛文麿（1891-1945年，東京）．五摂家筆頭の家柄に生まれる．三度組閣するが日米交渉に失敗し退陣．1945年12月服毒自殺．

　東亜を繞る関係列国の動きは，ますます事変の性質を複雑にし，その解決を困難ならしめているのであります．日支の紛争は，世界旧体制の重圧の下に起れる東亜の変態的内乱であって，これが解決は世界旧秩序の根底に横たわる矛盾に，一大斧鉞（ふえつ）を加えることによってのみ，達成せられるのであります．　　　　　　（近衛文麿「重大時局に直面して」1940年9月28日）

日中戦争を「東亜の変態的内乱」と近衛は表現しています．その意図を他の史料から補って説明しておきましょう．「世界旧体制」とは，英米などの帝国主義と，英米側が利用している中国の民族主義，この二つの主義を意味します．そのうえで，帝国主義と民族主義といった旧時代の思想に中国がいまだとらわれているため，その思想を日本の軍事力によって打破しているとの見方が「変態的内乱」の意味でしょう．かつて民族主義は普遍的秩序原理としての意味があったけれども，このままでは地域的連帯は不可能となるので，日本は，世界の旧秩序そのものを打破することとし，それによって初めて日中戦争も解決できる，との考え方が近衛の演説や史料からうかがえます．

　私たちは，1989 年に米ソによる冷戦体制が終結し，その後しばらくは多極化する世界を生きてきました．しかし近年，経済と軍事の両面で急速に大国化を遂げた中国に対し，安全保障上の脅威を感じた米国が，東アジアと西太平洋地域での軍事的プレゼンスを日本・英国・オーストラリア・台湾などの国々や地域と連携しつつ高めるようになっています．先にみた 1940 年当時の近衛の世界情勢への見方は，独伊と同盟関係を結んだ日本側から日中戦争を解釈したときの，ある意味，一方的な観点に立つ説明でした．もちろん実際の歴史像は近衛の見方とは異なっています．当時の日独伊の連携の実態を経済の成長戦略の観点から概観すれば，これら三国に共通していたのは，投資主導型の成長戦略を採った国々であったという点であり，さらに，三国ともに国内の消費や生活に根ざした十分な需要に支えられていなかったため，伸びた生産力は外へと向かわざるをえず，輸出依存，公共事業依存，他国への侵略行為を伴った経済の軍事化が進展したのです．

　経済の良好な結びつきによって国際協調体制が維持されていた場合，経済恐慌が生ずれば，体制の維持存続は困難な局面へと向かっていきます．そのような場合に備え，自国の行

動について，為政者や国民の認識が，政治経済の実態とかけ
離れたものになった場合の危険性を歴史から学ぶことは大切
です．これは現代の世界において，中国や米国，そして日本
が自国の行動をいかに認識してゆくのかを考えるための重要
な参考事例となるのではないでしょうか．

情報ガイド
・国立国会図書館　歴史的音源のウェブサイト　https://rekion.dl.ndl.go.jp/
　　政治家の演説を手軽に聞ける時代．近衛演説もここに．
・神戸大学附属図書館　新聞記事文庫のウェブサイト　http://www.lib.kobe-u.ac.jp/sinbun/
　　本講で扱った時期をカバーする新聞切り抜き資料をデジタル化したもの．中国経済の動向など多角
　　的に収集されている．
・E. H. カー（原彬久訳）『危機の二十年——理想と現実』（岩波文庫，2011 年）
　　本書は 1939 年 9 月，第二次世界大戦の勃発時に校正刷りができた本．ヴェルサイユ体制が 20 年で
　　崩壊した理由をカーは，現代の国際危機に潜む深遠な原因から考えようとした．
・入江昭『日本の外交——明治維新から現代まで』（中公新書，1966 年）
　　近代日本の外交を支配した原理にはいかなるものが存在し，その諸原理は変転する国際情勢をつか
　　むうえでいかなる役割を果たしたのかとの明快な問題意識で書かれた名著．
・川島真・服部龍二編『東アジア国際政治史』（名古屋大学出版会，2007 年）
　　列強の利権獲得競争の草刈り場として描かれてきた中国史を，地域内アクターと列強との相互関係
　　から描く．本講は日本史の観点で描いたので中国史の観点は本書で．

グローバル化と私たち

⑪カタストロフの心性

⑫移　　民

⑬冷戦下の国際社会

⑭植民地支配の問い直し

⑮グローバル化と地域

災害をめぐる民衆心理

大門正克

> 激しい揺れで神戸市長田区の李玉順さん（46）の自宅は壊れ，近くの小学校に避難した．千人を超す被災者であふれていた．地震から一週間後．崩れた自宅から引っ張り出したスーツを着て，夫は避難所から出勤した．見送る李さんに，とげとげしい声が届いた．
>
> 「日本人が職を失っとるのに，なんでおまえらに仕事があるんや」
>
> 「おまえら」が，朝鮮人を指していることは分かった．しかし，李さんは無視した．明日の見通しも立たない状況では，八つ当たりの一つもしたくなるだろう．そう思ってのみ込んだ．
>
> （神戸新聞社編『大震災　問わずにいられない――神戸新聞報道記録1995-99』
> 神戸新聞総合出版センター，2000年）

1. 阪神・淡路大震災

　1995年に阪神・淡路大震災が起きたとき，その被害の大きさとともに，かつての関東大震災における朝鮮人虐殺のような，在日外国人に対する虐殺や暴行が起きていないか，多くの人々が注視しました．阪神地方には在日朝鮮人をはじめとした在日外国人が多く住んでいたからです．冒頭の史料は，神戸市長田区で被災した李玉順が語ったものです．みなさんは，在日外国人として長く暮らした地で大きな災害にあい，避難所に身を寄せたときの気持ちをどのように想像するでしょうか．

　李は，避難所で名前を登録するときにとっさに本名を隠し，日本語の通称名を選びました．小さい頃から何回も聞いていた関東大震災での朝鮮人虐殺が脳裡によみがえり，違う民族の人たちが不自由な共同生活を送る避難所に不安を感じたか

165

らでした．李に対して暴力はありませんでしたが，史料のように，夫を見送った李が朝鮮人の女性であることを知った日本人の男性から，罵声を浴びせられました．災害による不自由な生活が，民族差別を呼び起こしたのです．

　神戸大学医学部精神神経科に勤めていた中井久夫は，阪神・淡路大震災後の状況を1年間にわたり記録しました．中井の記録の一節を引用してみましょう．

> 関東大震災の悪名高い朝鮮人虐殺も，ほんとうの被災地よりも家屋の倒壊の少ない周辺部に目立った事件ではなかろうか．中心部にあるのは端的な恐怖と悲嘆であるが，周辺部にはまず不安があり，疑心暗鬼が発生しやすい土壌がある．中心部と同じように災害の周辺部にも光をあてる必要があるだろう．（中井久夫ほか『昨日のごとく――災厄の年の記録』みすず書房，1996年）

　阪神・淡路大震災では，李玉順と同様に中井も関東大震災の恐怖や悲劇を想起しており，多くの人の意識に関東大震災の朝鮮人虐殺がこびりついていたことがわかります．中井は，都市の中心部の「恐怖と悲嘆」に対して，周辺部では「不安」「疑心暗鬼」というように，地域に即した感情の相違に注目しています．中井は震災とPTSD[*1]の関係に関心を寄せ，神戸で「こころのケアセンター」の立ち上げに従事したように，震災と感情，心理の関わりに関心をもっていました．中井の記録にはまた，十五年戦争や1959年の伊勢湾台風も登場しています．

　中井は，みずからの記録を，「地上をはいずりまわる虫の眼」でみたものと呼んでいます．大きな災害のもとで視野が限られていることを自覚しつつ，中井は，PTSDなどの知識に，時間（関東大震災，戦争，伊勢湾台風）や空間（中心部と周辺部）などへの考察を加え，震災が人々に与えた影響を考え続けました．中井の記録は，震災の現場に作用する諸力に目をこらしたものであり，災害をめぐる民衆心理を考えるうえで大変に参考になります．

　多くの文献で確認するかぎり，阪神・淡路大震災の際に，

*1　災害や戦争，事故などで，命を脅かすほどの強烈な体験をしたことを心的外傷（トラウマ）体験といい，体験後もその体験がフラッシュバックしたり，怒りや否定的思考にとらわれたりすることをPTSDという．日本でPTSDに関心が集まったのは，1993年の奥尻島地震の頃からであり，その後の地下鉄サリン事件，阪神・淡路大震災などでさらに注目されるようになった．

李玉順が味わったような差別的な言葉や，根拠のないデマなどがありましたが，幸いにも，関東大震災のような悲劇は起きなかったといってよさそうです*2．それではなぜ，阪神・淡路大震災ではそのような悲劇が起きなかったのでしょうか．そのことを考えるためにも，阪神・淡路大震災のときに常に想起された関東大震災を振り返っておきます．

*2 酒井道雄編『神戸発 阪神淡路大震災以後』岩波新書，1995年．

2. 関東大震災

1923 年に起きた関東大震災では，多くの朝鮮人が虐殺され，中国人も殺害されました．最新の研究も踏まえ，その背景・理由を整理すると，以下のようになります．

巨大な震災が起きると，警察は率先して朝鮮人に関する流言・誤情報を流し，政府も誤情報を流したことで，「朝鮮人が暴動を起こす」という流言と不安が広がるなか，軍隊が出動し，政府は戒厳令をしきます．このもとで地域では自警団が結成されました．

当時の民衆の朝鮮人観に大きな影響を与えていたのは，朝鮮の植民地化と三・一独立運動でした．朝鮮総督府は，植民地化を進めるために軍事警察を用いた武断政治を強行しました．これに対して，第一次世界大戦後に民族自決を求める世界の新たな動きのもとで，1919 年 3 月 1 日，朝鮮の民衆は大規模な独立運動を起こしました（三・一運動）．三・一運動後，独立をめざす朝鮮人は「不逞鮮人」*3 と呼ばれ，日本の新聞記事の見出しには新たに「不逞鮮人」という言葉がさかんに登場して朝鮮人一般のイメージになり，さらに政府・官憲の情報や史料では朝鮮人が日本人女性への性暴力と結びつけられるようになりました．

*3 「不逞」とは，法律や道義を守らず，勝手気ままに振る舞う人のこと．

冒頭の史料には，阪神・淡路大震災で被災した在日朝鮮人の女性の証言を掲げました．それに対して，時代が大きく異なりますが，ここでは，関東大震災で朝鮮人虐殺に加わった

側の証言を検討してみましょう．藤野裕子は，裁判資料の丹念な調査から，自警団が朝鮮人の虐殺を起こす動機の解明に迫っています．以下は，1923年9月2日，東京府南綾瀬村で虐殺に加わった日本人男性の被告が裁判で述べたことです．

> そうこうする内に，大部兵隊がやって来，朝鮮人が爆裂弾を投げたり，綿に油を付けたものを家へ投げ込んで火災を起したり，日本人を殺したり悪い事ばかりするので，四ツ木橋方面で大分軍隊の為めに殺されたと云う様な話があり，私はそれを真実と思い，今も鮮人が飛び込んで来るかも判らない，もし来たならば鮮人と格闘してもこれを取り押さえ，村の人や避難民の為めに害を除こう，手向かったならば殺して仕舞うと固く心に期して居りました．
>
> （被告人第一回予審調書（藤野裕子『民衆暴力——一揆・暴動・虐殺の日本近代』中公新書，2020年））

みなさんは，日本人男性のこの証言をどのように読んだでしょうか．証言では，朝鮮人は「爆裂弾を投げたり」，「日本人を殺したり悪い事ばかりする」ので，軍隊に殺害されたという話を聞き，「私はそれを真実と思い」，もし朝鮮人が「飛び込んで」きたら，「村の人や避難民の為めに害を除」こう，「手向かったならば殺して仕舞うと固く心に期して」いた，と述べています．藤野は，ここに「流言と虐殺の連鎖」をみるとともに，民衆心理のなかに「身を挺す義俠心」や「男らしさ」[*4] の発露を認めています．

関東大震災における民衆心理からすれば，政府や警察・軍隊の役割に加えて，震災以前からの「不逞鮮人」イメージやジェンダー観が大きな影響を与えていたことがわかります．

3. 阪神・淡路大震災とそれ以前の地域社会 ——1970・80年代

関東大震災と比べたとき，阪神・淡路大震災では，根拠のないデマ（流言）はあったものの，むしろ全国からボランティアが訪れ，在日朝鮮人と日本人の間にさまざまな支援や交流が生まれたところに特徴がありました．たとえば，朝鮮初

*4　男性労働者の間には，腕っ節の強さ，弱きを助ける義俠心を価値あるものとみなす「男らしさ」の文化が広がっており，関東大震災時には，「不逞鮮人」から日本人女性を守ろうとする「男らしさ」が，日本人男性を虐殺に駆り立てる例があった（藤野裕子『民衆暴力』）．

中級学校の炊き出しは，飢えと寒さのなかにいた近隣住民に喜ばれましたし，避難所で差別的な言葉を投げつけられた李玉順は，震災後に多くの人が助け合う姿をみました．また，在日朝鮮人の女性が多く通う神戸の夜間中学の丸山中学校西野分校では，被災した在日朝鮮人の女性の言葉をもとにして一人芝居の脚本がつくられ，上演されました．李玉順と一人芝居に共通したのは，震災後のいろいろな国の人，若者や高齢者が助け合う経験が，この国のそれぞれの地域で生きていく大きな契機になったことでした*5.

関東大震災では，震災前の「不逞鮮人」イメージが大きな影響を与えました．そのことを考えるとき，阪神・淡路大震災前の社会がどうであったのか，ここでは，夜間中学校*6を例にして考えてみましょう．

1970・80 年代の関西の夜間中学では，在日朝鮮人の特に女性と日本人がともに学ぶ場ができていました．この点をめぐり，論点を二つ提示します．一つは，ジェンダーとポストコロニアル*7 な状況に対する論点です．夜間中学に通う在日朝鮮人女性には，「生活のための労働に追われ，年老いて」夜間中学で日本語を学ぶ，「逞しさとほほえましさが重なり合ったイメージ」が形成されてきました．しかし，夜間中学には「一定のポリティクス」が働いていたはずであり，女性たちは，それ以前の戦後に朝鮮語を学んでいた可能性があったにもかかわらず，それらが留意されていません．これは在日朝鮮人女性をめぐるジェンダー観と，日本の植民地支配に対する「特殊なポストコロニアル状況」が考慮されていないからだとする論点があります*8.

災害とジェンダーの視点が出てくるのは，2011 年の東日本大震災からであり，阪神・淡路大震災で罵声を浴びせられた李玉順のように，当時，在日朝鮮人は議論の対象になっても，女性は議論の対象になっていませんでした．現在では，前述のようにジェンダーは関東大震災を検討する重要な視点

*5　大門正克『Jr. 日本の歴史 7　国際社会と日本』小学館，2011年.

*6　戦争や貧困などで学校に通えなかった人が入学した戦後の夜間中学は，高度経済成長の進行とともに生徒数が減ったが，1970年代に入ると再び生徒数が増えた．そこには，引き揚げ者や戦争孤児を含めた戦争体験者，沖縄や炭坑，被差別部落の人々，在日朝鮮人の女性など，大日本帝国の痕跡や冷戦，高度成長の影響が重なるなかで学校に通えなかった人たちの姿があった.

*7　植民地支配とそれが後に残したもののこと.

*8　宋恵媛「在日朝鮮人一世女性と文学」『朝鮮学報』223 号，2012 年.

にもなっています．阪神・淡路大震災やそれ以前の社会については，ジェンダーとポストコロニアルな状況を含めた検討が大事です．

もう一つは，学校現場に目をこらす視点です．大阪の1970年代の夜間中学では，日本人教師が一方的に教えるのではなく，教師も在日朝鮮人の女性（生徒）の生い立ちや朝鮮の歴史を学び，学び合う関係がみられました．夜間中学をめぐっては，教師たちが，当事者の生徒のそばに立ち続け，「「学校」でありながら，学校内外で生起する様々な問題にも関心」を寄せる「新たな実践的身振り」をしていたことに注目する大事な議論があります*9．

*9 江口怜「夜間中学校の成立と再編」木村元編『境界線の学校史——戦後日本の学校化社会の周縁と周辺』東京大学出版会，2020年．

1970・80年代の学校現場では，ジェンダーや民族を含めたさまざまな問題が生起していました．阪神・淡路大震災前の学校現場には，震災前の社会のありようを考える大事な論点がつまっています．

4. グローバル化のなかで

ここで取り上げた二つの大震災は，いずれもグローバル化と重なって起きた災害でした．阪神・淡路大震災は，東西冷戦構造が崩壊し，新たにグローバル化と新自由主義*10が強まる1990年代に起きました．関東大震災は，第一次世界大戦を経て，運輸・通信技術と自由貿易がいっそう進み，資本主義が世界的規模で広まった時代に起きました．

歴史の相異なる見方が出現したことも二つの時代のグローバル化に共通の出来事でした．冷戦構造が崩壊した1990年代以降では，2001年の国連ダーバン会議*11のように，植民地主義や奴隷制の見直しが提起される一方で，日本では，南京事件や「慰安婦」問題などの存在を否定する歴史修正主義が，インターネットなどのメディア環境の変化と相まって強まりました．第一次世界大戦後には，民族自決などの新たな世界

*10 市場に対する政府の介入を最小限にし，市場の自由な活動を最大限にする思想．18世紀末以降にあらわれた，個人の自由と小さな政府を強調する自由主義と区別して，新自由主義という．

*11 国連主催で開かれた，「人種主義，人種差別，排外主義，および関連する不寛容に反対する世界会議」のことであり，奴隷制と奴隷貿易ならびに植民地主義について歴史的評価を下した画期的な会議．

の大勢が現れる一方で，日本では，「不逞鮮人」という言説とイメージが，大手の新聞・雑誌に加えて，新しい大衆文学や大衆向けの風刺漫画などにも影響を及ぼしました[*12]．

　二つの大地震は，格差の拡大や労働市場での競合のもとで起きたことも，グローバル化と関わる出来事でした．中井久夫は，震災のもとで格差が拡大する状況について，繰り返して記録しています．1910年の韓国併合後，産米増殖政策[*13]などで朝鮮の農民が疲弊し，日本に働き先を求めるようになり，日本での土木や日雇いの雇用は，日本人と朝鮮人が競合するようになりました．

　阪神・淡路大震災と関東大震災を例に，災害をめぐる民衆心理を考えるためには，グローバル化がもたらす影響を考慮したうえで，阪神・淡路大震災のときの中井久夫のように，あるいは関東大震災を研究する藤野裕子のように，震災の現場に作用するさまざまな力，つながりに目をこらす必要があります．中井と藤野の二人の作品には，震災をめぐる民衆心理を考える示唆がたくさんつまっています．

*12　アンドレ・ヘイグ「中西伊之助と大正期日本の「不逞鮮人」へのまなざし」『立命館言語文化研究』22巻3号，2011年．

*13　日本の食糧供給を確保するために，朝鮮で実施された米の増殖計画．

情報ガイド
・野田正彰『災害救援』（岩波新書，1995年）
　　関東大震災，阪神・淡路大震災などを通じて，災害救援の思想を論じており，示唆に富む．
・阪神・淡路大震災記念　人と防災未来センター（dri.ne.jp）
　　防災・減災を目的に設置された公的機関．ウェブサイトで見学ができる．
・河村直哉／中北幸・家族『百合――亡き人の居場所，希望のありか』（国際通信社，1999年）
　　阪神・淡路大震災で亡くなった中学3年生をめぐり，家族と新聞記者が語り合った書．公的な展示とあわせて読みたい．
・東京都慰霊堂，東京都復興記念館（tokyoireikyoukai.or.jp）
　　東京都慰霊堂は，関東大震災の遭難者の遺骨を納める霊堂．東京都復興記念館は，関東大震災の惨禍を永く後世に伝えるために1931年に建てられた．ウェブサイトで見学ができる．
・加藤直樹『九月，東京の路上で――1923年関東大震災　ジェノサイドの残響』（ころから，2014年）
　　日時と東京の路上ごとに，関東大震災の朝鮮人虐殺に関する市井の人々の体験談を集めた本．90年前の東京の路上でさまざまな人々が経験した現実をぜひ「感じ」てほしい．

感染症への認識

福士由紀

図1 流行悪疫退さんの図（井上探景・1880年）

<small>（宗田一『図説・日本医療文化史』思文閣出版，1993年，413頁）</small>

*1 井上探景（1864-89年）．明治時代の版画家．井上安治ともいう．本名は安次郎．

*2 浮世絵の多色摺り木版画のこと．江戸時代中期に確立し，江戸後期には庶民にも人気を博した．明治期には文明開化の様相を描いた開化絵や，当時の事件を描いた新聞錦絵も現れた．

*3 コレラ菌で汚染された水や食物を摂取することで感染する経口感染症．下痢を主症状とし，下痢による脱

これは，1880年に，井上探景*1という画家が描いた錦絵*2です．中央に描かれている頭が獅子，胴体が虎の怪獣は，当時猛威を振るっていたコレラ*3を見立てたものです．感染症の原因や感染のしくみが明らかにされる以前，人々は怪獣や妖怪のような姿を感染症に与え，その恐怖を表現していました．周囲にはコレラに対してさまざまな対応をする人々の姿が描かれています．包丁やキセルを手にコレラに立ち向かおうとする着物姿の町人たち，怯えて戸惑う農民，汽車に乗って逃げようとする洋装の男性たち．こうしたなかで，画面右側の洋装の男性は，消毒薬（石灰酸）をコレラに浴びせかけ，白い制服姿の官憲もこの紳士に加勢しています．感染症

に対し消毒薬を用いるという近代的対処法は効いたのでしょう．コレラは，辟易した顔で「支那へイカウ，支那へイカウ（支那へ行こう）」と，海を越えて清国へ渡ろうと考えています．コレラはもともと日本にはなかった感染症で，19 世紀以降，海外から流入してきたものでした．コレラの左背後には，コレラを待ち構えているのか，あるいはコレラを追ってきたのか，旗を掲げた清国の官憲と思われる集団が描かれています．

　本講では，この錦絵にみられるような国境や大陸を越えた感染症の流行と，それに対する人々の対応や認識の歴史について考えていきたいと思います．

1．グローバル化と感染症

　ヒトやモノの移動にともない，感染症が各地へ広まり，その地域の社会に大きな変化をもたらした歴史的事例のいくつかはよく知られています．中世ヨーロッパでのペスト（黒死病）の流行は，モンゴル帝国の軍事行動がその引き金だったのではないか，という説もあります．ペストの流行により，ヨーロッパでは当時の人口の 3 分の 1 程度が失われ，社会のあり方が変わりました．

　15 世紀以降の大航海時代，新たな航路が発見され，ヒトの活動範囲はさらに拡大します．これにともなって，感染症もまた世界各地に広まりました．コルテスによるアステカ帝国の征服（1521 年）や，ピサロによるインカ帝国の征服（1533 年）[4] が成功した要因の一つとして，ヨーロッパ人が新大陸にもたらした天然痘[5] により現地の人口が激減していたことが挙げられます．歴史的に天然痘への感染を経験していなかった現地の人々は，天然痘に対する免疫をもっていなかったため，大きな被害を受けたのでした．大航海時代，アメリカ大陸原産のトウモロコシやジャガイモといった作物がヨーロッパにもたらされ，そこから世界各地に広がったことはよ

水が進むと血圧低下，皮膚の乾燥，意識消失などの症状をもたらす．

[4]　15 世紀末から 16 世紀初め，ヨーロッパ人によってアメリカ大陸が「発見」された．アメリカ大陸には先住民による諸国家が形成されていたが，スペイン王室は「征服者（コンキスタドール）」と呼ばれる冒険者に率いられた軍隊を送り込み，これらを征服した．

[5]　天然痘ウイルスによる感染症．吸入や接触により伝播し，急激な発熱・頭痛，発疹が起こる．予防法としての種痘が開発される以前，その死亡率は高く，また死亡を免れた場合でも顔や体に痘跡（あばた）が残ったため人々に恐れられた．

＊6　歴史学者のアルフレッド・W・クロスビーは，大西洋をまたいだ感染症や作物の交換を「コロンブスの交換（Columbian Exchange)」，「エコロジカル帝国主義（Ecological Imperialism)」と呼んだ.

く知られていますが，こうした作物だけでなく，感染症もまた海を越えて「交換」されていたのでした＊6.

　汽船や鉄道が実用化された19世紀以降，ヒトやモノの移動はさらに加速，拡大しました．こうしたなかで，従来はある地域で限定的に流行していた感染症が，世界的に流行するパンデミックという現象がしばしば発生するようになりました．冒頭で示した錦絵のコレラも，その一つです．コレラはもともとインドのベンガル地方の風土病でしたが，1817年に世界的に流行し，その後19世紀中に5度のパンデミックを起こしました．コレラのパンデミックの背景として，イギリスによるインドの植民地化にともなう軍事行動や，世界的な交通・貿易ネットワークの形成が指摘されています．この時期，イギリスでは，工業化・都市化が進み，人口密度が高く不衛生な環境で暮らす人も多く存在しました．コレラは，こうした人々を中心に，大きな被害をもたらしました．

　ヒトやモノのグローバルな動きにともなう感染症のグローバルな流行．これは過去の問題ではありません．21世紀に入って以降，2002年のSARS（重症急性呼吸器症候群），2009年の新型インフルエンザ，そして2019年以降の新型コロナウイルス感染症（COVID-19）と，現代を生きる私たちもまた，この問題に直面しています．過去の感染症の流行の背景に何があったのか，感染症の流行に対し人々はどのように対応してきたのかの歴史を見直すことは，私たちの未来へのヒントを与えてくれるかもしれません．

2.　医学・公衆衛生と感染症

　病気にかからず，健康に過ごしたいというのは人類共通の願いです．歴史上，人々は感染症に対してさまざまな方策を講じてきました．中世ヨーロッパでは，ペストの流行をきっかけにして，感染が疑われる船舶に一定期間上陸を許さず監

視を行う検疫措置が広く行われるようになりました．また，イタリアなどの都市では，患者の発見や隔離，汚染物の処分など，感染を予防し，感染拡大を防ぐための組織が作られるようになりました．

18世紀末，天然痘対策として，イギリス人医師のジェンナーが，牛痘接種法を考案しました．天然痘は，一度感染すると再び感染することがないことは古くから知られていました．そのため，中国やインド，イスラーム世界では患者の瘡蓋や膿を用いた人痘接種が広く行われていましたが，まれに接種を受けた人が重い人痘にかかったり死亡してしまうことがありました．これに対し，牛痘はヒトに感染しても比較的軽い症状を引き起こすだけでしたので，人々により安全に免疫を獲得させることが可能でした．このように，毒性を弱めたり無毒化した病原体を接種することによって，病気への免疫力をつけるものは，後に「ワクチン」*7 と呼ばれるようになりました．牛痘接種に対しては，一部には「ウシの膿を人間に接種するのは神への冒瀆」であるという意見や，牛痘接種をしてウシに変身してしまった人々を描いた風刺画にみられるように，懐疑的な声も存在しました．しかし，19世紀から20世紀，先進国を中心に各国でワクチン接種が進められ，また，1958年には世界保健機関（WHO）による天然痘根絶計画が開始されました．これにより，地球規模での患者の発見とワクチン接種が行われ，1980年，WHOにより天然痘根絶の宣言が出されました．

19世紀後半，感染症が特定の病原体によって起こるというメカニズムが証明されて以後，さまざまな感染症の病原や感染経路が明らかにされ，治療や予防，診断に関する技術の開発が進みました（表1）．また，19世紀のヨーロッパでは，工業化や都市化にともなう衛生問題の発生や，感染症の流行を背景として，国家が人々の健康・衛生問題に大きく関与する衛生行政の制度が確立されていきました．こうした制度は，

*7 ワクチン（Vaccine）の語源はラテン語の雄牛（Vacca）に由来する．これはジェンナーの牛痘接種法にちなんだものである．

表1 感染症に関する主な発見

発見者・開発者	年代	事　項
エドワード・ジェンナー	1796 年	牛痘接種法の開発
ローベルト・コッホ	1882 年	結核菌の発見
エドウィン・クレプス	1883 年	ジフテリア菌の発見
ローベルト・コッホ	1884 年	コレラ菌の発見
アルフォンス・ラヴラン	1880 年代	マラリア原虫の発見
ルイ・パスツール	1880 年代	病原体の弱毒化接種法（ワクチン法）の開発
北里柴三郎	1889 年	破傷風菌の純粋培養の成功
アレクサンドル・イェルサン 北里柴三郎	1894 年	ペスト菌の発見
ヴィルヘルム・レントゲン	1895 年	X 線の発見
志賀潔	1897 年	赤痢菌の発見
ロナルド・ロス	1898 年	マラリアの中間宿主（ハマダラ蚊）の発見
パウル・エールリヒ　秦佐八郎	1910 年	サルバルサン（梅毒治療薬）の開発
アレクサンダー・フレミング	1929 年	ペニシリン（抗生物質）の発見
セルマン・ワクスマン	1944 年	ストレプトマイシン（抗生物質）の発見

（坂井建雄『図説　医学の歴史』（医学書院，2019 年）より作成）

19 世紀後半以降，日本などのアジア地域でも取り入れられていきます．

3. 近代日本のコレラと民衆

近代日本の衛生行政の整備は，コレラをはじめとした感染症への対応のなかで進められていきました．日本に初めてコレラが流入したのは，開国前の 1822 年，その後 1858 年から 3 年にわたって猛威を振るい，明治時代に入り，1877 年から 1879 年にも大流行しました．明治期の 44 年間を通じて 37 万人を超える人がコレラで死亡したといわれています．

コレラに感染すると，短期間のうちに症状が悪化し，死亡してしまうことが多かったため，江戸時代末期，人々はコレラを「コロリ」と呼んで恐れました．有効な医療的手段がないなかで，祈禱やまじない，信仰は人々にとって重要な救いの手段でした．1850 年代末，静岡県のある地域では，コレラは微細な管をも通り抜けられる小さな妖怪「くだぎつね」によってもたらされるとの説が広まり，この「くだぎつね」

を退治するために，「お犬さま」を祀る神社のお札をもらっ
て村で祀るといったことが行われていました．

　明治時代になると，民間のこうした動きは「迷信」として
排斥されていきます．しかし，感染症と民間信仰を結びつけ
る人々の心性は根強かったようです．19世紀末から20世紀
初め，日本に滞在していたイギリス人のチェンバレン*8は，
以下のような経験を記しています．

*8　バジル・ホール・
チェンバレン（1850-
1935年）．イギリスの
日本研究家．お雇い外
国人として海軍兵学寮，
東京帝国大学で教鞭を
とるかたわら，『古事
記』の英訳，俳句の英
訳も行う．

> 実に奇妙な話だが，著者自身がかつて神道の神官たちの手で悪魔払いを受けなければならなかっ
> たことがある．それは1879年，コレラ大流行の年の夏のことであった．泊ろうと思ったある
> 村で，〔村の〕当局者から，コレラという悪魔を持ってきたと責められた．というのは，人間性
> まるだしだが，どの町も，どの村も，この悲しい〔コレラの〕季節にあたって，自分の所だけは
> 清純潔白であると主張し，隣りの町や村が伝染病菌を宿しているのだと声高に非難するのであっ
> た．　　　　（チェンバレン（高梨健吉訳）『日本事物誌I』平凡社，1969年，149-150頁）

　チェンバレンはこの後，神官によるお祓いを受けて，この
村に泊まることができました．しかし，東京へ帰った後，チ
ェンバレンがこのことを報告すると，村の当局者たちは免職
され，新しい村長と役人が代わりに任命されたといいます．
冒頭で示した錦絵もこの時期に描かれたものです．このこと
を念頭に錦絵を見てみると，コレラに対する旧来型の対応の
無力さ（着物姿の町人・農民）と近代的対処法（消毒薬・洋装）
の効果が対照的に描かれているようにもみえてきます．

　近代期の日本では，医学や衛生学の導入，各種の感染症対
策に関する組織・法令・制度が整備されていきます．明治期
には，感染症対策として，患者が発生した際の警察への届け
出，患者の隔離病院への移送，汚染された物の消毒，患者が
発生した場所の交通封鎖などの規則が設けられますが，これ
らは人々の生活や行動に大きく干渉するものでもありました．
人々の間では，警察による強権的な対策への反感からの騒擾
事件や，隔離病院への忌避感から「隔離病院では生き胆をと
られる」などのデマが流れるといったことが起こることもあ
りました．

また当時の感染症対策は，感染者が出た家の入り口に病名
票を貼付して周囲に注意を促すなど，今日の私たちの感覚か
らするとプライバシーや人権への配慮に欠けた措置もありま
した．こうした措置は，人々の間での，感染症患者やその家
族への差別意識や，感染症＝罪悪とする感覚を強くさせたか

*9 尾崎紅葉（1868-1903 年）．小説家，俳人．『金色夜叉』などを著す．

もしれません．1890 年代半ば，尾崎紅葉*9 は，『青葡萄』と
いう作品のなかで，内弟子がコレラとおぼしき症状を発症し
た際の小説家の心境を描いています．小説のなかでは，内弟
子は何人かの医師による診察を経て，隔離病院で治療される
ことになります．コレラの疑いがあることが医師から警察へ
と伝えられ，家に警察がやってきたとき，小説家は次のよう
に心情を吐露します．

> 思へば自分は罪人である．自分が巡査を忌むよりも数十倍近所から忌嫌はれる大罪人であるので
> ある．世間の迷惑になるのみか，政府に手数を掛ける伝染病を出した家の主，自分は立派な大罪
> 人！
> (尾崎紅葉『青葡萄』春陽堂，1896 年，152-153 頁)

20 世紀に入ると，海港検疫の確立や上水道の整備，衛生
思想の普及などを通して，日本では，コレラはしだいに抑制
されるようになっていきました．また，上述のように，この
後，各種の感染症に関する知見は深化し，予防・治療のため
のさまざまな技術が開発され，対策のための施設や組織もつ
くられてきました．そして，人々の間でも，感染症とその対
策への理解は，ある程度広まっていきました．

しかし，それでもなお，ひとたび感染症が流行すると，
人々の間では，感染症をめぐる差別やデマなどの問題が起こ
ってしまいます．2020 年以来の新型コロナウイルス感染症
の流行のなかで，日本では，感染者やその家族への差別が問
題化しました．また国際社会でも新型コロナウイルス感染症
が中国で初めに発見されたことからアジア系の人々への差別
や暴力が起こり，ワクチンをめぐるデマも問題視されました．
このことは，感染症が，医療や公衆衛生にとっての問題とい

うだけでなく，私たちの文化や社会のあり方にも関わる問題
だということを示しています．感染症に対する人々の感性や
文化といった側面を考えていくことは，こうした問題を解く
ための糸口となるかもしれません．

情報ガイド
・飯島渉『感染症と私たちの歴史・これから』（清水書院，2018 年）
　　人類の誕生から 21 世紀までの長期的な「感染症と人類の歴史」を，日本から見た視点で描いたも
　　の．
・石井正己『感染症文学論序説——文豪たちはいかに書いたか』（河出書房新社，2021
　年）
　　近代日本の感染症を描いた文学作品のなかにみられる作家たちの感覚や思考に着目した「史料とし
　　ての感染症文学」を紹介したもの．
・小田中直樹『感染症はぼくらの社会をいかに変えてきたのか——世界史のなかの病原体』
　（日経 BP，2020 年）
　　ペスト，天然痘，コレラなどの感染メカニズム，歴史上の人類社会への影響をコンパクトにまとめ
　　たもの．各種感染症に関する文献を紹介したブックガイドも充実している．

日本からの移民

今泉裕美子

　私はご両親様よりはるかに年をとりました．あの時はお父様が48歳，お母様が42歳でしたね．お二人がアメリカ兵に殺されるとは全く想像も出来ないことでした．しかも娘の目の前で……．私は昭和19年に米軍の抑留所に収容され，昭和21年1月9日，日本に引き揚げるまでの1年4カ月の抑留生活の中で，日本がこれ程平和で豊かな国になり，しかも私がこんなに長生き出来るとは考えられませんでした．〔……〕

　父がサイパン島に渡ったのは多分大正6年頃，たばこ栽培移民の募集に応募したものと思われます．これが正しければ20歳の頃でしょうか．家にいても分けてもらう土地もなく，それならと分家の際の資金1000円を実家からもらい受け，柳行李1個を背負い，サイパンへ渡ったようです．〔……〕その3年前の大正3年に軍艦「香取」が，ドイツ領だったサイパン島を占領したばかりで，まだ軍政が敷かれていた頃でしょう．

（佐藤多津『サイパンの戦火に生きて』自費出版図書館（製作），1996年）

　これは，山形県に生まれ，生後間もなく父親の呼び寄せでサイパン島に渡った女性が，日本に引き揚げてから50年後に綴った手記です．サイパン島とは太平洋にあるマリアナ諸島の島の一つです．日本はなぜ1914（大正3）年にこの島を占領し，その数年後に山形から働きに渡った人がいたのでしょうか．そのおよそ30年後，両親はどうして女性の目の前で殺され，しかも彼女は米軍の抑留所に収容され，日本に引き揚げることになったのでしょうか．

　この講では，サイパン島を中心に，日本から旧南洋群島への移民の足どりを概説します．

1．太平洋島嶼への渡航から始まる日本の海外移民

　日本から最初の海外移民が渡った先は，1868（明治元）年，

太平洋のハワイ諸島とマリアナ諸島のグアム島です．以後，移民の渡航先は日本が植民地とした台湾，樺太，朝鮮半島，海外では東南アジア，オセアニア*1，中国大陸，北米，中南米などへと広がりました．サイパン島は，朝鮮半島の次に日本の勢力圏に組み込まれた太平洋の島々の一つです．

　1868年に日本からハワイとグアムに移民が渡ったのは，欧米列強が太平洋の島々の植民地化を進め，その経営に必要な労働力を求めた時期にあたります．この時期，欧米列強は奴隷制度を廃止しはじめ，奴隷に代わる労働力を東アジア，東南アジアや太平洋の島嶼に求めたのでした．たとえば，「苦力」と呼ばれたインドや中国の労働者が，イギリスの植民地であるフィジー諸島やオーストラリアの砂糖プランテーションの労働に従事させられました．同様に，メラネシアを中心とする太平洋の島々の人々も詐欺，半強制的な契約，誘拐などでオーストラリアの砂糖キビや綿栽培の労働に従事させられ（ブラックバーディング），その数は55,000人から62,500人に上るとされます*2．

　このように日本の海外移民は，欧米列強による太平洋の植民地化に必要な労働者としての募集に応じる形で始まったのです．それゆえに，移動の仕方や移住先での社会形成は，島の植民地化の歴史を照らし出します．欧米列強支配下にあるオセアニアの植民地社会では，欧米の白人を上層に，東アジアや東南アジアの人々，最下層に太平洋島嶼の人々，という序列が作り出されました．この序列から生み出された対立や隔たりは，オセアニアがいまなお抱える問題につながっています．同様に，国籍は「日本人」であっても，日本の植民地の人々——台湾人，樺太人（樺太は1943年に内地*3に編入），朝鮮人——は，内地人を頂点とする序列のなかに組み込まれ，これが移民先の社会にももち込まれました．

　また，植民地化が軍基地化を伴って進められた島嶼は，列強間の争いのなかで戦場にされたり，新たな分割を強いられ，

*1　ポリネシア，ミクロネシア，メラネシアと区分される太平洋の島々，オーストラリア，ニュージーランドの総称で，日本では「大洋州」とも表記する．

*2　オーストラリア人権委員会ウェブサイト参照（https://humanrights.gov.au）．

*3　法規の適用地域からの説明では，大日本帝国憲法が定める通常の法規が行われる地域，すなわち北海道，本州，四国，九州，沖縄を指す．

現地住民や移民の移動，生活に大きく影響しました．たとえ
ば，米西戦争（1898年）を機に，アメリカの軍事基地化が進
められたハワイやグアム島は，約40年後の1941年12月8
日，ともに日本軍の攻撃を受けます．グアム島への出撃基地
となったサイパン島からは，チャモロの青年が日本軍ととも
に派遣され，自分たちの親戚や知り合いであるグアム島チャ
モロの占領に関わります．「大宮島」と改名されたグアム島
は，31カ月後に米軍に再占領されますが，既述の歴史は二
島のチャモロの関係にいまなお深い隔たりを残しています．
日米間の闘いとして捉えられがちな太平洋戦争は，植民地社
会の最底辺に置かれた現地住民に最も犠牲を強いたのであり，
太平洋島嶼の人々の経験から捉え直す必要があります．

2. 赤道以北ドイツ領太平洋諸島の占領と日本から の移民の始まり

　ドイツ領サイパン島を軍艦香取が占領したのは，日本が第
一次世界大戦に参戦して2カ月後のことでした．日本は中国
大陸や太平洋への勢力拡大を期待して大戦に参戦，ドイツ領
太平洋諸島のうち赤道以北の島嶼（以下，南洋群島），すなわ
ち米領グアム島を除くマリアナ諸島，カロリン諸島，マーシ
ャル諸島を次々と占領します．
　日本から南洋群島への移民の進出の仕方，暮らしは，日本
がこれらの島々に何を実現しようとしたか，と大きく関係し
ます．南洋群島には約2,000の島があり，すべての島を合わ
せても現在の東京都や沖縄県ほどの面積にしかなりません．
そしてスペイン，ドイツの統治をすでに経験したカロリニア
ンとチャモロが生活していました．
　日本は南洋群島に何を求めていたのでしょうか．
　第一は，対米軍事戦略上の要地として利用することです．
海軍はアメリカを第一の仮想敵国に据えました．

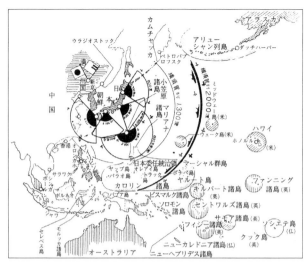

図1　南洋群島

（「南洋群島の国防的存在」南洋群島南洋協会支部『日本の南洋群島』1935 年を改変．今泉裕美子「南洋に渡る移民たち」大門正克ほか編『近代社会を生きる』吉川弘文館，2003 年．この地図は海軍省海軍軍事普及部『海の生命線』（1933 年）から転載されたとみられ，第一次世界大戦中に議論された対米戦略上の南洋群島の位置づけが，満州事変以後の国際情勢のなかで示されている）

　そこでアメリカが太平洋上に軍事基地をもつハワイ，ミッドウェー，グアム，フィリピンを島伝いに攻めてくると想定し，南洋群島がこうしたアメリカの侵攻を阻み，しかも米領グアム島を包囲する位置にあることに注目したのです．

　第二は，日本が最も必要とする熱帯資源が豊かな東南アジアに経済進出するための，「ステッピングストーン」（踏み石）としての活用です．南洋群島には期待できる資源や産業はほとんどありませんでした．しかし，スペイン，ドイツ統治時代には捕鯨船や商船の寄港地，東南アジアや太平洋各地への交通，通信の中継地となっていました．また，南洋群島は日本の勢力圏内初の熱帯地域となるため，同じ熱帯の東南アジアに進出をするための情報収集や，企業や移民が経験を積む場になると期待されたのです．

　以上のような関心のもと，海軍は講和会議での領有実現を

目指し，次の３点を柱に統治を進めます．第一は現地住民に日本の統治を受け入れさせ，協力させること，第二は日本企業や移民を多く送り込むこと，第三はそのために治安を維持し，開拓を進めること，です．サイパン島では製糖業に着手し，熱帯の重労働に耐えうる低廉な労働力の送り出し先を検討しました．そこで製糖経験のある八丈島，小笠原，沖縄，製糖経験はないものの内地に多くの労働者を送り出していた朝鮮から試験的に移民を導入します．一方，南洋群島占領は国内に「南進ブーム」を生み，小規模事業者，沖縄の漁民などが次々と南洋群島に進出しはじめます．こうして講和会議が始まる前から，単身男性を中心に南洋群島への渡航が始まりました．冒頭の手記の女性の父親もその一人でした．

3. 委任統治と移民

パリ講和会議では委任統治制度が新設され，日本の南洋群島領有は認められませんでした．委任統治とは，日本が国際連盟に代わって現地住民の福祉や発達を「文明ノ神聖ナル使命」として実現する義務を負うもので，台湾や朝鮮のような日本の領土ではありませんでした．日本政府は，カロリニアンを「カナカ族」，チャモロを「チャモロ族」と呼び，両者を包括する公的な名称として，「島民」（Inhabitant of the Islands）を用いました．

日本政府は委任統治行政機関として南洋庁を設置し（1922年），既述のような軍事的，経済的な目的を，委任統治を通じて実現しようとしました．ここに日本からの移民は，重要な役割を果たすことになります．

軍事面では，委任統治の規定が日本の防衛のための陸海軍の配置や施設建設を禁じましたが，海軍は駐在武官を常駐させて南洋庁と連携させ，民間用として少しずつ施設を建設します．その工事を移民が請け負いました．「無条約時代」に

入る 1930 年代後半から工
事が本格化すると，内地の
刑務所から受刑者を送り込
ませたり，朝鮮半島で新た
な移民の募集も始まりまし
た．

　経済面では，南洋興発株
式会社（1921 年設立．以下，
南洋興発）による製糖業に
重点を置き，糖業モノカル
チュア経済を成立させまし

図 2　カロリニアン（左），チャモロ（右）
（1930 年代に発行された南洋群島絵はがきより）

た．日本は委任統治の実績を示す一分野として経済発展を重
視し，現地住民はその担い手になりえないとみて，日本から
移民を導入します．南洋興発は民間会社ですが，海軍統治時
代に進出した製糖会社の事業を整理，継承し，資本は朝鮮半
島の国策会社東洋拓殖株式会社から，技術は台湾，沖縄など
の製糖会社から，労働力は主に沖縄県から導入しました．製
糖業は同社のみに許され，南洋庁の全面的なバックアップを
受け，やがて「北の満鉄，南の南興」と評される存在になり
ます．南洋群島内外にさまざまな事業を展開し，1936 年に
設立された国策会社南洋拓殖株式会社の経営にも大きく関わ
り，日本の経済的南進を担いました．日本からの移民は同社
に多くの仕事を得て，南洋群島内外を移動しました．

4. 本籍地別人口にみる移民の特徴と植民地社会

　南洋群島への本籍地別人口で，最も多かったのは沖縄県で
した．海軍統治時代から残留した沖縄出身者に加えて，南洋
興発が製糖業の経験，熱帯の気候にも順応できるとして沖縄
県で移民を積極的に募集したからです．当時の日本は戦後の
不況や関東大震災により，生活に困窮する人が溢れており，

特に沖縄は「ソテツ地獄」と呼ばれる厳しい状況にありました．しかもこの時期まで多くの移民を送り出してきた南北アメリカ各国が，日本人移民を制限，禁止しはじめていました．こうした時期に南洋群島への移民募集が始まり，パスポート不要，渡航期間も中南米やハワイより遥かに短く，渡航資金も南洋興発から借りられる，など好条件でした．

しかし，南洋興発の事業が軌道に乗るまでのサイパン島では，沖縄出身者を中心にストライキが繰り返されました．沖縄出身者は沖縄ゆえの差別だと抗議し，沖縄から代議士や新聞記者を招き，問題を広く訴えようとします．ストライキを機に，サイパン島では沖縄県人会が組織されました．

南洋興発は移民の募集先を変えようとしますが，沖縄からの移民に頼らざるをえませんでした．こうして沖縄出身者数は増加し続け，南洋群島在住日本人人口も増加します．

日本人人口は，委任統治開始時の 1922 年には，現地住民人口 47,713 人に対して 3,310 人でしたが，1935 年には，現地住民 50,573 人を超えて 51,861 人，1943 年には現地住民 52,197 人の約 2 倍にあたる 96,670 人となりました．本籍地別人口では，委任統治時代を通じた平均で，第 1 位が沖縄県で日本人人口の約 5 割，第 2 位が東京（八丈，小笠原出身者が多い）で約 1 割で，この順位は不変でした．1930 年代後半に軍事施設工事が本格化すると，朝鮮半島からの移民が急増しました．

一方，南洋群島社会には次のような暗黙の序列がありました．それは「一等国民：日本人（あるいは内地人），二等国民：沖縄人／朝鮮人，三等国民：島民」というものです．大日本帝国のなかの序列が，南洋群島にももち込まれ，最下層に「島民」を据えたのです．内地から視察に来た研究者や記者は，底辺労働を担う沖縄出身者を「日本人らしからぬ風体」「日本のカナカ」などと描写しました．日本統治時代を経験したチャモロやカロリニアンは「トーミン」という表現に，「三等国民」として扱われた差別的な経験をいまも思い

出します.

5. 移民と現地住民

　海軍統治期のサイパン島に沖縄から移民し，1919 年に故
郷に戻り，1930 年に再度渡航した男性には，サイパン島が
次のようにみえました.

> 　サイパン島には，三百頓の工場が設置されて，煙突の煙がモクモクとして空をこがしていて，
> サイパン住民の生命を保証している感じがする．また，南洋の風景の美を示したあの椰子の林は
> 伐採され，椰子の木は点々と見えるくらいであった．この様子も，外来者と島民にとっては，南
> 洋の椰子林の印象が淋しくなった感じがする．〔……〕工場は盛んにザラミ糖〔ザラメ糖〕の産
> 出をして，従業員は職場で楽しそうに働いている．工場の機械の音がチャランカ町の賑わいを示
> している.
> 　　（玉山憲助（玉山憲作監修，安里嗣淳編集）『南洋移民三拾年史』沖縄テニアン会，2008 年）

　この男性は，委任統治開始後のサイパン島の大半が砂糖キ
ビ畑に変わり，製糖業に従事する移民の生活が安定してきた
ことを感じ取っています.

　南洋庁は土地調査を実施し，サイパン島は約 8 割が「官有
地」とされました（1932 年）．南洋興発はこの官有地の大半
を借り受け，4 つの農場を作ります．南洋庁はこれら農場を
「村」に指定し，サイパン島は南洋興発の企業城下町の様相
を呈しました.

　こうした島の様子を，カロリニアンやチャモロはどのよう
にみていたのでしょうか．南洋群島を取材に来た記者は次の
ように記します.

> 　〔……〕カナカの古老達は，日本人が入込んでくるようになってから，島は非常に寒くなった
> とこぼしているそうだ．日本人がいま程入込まない前までは，いくら曇り天気が続いてスコール
> が降っても，寒いと感じたことはなかったが，興発が事業をこの島で起こすようになってから，
> 急に寒くなったとカナカは言っている.
> 　　　（能仲文夫（小菅輝雄編）『赤道を背にして——南洋紀行』（初版 1934 年）復刻版，
> 　　　　　　　　　　　　　　　　　　　　　　　　　南洋群島協会，1990 年）

記者は，樺太のアイヌから，日本人が入ってきてから暖か
くなった，と聞いたことを思いだし，「日本人が未開の地へ
入り込むと，その土地の気候まで変化させ，そして寒暖いづ
れも使い分けの出来る物凄い民族だと思った」と，日本人の
開拓能力を絶賛します．樺太も南洋群島も，現地住民人口を
上回る日本人が入植しました．日本人移民の急増，開拓によ
る自然・生活環境の急激な変化が，現地住民の心境に与えた
影響にも注目したいと思います．

　日本人こそが開拓すべき「未開」の土地，とみなされたサ
イパン島では，実際には現地住民が農業を営んでいました．
しかし，それらが強制的に砂糖キビ畑に変えられていった様
子が，次のチャモロ女性（1923年生まれ）の証言にうかがわ
れます．

　私の父は農夫でした．父は牛，豚，鶏，山羊そして魚を養っていました．〔……〕第二次世界
大戦前，私たちにはチャランキージャにもう一つの農場がありました．この農場は，コプラの原
料となるココヤシを栽培するたった一つの農場でしたが，日本人は，砂糖キビ栽培の土地拡張の
ために，農場のココヤシをすべて切り倒せと要求してきました．

　("Marikita" Palacios Crisostomo, "The Interpreter's Wife," Bruce M. Petty, *Saipan:
Oral History of the Pacific War*, McFarland & Company, Inc., North Carolina, 2002)

---

6. 「海の生命線」としての開発と移民

　日本は満州事変を機に国際連盟から脱退しますが（1935年），
南洋群島の委任統治は継続が認められました．しかし日本は
この時期から，「陸の生命線」とされた「満州」（以下，満州）
に対して，南洋群島を「海の生命線」とし，日本の国益を優
先させた政策を露骨に進めてゆきます．1936年から着手し
た「南洋群島開発十箇年計画」では，第一に南洋群島経済を
製糖業から他の熱帯産業，特に日本に必要な資源の増産へと
拡大させること，第二に東南アジアへの経済進出を目指して，
南洋群島にさらなる企業誘致や移民導入を行うこと，を掲げ

ました。そこで，国策会社南洋拓殖株式会社を設立（1936 年.
以下，南洋拓殖）します。

　南洋庁は，1925 年から「指定開拓地」を設け，タピオカ，
パイナップル，繊維作物などの栽培，加工に家族移民の導入
と定着を図ってきました。特に，寒冷地出身者の開拓能力を
探るため，パラオ（現パラオ共和国）へは北海道を中心に移民
を募集しました。こうした移民政策を推進するため，ポナペ
（現ポーンペイ）島，パラオ諸島バベルダオブ島，クサイ（現
コスラエ）島に合わせて 1,400 戸，7,000 ヘクタールの入植計
画を立てます。日本政府は同時期，満州に「満州農業移民百
万戸移住計画」を打ち出しました。日本は北と南の「生命
線」を維持，防衛するため，集団移民を長期的に送り出そう
としたのです。

　日中戦争がはじまると，南洋群島では既述のように軍事施
設建設に拍車がかかり，建設労働者に加えて，熱帯資源の開
発，食糧増産に従事させる移民が求められました。

7. 日米開戦から米軍による占領，引き揚げへ

　南洋群島は日本軍が東南アジアなどに侵攻するうえでの兵
站基地となり，日米開戦前から多くの兵士が一時的に滞在し，
日常生活にも兵士の姿がみられるようになります。

　日米開戦の日，日本軍はサイパン島からグアム島に出撃し，
2 日後に同島を占領しました。占領を機にサイパンからグア
ムへ移住する移民もいました。南洋群島に暮らす移民たちは
戦勝ムードに浸り，戦争はまだ遠いと感じていました。しか
し，1942 年のミッドウェー海戦以後，日本軍が次々と敗退
してゆくと，大本営は翌 43 年 9 月に「絶対国防圏」を設定，
南洋群島を絶対確保すべき圏の内と外に二分します。同年 9
月に南洋群島の一部地域に兵役法が施行され，11 月には南
洋庁長官に海軍中将を据え，南洋庁の機構も日本軍の政策に

即応できるよう改革されました.

　同時に，兵力や労働力になりえない，現地住民以外の老幼婦女子の「人口疎開」（戦時引き揚げ）が始まります．引き揚げ者のなかには航行中に攻撃を受けたり，フィリピンや台湾に寄港してその地の戦闘に巻き込まれたりして命を落とした者もいました．引き揚げが行われている間も，朝鮮人は危険な洋上を渡って南洋群島に動員され，航行中に命を落とした人たちもいました.

　1944年2月にトラック（現チューク）諸島が米軍の空襲で事実上壊滅状態になり，続いてサイパン島を含むマリアナ諸島も初めて空襲を受けると，軍事施設の建設や食糧増産にはさらに拍車がかかり，民間人の動員もいっそう厳しくなりました．中国大陸から陸軍兵士が次々と「転進」してくるようになり，南洋群島にも緊迫感が漂いはじめます.

　同年6月にサイパン島，7月にテニアン島で民間人の生活そのものを巻き込んだ地上戦が始まりました．沖縄戦より約9カ月前に始まった地上戦の犠牲には，両島で内地への米軍侵攻を食い止めようとしたことに加え，中国大陸で歴戦の兵士たちが転進してきたことも影響しました．彼らが中国で民間人に行った行為は米軍も行うだろうと考えられ，捕虜になれば女性は強姦され，男性は戦車でひき殺される，などのデマも広められました．加えて，敵軍の捕虜になってはいけないという「戦陣訓」の影響，日本軍による誘導，強制，指示，宣撫，示唆などにより，民間人は自死に追い込まれたり，乳幼児の殺害を余儀なくされたりしました．沖縄戦では，同様のデマが，自分たちの身内や知り合いが暮らすあの南洋群島で行われた，とより信憑性をもって受け止められたことで，さらに犠牲を生んだと考えられます．実際の米軍は，国際法に則って非戦闘員を保護したのでした.

　米軍に占領された島は，軍政下に置かれました．サイパン島やテニアン島では米軍が戦闘を続けながら，投降した民間

人と日本兵を別々に収容所に収容しました．収容所では，日本敗戦が伝えられても「負けていない，友軍が助けに来る」と信じていた人もおり，「戦争」はまだ続いていました．

　米軍は民間人を日本人と非日本人（当時の表記では朝鮮人，台湾人，中国人（中華民国人），沖縄人）に区分し，当初は民間人を残留させる計画もありましたが，最終的には一部例外を除き全員引き揚げとなりました．1945 年後半以後，日本兵から引き揚げが始まり，民間人では日本への帰還者 20,041 人，本籍地への直接帰還者では沖縄人 41,487 人，朝鮮人 7,726 人，台湾人 550 人，中国人 136 人が帰還しました．しかし，現地住民と家庭をもつ者，現地住民に引き取られた子供などは残留し，米兵が孤児を引き取ったり，日本人と結婚した現地住民女性には夫の引き揚げに同行した人もいました．戦争を生き延びても，分かれ分かれになった家族がありました．

8. 「南洋群島」を抱え，戦後を生きる

　山形から家族でサイパン島に移民し，地上戦で父と妹を亡くし，戦後山形に引き揚げてきた岸悦子さん（1930 年生まれ）は，筆者に次のように話してくれました．

> 　思い出せるのは小学校時代，昭和 19 年までで，戦時中のことは思い出せない．目に浮かぶと，「消えて，消えて」といっちゃう．人に話しても通じないし．
> 　父が亡くなってから，母も私も 1 度も泣いたことはない．死ぬまで背負っているから……．今年こそは背負っているものを下ろそう，と思うが，この年になっても自分に鍵をかけてしまっている．開いてくれる人はだれもいない．
> 　中学生に体験を話してほしい，と呼ばれたことがあった．何が聞きたいのか，と尋ねたが，先生も生徒たちも答えられない．だから命の話だけして帰ってきた．戦争は，ちょこちょことテレビやゲーム，漫画でやっているが，あんなものではない．人間と人間の，命と命の取り合い．戦争は命の取り合い．ゲームと違って，死んだ人は生き返らない．
>
> （2019 年 1 月，筆者との会話）

　南洋群島に移民した人たちが，戦争で荒廃した故郷に戻って生活することは容易ではありませんでした．温かく迎えら

れた人もいれば，厄介者扱いされた人もいます．食べてゆけ
なくて移民し，戦争で移民先での蓄財を失ったばかりでなく，
家長や跡継ぎを亡くした家族には，次のような非難をあからさ
まに受けた人もいます．「故郷を捨てて，自分たちばかり
よい思いをして，困ったら戻ってくるのは勝手だ」「なぜお
まえが帰ってきたのか」．南洋群島で標準語教育を受け，植
民地社会で育った子供は，故郷の言葉や慣習に戸惑いました．
東北の故郷に戻った人たちには，「色が黒い」「土人」とから
かわれたり，「ヒキアゲシャ」と蔑まれた人もいました．故
郷の人々も自分たちの生活に必死で，南洋群島からの帰還者
は，自分たちの体験を口にすることは憚られたといいます．
食べてゆけず，国内の炭坑や新たな開拓地に入ったり，再び
海外に移民する人もいました．

　こうしたなかで，南洋群島帰還者同士が支え合おうと，日
本各地に小さな集まりが少しずつ作られてゆきました．住居
や仕事の斡旋，生存者情報の確認から始まり，やがてミクロ
ネシアへの再移民や，在外財産の補償など政府への要請にも
取り組んだ組織もあります．時代が下るにつれて，国内やミ
クロネシアでの慰霊と交流に重点を置くようになり，現在で
は高齢化により，多くの組織は解散を余儀なくされました．
沖縄の南洋群島帰還者会は，2019年にサイパン島での慰霊
及び現地の人たちとの交流の旅を50回目を節目に最後とし
ましたが，沖縄での慰霊と親睦を今なお続けています．

　南洋群島から帰還した移民は，一人ひとりの「南洋群島」
体験を抱えて生きてきました．安定した生活を送れるように
なるほど，生き残った負い目が心に沈殿してゆきます．家族
同士であっても，「鍵をかけ」て話せない思い出があります．
戦争体験について口をつぐむほど，戦前の生活は豊かで平和
なものとして記憶され，語られます．

　戦後，ミクロネシアの人たちは，元移民たちの慰霊，遺骨
収集，住居跡の探索などに協力し，交流を続けてきました．

元移民たちには，こうした交流を通じて，戦前の自分たちが植民地社会のなかで優位な立場にいたこと，ミクロネシアの人たちの複雑な思いに気づかされ，関係を結び直そうとする人たちもいます．沖縄の元移民たちは，戦後のミクロネシアが沖縄と同様，米軍に軍事基地化を強いられ，自己決定権を奪われ続けている様子を見つめながら交流を続けてきました*4.

*4　本書第4講（鳥山淳）参照.

　これら戦後の交流も移民の歴史です．「南洋群島」を生きた両地域の人たちは，次の世代に自分たちの経験と交流を引き継ぎたい，と強く願っています．

情報ガイド
・日本移民学会編『日本人と海外移住——移民の歴史・現状・展望』明石書店，2018年.
　　戦前・戦後の日本からの移民，朝鮮半島から日本への移動，在日ブラジル人・デカセギ移民，移民研究についてコンパクトに解説している.
・海外移住資料館　https://www.jica.go.jp/jomm/index.html
　　北米，中南米，ハワイを中心とした日本人の海外移住の歴史および移住者と日系人の現在をテーマに，データベースや学習教材，海外の日系人との交流企画などがある．「移民」ではなく「移住」と表記していることにも注目して学ぶとよい.

移民国家アメリカの二つの顔

貴堂嘉之

国から国へと征服の翼を広げたとされる,
ギリシアの有名な青銅の巨像とは異なり,
ここ, 海に洗われ, 日に沈む, この国の門に
たいまつを掲げた大いなる女人が立つ.
そのたいまつの炎は幽閉された稲妻,
そしてその女人の名は「亡命者の母」.
彼女の指し示す手からは世界への歓迎の光が輝き出て,
彼女の優しい眼は, 双子の都市をつなぐ架け橋の港を望む.
「旧い国々よ, 歴史で飾られた貴国の威厳を保ち続けなさい」と彼女は叫ぶ,
物言わぬ唇で. 「私に与えなさい, 貴国の疲れた人々, 貧しい人々の群れを,
自由に生きたいと請い願う人々の群れを
人間が溢れんばかりの貴国では屑ともみなされる, 惨めな人々を.
家もなく, 嵐に弄ばれる, これらの人々を, 私のもとに送りなさい.
黄金の扉のかたわらに, 私は灯火をかかげましょう.
　　（エマ・ラザラス「新しい巨像」（1883年作）, 1903年に自由の女神の台座に据え付け）

　ユダヤ人女性詩人エマ・ラザラスが書いた「新しい巨像」
は, アメリカ人であれば誰もが知っている詩です. 移民国家
アメリカの象徴である「自由の女神像」の台座に刻まれたこ
の詩を, 子供たちは必ず公教育で学ぶ機会があるからです.

*1　ユダヤ人に対す
る集団的な迫害や虐殺.

　ラザラスは, ロシアでのポグロム*1から逃れてきたユダ
ヤ人移民と出会い, この詩を書いたといわれています. 世界
中から新天地を求め海を渡ってくる移民や難民, 亡命者を受
け入れる「自由の女神」を「亡命者の母」と呼び, 「疲れた
人々, 貧しい人々を〔……〕私のもとに送りなさい」と謳っ
たこの詩は, 「人類の避難所」としての移民国家アメリカの
理想を表現するようになりました.

近代国民国家の多くは，特定の「民族」の血縁的連続性に基づいてナショナリズムを立ち上げた民族国家です．これに対して，近代に誕生した国々のなかには，アメリカ合衆国（以下，アメリカ）やカナダ，オーストラリア，ニュージーランドなど，移動・移住が作り出した世界史上にも特殊な「移民国家」として成立した国々があります．こうした国々では人種や民族という属性は不問とされ，国民が共有可能な「理念」が統合の核になりました．

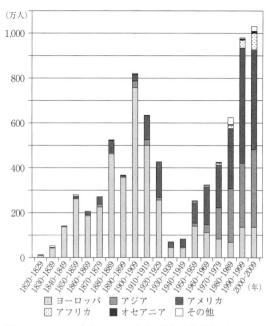

図1 アメリカ合衆国への出身地域別移民統計（1820-2009 年）

アメリカは「移民国家」の代表格であり，実際に 19 世紀の西欧・北欧からの「旧移民」，世紀転換期にはさらに大量の東欧・南欧からの「新移民」を迎え入れ，世界最大の移民受け入れ国となりました．ですが，図1のグラフに示されるように，第二次世界大戦後から今日にいたるまで，とりわけ 1965 年移民法後は，中南米・アジアからの移民が急増し，21 世紀の最初の 10 年間の移民合計は，過去最多の 1,000 万を超える数を記録しています．

移民受け入れ数のデータにも裏づけられるように，アメリカ人は，世界中の移民を受け入れる「抑圧されし者の避難所」「移民の国アメリカ」という自画像を自国史の核心に据えてきました．しかし，歴史的にはこの高邁な理想，タテマエとは別に，アメリカはもう一つの顔をもってきました．19 世紀後半の西海岸では，早くもアジア系移民に対する排斥運

図2 「われらが港の像」

(WASP, 1881 年 11 月 11 日掲載. 自由の女神像の建造中に,
西海岸のサンフランシスコでは民衆の排華感情のシンボルと
して醜悪な中国人像の風刺画が登場した. 頭のあたりには,
「不潔, 不道徳, 病気, 白人労働者を破滅させる者」と記さ
れている)

動がさかんとなり, 移民歓迎の「自由の女神像」とは似ても似つかぬ, 人種憎悪のシンボルが風刺画（図 2）では描かれ, 1882 年には米国移民政策史上, 自由移民の原則を初めて破る, 排華移民法が制定されました. このような移民国家の二つの顔, 移民国家が経験した歴史とはいかなるものなのか, 考えてみたいと思います.

1. 坩^{メルティング・ポット}堝のアメリカ

  ──移民が海を渡る理由

移民たちが海を渡って移住する背景には, 出身国側で移民を押し出す「プッシュ要因」（戦争, 自然災害, 社会不安, 不況, 宗教弾圧など）と, 受け入れ国側で移民を引きつける「プル要因」があります. アメリカが近代における人の移動の中心になり, 世界最大の移民受け入れ国になったのは, 高い労働需要により機会の平等が保障され, よりよい生活と仕事を入手できたからです.

移住者は, 出身国の家族向けに手紙を送り, 米国を「約束の地」「自由の地」として語りました. そのようなアメリカ論の代表作, ヘクター・クレヴクールの『アメリカ農夫の手紙』を読んでみましょう.

ではアメリカ人, この新しい人間は, 何者でしょうか. ヨーロッパ人でもなければ, ヨーロッパ人の子孫でもありません. したがって, 他のどの国にも見られない不思議な混血です. 私はこんな家族を知っていますが, 祖父はイングランド人で, その妻はオランダ人, 息子はフランス人の女性と結婚し, 今いる 4 人の息子たちは 4 人とも国籍の違う妻を娶っています. 偏見も生活様

式も，昔のものはすべて放棄し，新しいものは，自分の受け入れてきた新しい生活様式，自分の従う新しい政府，自分の持っている新しい地位などから受け取ってゆく，そういう人がアメリカ人なのです．彼は，わが偉大なる「育ての母」の広い膝に抱かれることによってアメリカ人となるのです．ここでは，あらゆる国々から来た個人が融け合い，一つの新しい人種となっているのですから，彼らの労働と子孫はいつの日かこの世界に偉大な変化をもたらすでしょう．

（ヘクター・クレヴクール『アメリカ農夫の手紙』第三の手紙，1782年）

　フランス貴族の家に生まれ，ニューヨークに移住したクレヴクールは，ヨーロッパの封建的な体制や伝統から解放された新しい自由の地で，すべての人々が一つに融け合う移民たちの社会的坩堝として，アメリカを描きました．こうしてすべての移民たちが同化し，アメリカ化していく楽観的な社会統合の見方を「クレヴクール神話」と呼びますが，これが長らく移民国家アメリカの「国民の物語」として語り継がれてきました．

　しかし，ここで注意が必要なのは，この「坩メルティング・ポット堝」に参入できたのは，ヨーロッパからの移民だけであって，先住民や黒人などはそもそも参入することが想定されていませんでした．独立宣言には「すべての人間は平等に造

図3　戯曲「メルティング・ポット」（1908年初演）のポスター
（アメリカ社会の表現として「坩堝」が広く用いられるのは，ユダヤ系作家イズラエル・ザングウィルの戯曲が発表されて以降のこと）

られている」と語られながらも，実際には，建国期より法制度に組み込まれたレイシズムが，高邁な理想を語るアメリカとは別の，もう一つの顔を作り出していたのです．

2. 移民国家の法制度と移民排斥運動

　移民国家としてのアメリカには大別して，重要な法制度が

図4 Judge 1903年「無制限のゴミ捨て場」

図5 Puck 1893年1月11日「かえりみれば」

三つあります．一つめは，外国人である移民をアメリカ市民にするための「帰化法」．二つめに，移民の出入国を管理する移民法です．これらの法文を厳格に適用するか，寛大に適用するかによって，移民の多寡，市民の境界が決められていきました．建国直後の1790年帰化法が定めた「自由白人」にのみ市民権を認める人種的定義は，アメリカを白人共和国とする礎となりました．また，三つめは，アメリカの領域内で出生した者には無条件で市民権を付与する「出生地主義」の原則です．これらの法制度を使って，移民たちはアメリカ市民となり，アングロサクソン的な文化に同化する存在として位置づけられ，他方，非同化の異質な移民集団には厳しい排斥運動が起こりました．

　移民排斥運動は，1850年代初頭の東海岸での反アイルランド・反カトリックの運動[*2]から本格化しました．移民排斥の要因は，ヨーロッパ社会から移植された差別意識，労働者同士の経済的な競合関係，社会文化的な異質さ（文化摩擦），未知の者への恐怖心／伝染病の恐怖，排外主義的政治運動の結果，などさまざまなものがあります．アメリカ社会における移民排斥運動を扱った風刺画を読み解きながら，排斥の背景にある構図を探ってみましょう．

　たとえば，20世紀初頭に描かれた図4では，新移民の波

＊2　アイルランド系移民．1845-50年にかけてアイルランドで起こったジャガイモ飢饉がきっかけで，約200万人がアメリカへ移住した．

がヨーロッパのスラム街から掃き出されたネズミとして描かれています．帽子に描かれている「アナーキスト」「社会主義者」「マフィア」などの書き込みは当時のヨーロッパやアメリカの世相をどのように反映していたのでしょうか．また図5「かえりみれば」では，いまや大富豪となった人々ももともとは貧しい移民であったのに，移民制限の声をあげている様子が描かれています．移民・難民規制に力を入れたトランプ前大統領もまた，祖父の代にドイツから移民した一家の子孫なのですが，こうした構図は繰り返されるものなのでしょう．

3. 連邦移民出入国管理での移民たち
——東海岸のエリス島と西海岸のエンジェル島

　移民国家アメリカの二つの顔を知るうえでは，ニューヨークのエリス島とサンフランシスコのエンジェル島の連邦移民入国審査施設の歴史に注目するのも面白いと思います．1892年から1954年までヨーロッパ系移民の玄関口となったエリス島を通って1,200万人以上の移民が入国しました．現在のアメリカ国民の40％に相当する人々がその子孫にあたると推定されています．現在，この場所は移民博物館として，年間400万人以上の来訪者を集める観光スポットとなっています．

　他方，エンジェル島は1910年から1940年まで，約55万人の移民が入国を果たしましたが，実質的にはアジア系移民収監のための施設といってよいものでした．施設には，長期拘留を余儀なくされた中国人渡航者が書き刻んだ悲痛な詩文が残されています．歴史の現場がいかに保存され，国民の公的な記憶の場として残されているのか，あまりに対照的な東海岸と西海岸の施設です．

図6　移民法を報じる記事

（『東京朝日新聞』1924年7月1日，朝日新聞社，聞蔵Ⅱビジュアル）

4. 移民制限の時代へ——移民政策の海外への影響

　新移民が大量流入を開始した世紀転換期後のアメリカの移民政策は，連邦議会による移民制限強化を基本方針としました．第一次世界大戦では，市民権をもたない多くの移民外国人が選抜徴兵（その約8割は東欧・南欧出身者）され，戦争が「坩堝」の役割を果たして，国民のアメリカ化，国民化が一気に進むことになりました．しかし，大戦後には，連邦議会が国際連盟の条項を含むヴェルサイユ条約の承認を拒否し，ウィルソンの戦後国際秩序構想は破綻していき，移民制限策が加速していきます．1917年には，新規移民に母国語でも読み書き能力（識字テスト）の提示を求める移民法改正が行われ，1921年には新たな移民割当法が成立しました．

　この一連の移民制限強化の流れのなかで制定されたのが1924年移民法で，内容は以下の三本柱からなっていました．

一つめが，東欧・南欧出身者を厳しく制限する目的で，国勢調査の基準年を1890年に前倒しして，移民許可数をその時点での各国出身者の2％以下とする枠が設定されました．二つめは，アジア系移民をすべて人種的に「帰化不能外国人」とみなし，移民全面禁止とされました．三つめは西半球諸国向けで，この地域からの移民は労働需要もあるため量的割当を免除することが定められました．

　移民政策は，国内向けの政策なのですが，常に海外へも大きな影響を及ぼします．1924年移民法が制定されたときの日本の状況をみてみましょう．

　図6の新聞記事は，1924年移民法の制定を報じたものです．「屈辱の日来る」「日米友誼の阻碍を深く遺憾とす」などの文字が並び，以来，日本では1924年移民法は「排日移民法」と呼ばれています．

　このように国内向けの移民政策が，送り出し国との国際関係を悪化させることはしばしばあります．昭和天皇は，戦後になってから「大東亜戦争の遠因」として次のように語っています．みなさんはこの歴史の見方をどう考えますか．

この原因を尋ねれば，遠く第一次世界大戦后の平和条約に伏在している．日本の主張した人種平等案は列国の容認する処とならず，黄白の差別感は依然残存し，加州移民拒否の如きは日本国民に憤慨させるに充分なものである．〔……〕かかる国民的憤慨を背景として一度，軍が立ちあがった時に，之を抑へることは容易な業ではない．

（寺崎英成／マリコ・テラサキ・ミラー編『昭和天皇独白録──寺崎英成・御用掛日記』
文藝春秋，1991年）

　日本でも近年，技能実習生の劣悪な労働環境や入管施設での暴力が大きく取り上げられています．アメリカでこれだけ移民排斥運動に直面し，差別を受けてきた歴史を経験しながら，なぜ日本は歴史の教訓に学ばないのでしょうか．移民国家アメリカの歴史やアジア系移民の歴史経験を学ぶことを通じて，21世紀の日本社会を移民とともに築くヒントを山ほど得られるはずではないでしょうか．

情報ガイド

・ナンシー・グリーン（村上伸子訳）『多民族の国アメリカ——移民たちの歴史』（創元社，1997 年）

アメリカ合衆国に渡ったヨーロッパ系移民の歴史を軸に，多数の図像資料や移民の声を収録している．

・全米日系人博物館のウェブサイト　https://www.janm.org/ja

ロサンゼルスにある全米日系人博物館は，日系アメリカ人の歴史資料を多く保存し，展示する博物館．バーチャルツアーもできる．

・南川文里『アメリカ多文化社会論——「多からなる一」の系譜と現在』（法律文化社，2016 年）

E Pluribus Unum「多からなる一」という理想を掲げたアメリカはどのようにして多文化社会を形成してきたのか．「人種の坩堝」「サラダボール」，多文化主義などの理論の基礎が理解できる．

・貴堂嘉之『移民国家アメリカの歴史』（岩波新書，2018 年）

「移民国家アメリカ」がいかに形成され，どう変貌してきたのかを描いたアメリカ移民史の通史．日本や中国などアジア系移民の歴史経験に着目して，アメリカ史像を捉え直した書物．

キューバ危機

上　英明

> 冷戦下の 1962 年，米ソが全面戦争の瀬戸際に至ったキューバ危機の際，米軍内でソ連極東地
> 域などを標的とする沖縄のミサイル部隊に核攻撃命令が誤って出され，現場の発射指揮官の判断
> で発射が回避されていたことが 14 日，同部隊の元技師らの証言で分かった．キューバ危機で，
> 核戦争寸前の事態が沖縄でもあったことが明らかになったのは初めて．ミサイルは，核搭載の地
> 対地巡航ミサイル「メース B」で，62 年初めに米国施政下の沖縄に配備された．
>
> 　　　　　　　　　　　　（「62 年，核発射寸前」『琉球新報』2015 年 3 月 15 日）

　これは 2015 年の新聞記事で，人類史上最悪といわれた
1962 年キューバ・ミサイル危機についての新事実を伝えた
ものです．このときアメリカ合衆国（以下，アメリカ）とソビ
エト社会主義共和国連邦（以下，ソ連）という二つの核大国は，
キューバというカリブ海の島国をめぐって対決し，一触即発
の事態になりました．世界核戦争の危険を前に，人類はまさ
に滅亡の瀬戸際に立たされたのです．幸いにも，この危機は
そのような結末を迎えることなく，いまでは危機の記憶も薄
れつつあります．

　ところが，この新事実によると，世界核戦争の危険は，当
時の人々が考えていた以上に差し迫っていたのです．もし沖
縄の米軍基地から核兵器が発射されていれば，世界はどうな
っていたでしょう．攻撃を受けたソ連は，いよいよ核戦争が
始まったと信じたはずです．瞬時に沖縄，日本，そしてアメ
リカ本土に向け，核兵器を発射します．世界核戦争は，この
ようにたった一つのミスによって始まっていたのかもしれま
せん．

　みなさんも広島や長崎のことを思い浮かべれば，これがい

かに恐ろしいことか想像がつくはずです．しかし，なぜ世界はこのような破滅への道を歩んでいたのでしょう．一つのミスによって世界が崩壊するような状況は，どうして生まれたのでしょう．

歴史というのは，実際に起きたことだけを考えるものではありません．起きなかったけれども，実は起こりえたことのほうが重要となる場合もあります．本講では，キューバ危機を見つめ直し，その教訓について考えてみましょう．

1. 冷戦とは何か

戦争では多くの命が失われます．さまざまな兵器が使用され，兵士だけでなく，民間人も犠牲になります．しかし，冷戦，すなわち冷たい戦争においては，こうした戦争がアメリカとソ連の間で起こることはありませんでした．

その理由として，米ソが核兵器の大量生産国家だったことが指摘されます．核兵器はあまりに強力です．その核兵器を大量に保有する2つの大国が戦争すれば，どちらが勝っても，甚大な被害をお互いが受けます．これでは相手に手を出せないので，冷戦を冷たい平和だと呼ぶこともあります．

とはいえ，冷戦を平和と呼ぶのには無理があります．まず，米ソ両国は，さらに強力な核兵器を手に入れようと，開発競争を行いました．また，相手の先制攻撃によって手持ちの核兵器が破壊されてしまわないように，地球の隅々に核兵器を運び込みました．いつ核戦争が起きてもいいように備えていたのです．

沖縄に核兵器が持ち込まれたのもそのためです．アメリカは第二次世界大戦後，中国や台湾に近く，地理的に重要な位置を占める沖縄で，占領統治を継続していました．米軍がその沖縄に核兵器を持ち込んでも，誰もそれを阻むことはできませんでした．こうして沖縄は，そこに住む人々の意思とは

まったく関係なしに，核戦争の最前衛に立たされます．同様のことは，世界の他の地域でも起きています．

このように核戦争の恐怖は当事者である米ソ両国だけでなく，世界全体を覆うものでした．米ソの間で核戦争が起きれば，世界中の多くの人々が巻き添えとなる状況でした．

2. 脱植民地化と冷戦

一方，冷戦期には，米ソの対立を背景とする局地戦争が頻発しました．朝鮮戦争やベトナム戦争を思い出してください．こうした戦争では，多くの人命が失われました．

その背景には，アジア，アフリカ，中東，そしてカリブ海地域における脱植民地化の動きがあります．欧米諸国や日本など，さまざまな多民族帝国が解体され，インド，タンザニア，フィリピンなど，新しい独立国家が数多く誕生しました．白人による少数支配に抵抗し，「民族自決」を求める人々が，長い闘争の末，とうとう独立を勝ち取ったのです．

しかし，この脱植民地化の動きは，しばしば世界戦略を展開する米ソの介入を招きました．米ソ両国は，どちらの陣営がより多くの国家や社会の支持を得られるのかを競い，味方を助け，敵を攻撃したのです．

それはまるで陣取り合戦のようでした．同盟する勢力を見殺しにすれば，周囲の「信頼」を失い，さらなる離反を招く．このような考えは，ゲームのドミノ倒しにちなみ，「ドミノ理論」と呼ばれます．

冷戦はこうした意味でも世界全体を巻き込みました．それは米ソにとって，核戦争に比べれば，より「安全」な競争の手段となりました．

図1　カストロとゲバラ
（フィデル・カストロ（右：1926-2016
年）．キューバの革命家．1959年，親米
独裁政権を打倒し，以後，同国の最高指
導者として国際政治の一線に立った．の
ちに革命のシンボル的存在となったア
ルゼンチン人の医者ゲバラ（左：1928-
67年）も革命戦争に加わった）

図2　フルシチョフとケネディ
（ニキータ・フルシチョフ（左：1894-
1971年）．当時のソ連の最高指導者．写
真は1961年6月，ピッグス湾事件の後，
アメリカ大統領ジョン・F・ケネディ
（右：1917-63年）との首脳会談に臨ん
だときのもの．キューバへの核兵器の秘
密配備を決定したのはこの後である）

*1　1961年4月，ア
メリカ合衆国が軍事支
援する反革命勢力が，
キューバの革命政権の
転覆を狙い，軍事侵攻
した事件．計画は革命
政権の抵抗を受けて失
敗に終わり，敗北の責
任を認めたジョン・
F・ケネディ政権は面
目丸潰れとなった．

3.　キューバ危機への道

　一方，キューバ危機においては，米ソみずから
が全面戦争の瀬戸際に立たされました．なぜでし
ょうか．

　キューバはアメリカ本土から約144キロ（東京
から静岡ぐらいの距離）南方にあるカリブ海の島国
です．1902年にすでに独立していましたが，地
理的に近い大国アメリカの介入を受けました．冷
戦期においても，アメリカが支持する独裁政権の
統治下にあり，政治腐敗が進み，地方農村は貧し
いままでした．

　ところが，そのキューバでは，1959年に革命
が起きます．革命は，独裁政権の打倒に加え，小
国キューバが強いられてきた対米従属との決別を
意図したものでした．指導者フィデル・カストロ
（図1）は，他の脱植民地化を実現した新興国の指
導者と同じく，国内の改革や独自外交に乗り出し
ます．

　警戒を強めたアメリカは，同じような革命が周
辺国に広がることを恐れ，カストロが率いる革命
政権の転覆を試みました．一方，革命政権は抵抗
し，もう一つの核大国であるソ連に支援を仰ぎま
す．そのソ連の指導者ニキータ・フルシチョフは，
当初，キューバが共産主義国としてソ連陣営に入ることを疑
っていました．

　にもかかわらず，1961年4月に起きたピッグス湾（プラ
ヤ・ヒロン）侵攻事件*1（図2）を機に，ソ連はキューバの防
衛に本腰を入れていきます．事件後，アメリカのジョン・
F・ケネディ政権は，経済制裁とプロパガンダ攻勢を強化し，

破壊工作，さらにはカストロの暗殺を企て
ます．このますます激化する攻撃を目の当
たりにし，ソ連としてもキューバを見殺し
にすることができなくなりました．それは
みずからを頼る国家を守れるのかという
「信頼」の問題となったのです．

　ここで登場したのが，核兵器です．ソ連
にとってキューバはあまりに遠く，通常兵
器のみで防衛することは不可能でした．し
かし，核兵器をアメリカが気づかない間に
配置してしまえば，キューバの防衛が可能
となるだけでなく，ソ連の戦力向上にもつ
ながる．フルシチョフはこのように考え，
キューバへの核兵器の秘密輸送を指示します．

図3　キューバの核兵器配備
（危機当時，ソ連がキューバに核兵器を配備してい
る証拠としてアメリカ政府が提示した写真の一つ．
当初，米軍偵察機が撮影した写真は不明瞭なもの
が多かったが，次第にキューバの核兵器収容基地
の様子を捉えたものが入手可能となった．真ん中
付近の縦長い建物が核兵器の収容シェルターであ
る）

4. ケネディ神話という歪んだ記憶

　ソ連がキューバに核兵器を搬送していることは，1962年
10月14日，米偵察機によって発見されます（図3）．

　アメリカ本土は，これまで外国の核ミサイルの脅威にさら
されることはありませんでした．しかし，キューバにソ連の
核ミサイルが配置されるようなことになると，地図（図4）
にあるように，ほぼすべての主要都市がその射程に収まって
しまいます．驚愕したケネディは，これを前代未聞の安全保
障問題と捉え，側近たちとの間で緊急協議を始めました．

　ケネディ政権は当初，空爆作戦を検討しました．しかし，
途中で意見を変え，海上封鎖を採用します．これはキューバ
の沖合に戦艦を配置し，キューバに近づくソ連船を力ずくで
食い止めるというものでした．と同時に，ソ連船が停止しな
い場合に備え，デフコン[*2]を「1」（戦争突入）に次ぐ「2」
（準戦時）に引き上げました．つまり，キューバへの軍事侵攻

*2　アメリカ国防総
省が規定する5段階の
戦闘準備体制のこと．
「デフコン5」は完全
な平時であることを意
味し，「デフコン1」
は戦争突入を意味した．
この「デフコン1」は
一度も使われたことが
なく，それに準ずる
「デフコン2」が宣言
されたのも，キューバ
危機のときだけである．

図4 機密解除されたケネディ政権の地図史料
（ソ連の計画どおりに核兵器がキューバに配備された場合，アメリカ合衆国のほとんどの主要都市が射程圏内に入ることが想定されていた）

を準備したのです（図5）.

とはいえ，ケネディもフルシチョフも，核戦争を望んでいませんでした．最終的に，両者は秘密裏に連絡をとり，ケネディがキューバを侵攻しないという約束をする代わりに，フルシチョフはキューバからの核兵器の撤去に応じることになります（ほかにもさまざまな条件がありますが，ここでは割愛します）.

のちに日本では，このときのケネディの対応が世界を救ったのだという「ケネディ神話」が流布します．それは書

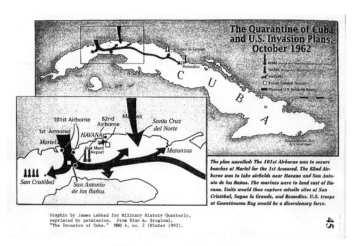

図5 キューバ侵攻の史料
（後年，機密解除されたアメリカ軍のキューバ侵攻計画に関する史料の一部．ケネディが軍事侵攻を選択した場合を想定し，綿密に行動計画が練られていたことがうかがえる．しかし，すでに多くの核兵器がキューバ全土に配備されていたことは想定されておらず，実行されていれば米側にも甚大な被害が生じることは必然であった）

籍や映画によって広く宣伝され，まるで危機管理の模範であるかのように称えられることになります．

5. 危機の本質とは——暴発の危険

しかし，実際の危機対応は誤算だらけでした．そもそもケネディは，自身が直面した状況について，正しい情報を完全には得ていませんでした．アメリカ側は，すでに多くの核兵器がキューバにあることさえ知らなかったのです．このことを数十年後に伝えられたケネディ政権の元国防長官は顔面蒼白となり，もし軍事介入していれば，99％の確率で核戦争に発展しただろうと述べています．

また，核危機の最中では，さまざまなミスが生じました．キューバではソ連の現地指揮官が米偵察機を撃墜し，一触即発の事態となりました．ソ連領空に米飛行士が誤って侵入したこともあります．冒頭で取り上げた沖縄の話も，実は数あるミスのうちの一つに過ぎなかったのです．

冷戦期，世界を舞台に軍事力を展開した米ソの間では，何が全面核戦争の引き金になってもおかしくありませんでした．むしろ米ソの指導者は，こうした暴発の危険を感知したからこそ，恐怖に震え，互いに譲歩したといえます．こうして世界全体の命運を左右する状況になって，ようやくキューバをめぐる緊張のエスカレートに歯止めがかけられたのです．

6. 危機の教訓——核エネルギーと人間

キューバ危機は，人間が過ちをおかす不完全な存在であり，核兵器や核エネルギーに頼ること それ自体が危険であることを証明しています．みなさんも，これまでさまざまなミスをしてきたかもしれませんし，これからもするかもしれません．その多くは自身の成長を促すものともなります．しかし，核

エネルギーという圧倒的なパワーに関わるミスは，取り返し
がつきません．このことは，広島・長崎の悲劇を知りながら，
東京電力福島第一原子力発電所の大事故を引き起こしてしまっ
た冷戦後の日本においてこそ，真剣に考えられるべき問題
ではないでしょうか．

情報ガイド
・NHK 取材班・阿南東也『十月の悪夢——1962 年キューバ危機・戦慄の記録』日本放
送出版協会，1992 年
　　冷戦終結後に公開された資料やインタビューをもとにキューバ危機を平明に語るもの．事実と異な
　　る点もあるが，臨場感があり，初学者にとっても読みやすい．
・NHK スペシャル『キューバ危機・戦慄の記録——十月の悪夢　前編・後編』(DVD)
NHK エンタープライズ，2009 年
　　日本語でキューバ危機を扱った貴重なドキュメンタリー．
・マイケル・ドブズ（布施由紀子訳）『核時計零時 1 分前——キューバ危機 13 日間のカ
ウントダウン』日本放送出版協会，2010 年
　　さらに綿密な史料調査に基づいて危機を扱ったもの．
・上英明『外交と移民——冷戦下の米・キューバ関係』名古屋大学出版会，2019 年
　　アメリカ合衆国とキューバの半世紀にわたる愛憎関係を扱ったもの．

人の自由移動と冷戦体制の終わり

伊豆田俊輔

> 1989年2月に西ベルリンに出国した旧東独市民の回想
> 〔……〕親友のアンネが,当時国境検問所があったフリードリヒ通りに私たちを連れていってくれました.ここから人々は干草細断器のような国境検問所に入っていきますが,付き添いは入ることができません.それで彼女は後ろからずいぶんと大きな声で「あと25年すれば,私は60歳だ.そしたらまた会おうね」と叫びました.警備兵がじろりと睨みましたが,そのような長い別れに感じたのです.私たちはみな声を上げて泣きました,ひどい光景でした〔……〕
>
> (Dorothee Wierling, *Geboren im Jahr Eins. Der Jahrgang 1949 in der DDR. Versuch einer Kollektivbiographie*, Berlin 2002) (史料1)

図1　国境検問所

(東西ベルリン境界にあったフリードリヒシュトラーセ駅の国境検問所.ここでは西ベルリンから東ドイツに入国する人の流れと,東ドイツから西ベルリンに出国する流れがあった.しかし二つの動線は,複雑に入り組んだ建物内で厳密に分けられていた.人間関係を切り刻むこの施設は,史料1で干草細断器と呼ばれている.写真は「涙の宮殿──ドイツ分断の場」記念施設のミニチュア.筆者撮影)

1. 人の自由移動と世界史のつながり

　この講では，自由な移動を求める人々の行動が世界史に与えた影響を考察します．史料1をみてみましょう．1989年2月に例外的に東ドイツから西ドイツに出国が許された，ある夫婦の経験が述べられています．第二次世界大戦後東西に分断されていたドイツ，特に東独では，転居や移動，旅行に対して厳格な規制がかけられていました．史料1の当時，出国するということは，二度と東に戻れず，それまでの人間関係を含めた生活が根こそぎ奪われることを意味していました．現代に生きる私たちにとって，移動や旅行の自由は基本的な権利の一つです．しかし，人間の移動はそのときの政治体制や国際情勢に強く制約されてきたのです．

　そもそも，なぜ人の移動は厳しく制限されていたのでしょうか．東独国家は「近代的な後見国家」と特徴づけることができます．これは，国民の生活を丸抱えして平等を保障する代わりに，「後見人」[*1]のように国民の行動を制約する体制でした．また，東独は資本主義体制の西独に比べ低い生活水準でした．そのため，多くの若者たちが自由や豊かな暮らしを求めて西へ出国していきました．これを取り締まるべく，東独政府は1952年に東西国境を閉鎖し，さらに1961年になると「ベルリンの壁」を建設し，西側の飛び地のような西ベルリン市を封鎖したのです（図2）．他方で，東独は西側への移動を制限することによって，人口流出を減らし，社会の安定化に成功しました．史料1で「あと25年すれば」と述べられているように，この分断は今後も続くように思われていました[*2]．

　しかし，史料1から1年も経たずに情勢は一変しました．89年11月，ベルリンの壁が突如崩壊したのです．その当時の市民の声を，史料2から聞いてみましょう．

*1　未成年者や判断能力が充分でない人の財産などを管理する人のこと．ここでは，市民を上から指導する国家という意味で用いられている．

*2　東独では年金生活者の出国ならば可能だった．「25年すれば」というのは，60歳になって年金受給者になれば，出国して再会できるという意味．

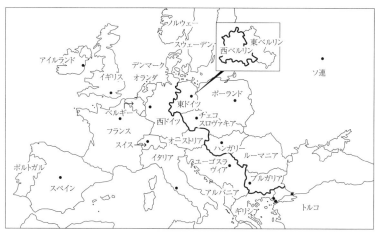

図2 冷戦期ヨーロッパ

（太線は「鉄のカーテン」を示している）

ベルリンの壁崩壊時の東独市民の回想①（1968 年生まれ・男性・食肉加工業者）

　壁が開かれたことについては，最初はまったく信じられなかったね．おれの友だちも，壁が開くつい3日前にハンガリー経由で西に逃げたばかりだった．おれがちょうどその友だちの母親のところにいて，友だちのおばあさんが，「壁が開かれたわ，国境が開放されてみんなむこうに行けるのよ」って言ったんだ．おれたちは，「おばあちゃん，おかしくなったぜ．ありもしないことを言って」と話をしてた．次の日の朝，仕事場で同僚が西ベルリンに行ってきたという話をしてた．〔……〕それでようやくおれもラジオのニュースを聞いてみたんだ．ひとに言われても信じられなかったからね．なにか，よく分からなかったよ．おれもすぐむこうに行って，どんなものか見てきた．一体全体どうなっているのか分からなかったね．

　　　（東ドイツの民主化を記録する会編『ベルリン 1989』大月書店，1990 年）（史料2）

　史料2からは，国境開放があまりに急で，東ベルリン市民であっても事情が呑み込めなかったことがわかります．

2. 国際関係の変動

ゴルバチョフの登場

　それでは，なぜ1989 年にこれほどまで急な変化が起きたのでしょうか．この理由を理解するには，冷戦期の東側陣営全体の変容を踏まえる必要があります．1985 年，ソ連のリ

ーダーに若手改革派のゴルバチョフが抜擢されました．彼は，過重な軍事負担と経済衰退に苦しむソ連を再生させるため，ソ連の外交政策を根本的に転換させ，東欧諸国に体制選択の自由を認めました．そして東欧に対して改革を迫り，その結果にソ連が軍事的に介入しないことを明らかにしたのです．

ハンガリー政府の決断と人口流出の始まり

ソ連のシグナルに反応し，ポーランドとハンガリーでは改革が始められます．ハンガリーでは1988年に改革派が権力を握り，翌89年5月から隣国オーストリアへの旅行制限が緩和され，さらに国境の鉄条網も撤去されはじめました．

これは東独に大きな影響を与えました．なぜなら，東独の人々は同じ東側の国であれば，ある程度自由に旅行できたからです．89年の夏になると，東独の人々はハンガリーに「旅行」し，オーストリア経由で西独への逃亡を始めました．そして9月11日，ハンガリー政府は公式に国境を開放します．東西間の移動を阻む国境線（「鉄のカーテン」）が破れたのです（図3・破線矢印部分参照）．

しかしこのときまで，東独政府はポーランドやハンガリーと対照的に，改革を拒絶し続けていました．89年末までに3万人がハンガリー経由で西に亡命し，このなかには高度な教育を受けた若い人々が多数いました．出国を選んだ人々は，頑なな自国政府に見切りをつけ，自分のこれまでの生活を捨てて西側での暮らしを選びました．史料2の「友だち」の行動も，この抗議の一種として理解することができます．こうした行動は「足による投票」ともいわれます．

難民問題の発生

その後東独政府はハンガリーへの旅行を認めなくなります．すると，人々はポーランドとチェコスロヴァキアに行き，両国の首都にある西独大使館敷地に入り，西独への亡命を希望するようになったのです．プラハの大使館には9月末までに約4,000人が集まり，敷地は難民化した東独の人々で溢れか

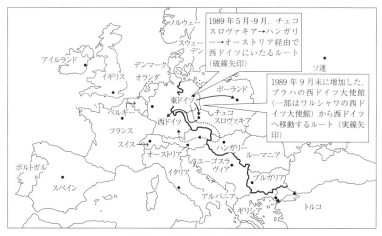

図3　鉄のカーテンの崩壊

えりました. そこで9月30日, 東独政府は難民を特別列車
に乗せて東独を通過させたうえで西独へ出国させることを認
めました（図3実線矢印部分参照）. しかし東独政府はさらな
る出国の波を止めるため, 今度はチェコスロヴァキアへの渡
航も規制しはじめました.

3. 市民社会の再生

反対派の出現（11月9日まで）

　それでは, 人の自由移動は, 東独社会にどのような影響を
与えたのでしょうか. 1989年10月になると「私たちはここ
に留まる！」と訴える反対派が存在感を増すようになりまし
た. 東欧諸国の改革やソ連の不介入, さらに「足による投票」
に勇気づけられた住民は, 自律的な「市民」としてさまざま
な結社（＝「市民社会」）を結成し, 街頭に繰り出すようになっ
たのです. そしてこのなかでも重要な役割を果たした団体が
「新フォーラム」です. 彼らの設立宣言（史料3）をみてみま
しょう.

図4　1989年11月4日，ベルリンのア
　　　　レクサンダー広場で開催された
　　　　デモの光景
（Bundesarchiv, Bild 183-1989-1104-437 / Settnik,
Bernd / CC-BY-SA 3.0）

　新フォーラムは，いま起きている大量出
国が，対話を拒む後見国家への反応だと理
解していました．それゆえ，対話を通じて
国家を民主的に作り替えることが根本的な
解決策であると訴えたのです．

　89年の秋，国家と市民の緊張はますま
す高まり，10月9日には東独第二の大都
市ライプツィヒで7万人の市民がデモを繰
り広げました．このデモが平和裡に成功す
ると，ますます多くの市民が勇気をもち，
街頭に出るようになりました．11月4日には首都ベルリン
で50万人以上の市民たちが旅行や集会，報道の自由，そし
て自由選挙を要求しました（図4）．

　ただし，この時期にも出国は止まりませんでした．11月
初旬にはチェコスロヴァキアを通じて，さらに5万人の市民
が西に出国しています．市民に対し，作家クリスタ・ヴォル
フ*3は11月8日に新聞で，「同胞市民のみなさん〔……〕今
も私たちの国から離れ行く人びとは，私たちの希望の灯を弱
めてしまうのです．お願いです．みなさん，〔……〕私たち
のもとに留まってください！」（『ベルリン1989』）と訴えまし
た．人の自由移動は，民主化を訴える市民社会を再生させま
したが，同時に，東独国家の存続も危うい状況にしたのです．

*3　Christa Wolf
（1929-2011）．東独を
代表する作家．70年
代後半から東独政府に
批判的になり，89年
には，東独の民主化を
目指す市民運動に賛同
する立場から発言を続
けていた．

ベルリンの壁の崩壊とドイツ統一

11月9日，事態は一変します．この日政府は，パスポートを有している市民が特別な理由がなくても外国旅行に行けるという法改正を決定しました*4．しかし，ここで手違いが起きます．さまざまな決定が混乱のなかで行われたため，記者会見担当者も事態をよく呑み込めないまま，西ベルリンを含む全国境を越えて「ただちに，遅滞なく」旅行できると言ったのです．この会見はテレビ放送されていたため，瞬く間に東ベルリン中に広がりました．東西ベルリ

図5 11月11日，ブランデンブルク門の前のベルリンの壁
（国境開放を祝う人で埋め尽くされていた．Von Lear 21 in der Wikipedia auf Englisch, CC BY-SA 3.0, https://commons.wikimedia.org/w/index.php?curid=3692038）

ンの出入国管理所には人々が殺到し，約束されたはずの旅行の自由を要求します．国境警備兵は殺到する人々に対して持ちこたえることはできませんでした．23時30分，一人の国境警備隊長が国境遮断機を上げさせたのを皮切りに，次々と東西ベルリンの国境が開放されました．わずか一夜にして，人の自由な移動を阻んでいたベルリンの壁は崩れたのです（図5）．

*4 もともと，多くの東独市民はパスポートを持っていないため，段階を踏んで市民に旅券申請をさせる計画であった．

突然の国境開放は，改革と出国の間のバランスを破壊しました．首都ベルリンでは，多くの市民が西ベルリンを訪れました．史料4は，同年12月18日に書かれた，東ベルリン市民の証言です．

「ベルリンの壁」崩壊後の東ベルリン市民（1958年生まれ・男性・大学生）
　これらの日々は，とうとう私たちの第二の誕生になりました．どれだけ迅速にすべての人が，古い，型にはまった軌道に代えて，各人の新しい生活をはじめたかは，まったく驚くべきものでした．おそらく，わずか数日前には，新しい，はじめての現実の社会主義的な社会という理想をかかげてデモをした，その数十万人が，西の大都市の消費天国をほとんど襲撃したのです．カセットレコーダーを積む人，バナナを運ぶ人，国境通過所とアウトバーンでの自動車の長い列．
　——ベルリンは中部ヨーロッパ最大の都市になったのです．　　　（『ベルリン1989』）（史料4）

急激な変化に戸惑いや批判の気持ちをもちつつも，東側の

市民は西側の物質的な豊かさに圧倒され，魅了されました．東ベルリン市民の生活が，西と融合しはじめ，さらに今度は首都で大規模な人口流出が再び始まります．こうした状況では，市民にとっては，東独を立て直すことよりも，西との統一こそ目下の問題を解決するかのように思われたのです．

翌90年3月には東独で初の自由選挙が行われ，即時統一を掲げるグループが勝利を収めます．民主化のために戦った市民の声は統一を求める声にかき消され，1990年10月3日，東独は5つの州と統一されたベルリン市として，新たに西独（ドイツ連邦共和国）に加盟しました．

ソ連の方向転換と東欧で連鎖的に起きる民主化によって「鉄のカーテン」が破れ，さらに「足による投票」や市民社会による抗議によって，移動と旅行の自由は達成されました．しかしその後，自由な移動を求めるうねりは，東独国家そのものを崩壊させ，統一ドイツを創り出したのです．

4. 移動の自由の進展？　それとも後退？

東独市民たちは，移動の自由を求め，行動に移すことで，後見人のように振る舞う国家を平和的に倒し，さまざまな自由を勝ち取りました．さらにヨーロッパでは国境を越えた人の自由な移動も保障されてゆきました．しかし，シリア難民危機やコロナ危機を通じて，欧州各国では再び国境管理を復活させる動きが現れています．

感染症が世界的に広がった2020年以降，移動や旅行の自由に対する制約は，私たちにとって過去や遠い地域だけの問題ではありません．危機に際して，移動の自由はどのような制約を受け，反対に，移動の自由を求める人々の行動は社会をどのように変えるのでしょうか．

情報ガイド
・ウルリヒ・メーラート（伊豆田俊輔訳）『東ドイツ史——1945-1990』（白水社，2019 年）
  政治史を中心にしたスタンダードな通史．
・アンドレアス・レダー（板橋拓己訳）『ドイツ統一』（岩波新書，2020 年）
  1989 年の東独崩壊から，1990 年の東西統一の過程をコンパクトに叙述する．入門書として必読．
・ドイツ連邦共和国大使館・総領事館「ドイツ統一までの道のり」 https://japan.diplo.de/ja-ja/themen/politik/schritte-mauerfall/983892?openAccordionId=item-923414-1-panel
  このサイトの小冊子『平和革命から統一へ』は，豊富な図版を使って 89/90 年の出来事を解説しており，授業用資料などの作成に有用．

アメリカの公民権運動

中條　献

> 300年にもわたり，私たちは待ち続けてきた．もう疲れきってしまい，うんざりすること自体に，うんざりしている．私たちは変化を求めている．このアメリカという社会の変化を，だ．〔……〕「夜明けの薄明かりのなか，われわれが誇り高く掲げるあの国旗が見えるだろうか」と謳う私たちの国の国歌を，子供たちに歌わせることはできない．そもそも，私たちには掲げるものなどあるのか．真実だけが私たちを自由にするからこそあえて言うが，この社会全体が病に冒されている．
>
> （ファニー・ルー・ヘイマーの演説，ニューヨーク市ハーレムの教会，1964年12月）

*1　1964年大統領選挙の民主党全国大会で発言するファニー・ルー・ヘイマー．

　怒りの声をあげているのは，アメリカ合衆国（以下，アメリカ）の南部ミシシッピ州で貧しい小作農民の家に生まれた女性ファニー・ルー・ヘイマーです．ヘイマーは幼少期から40年近くに及ぶ農園での労働と生活を経て，1960年代に入り，アフリカ系アメリカ人（以下，「黒人」と表記）として受けてきた偏見，隔離，差別，暴力に対して闘うことを決意します．その後，度重なる脅しや暴力にも屈せず，人種差別反対の活動に心血を注ぎ，アメリカ社会に大きな影響を与えた後に，1977年に亡くなりました*1．

ミシシッピ州憲法　（抜粋）
第8条　教育
　　207節：白人と黒人の子供には人種別に分離された学校が設けられなくてはならない．〔……〕
第12条　選挙権
　　241節：当州に居住する21歳以上のすべての男性で，〔……〕法に基づき要求されるすべての税を納入した者は，〔……〕有権者の資格をもつ．〔……〕
　　243節：当州に居住する21歳以上から60歳以下のすべての男性に対して，〔……〕一人当たり2ドルの人頭税を課すものとする．〔……〕
　　244節：有権者は，本法で規定される諸資格に加えて，当州の憲法のいかなる条項をも読み，

その内容を理解して適切な解釈ができなければならない. 〔……〕

第14条　総則

263節：白人と黒人，もしくは白人と，黒人の血が8分の1以上混じった者との結婚は違法かつ無効である. 〔……〕

(1890年11月1日採択)

1. 奴隷制廃止後の人種隔離と差別

　ヘイマーの地元ミシシッピ州で制定された州憲法 (1890年) は黒人差別を色濃く反映したもので，人種分離された学校，選挙権行使のための「資格」，そして異なる人種間の結婚の禁止を定めています. 第12条では，選挙権を成人男性に限定したうえで (女性参政権は1920年に実現)，一律2ドルの税金や憲法解釈の能力を有権者に要求し，貧しくて教育を受ける機会の少なかった黒人の選挙権を実質的に奪っています. 20世紀に入ると，アメリカ南部の他州も，これにならって人種差別的な憲法を制定していきました.

　17世紀以降，奴隷としてアフリカ大陸から強制連行された黒人は，南北戦争の結果として達成された1865年の奴隷制廃止後も南部で小作農民として貧しい生活を強いられ，あらゆる施設においては法律によって人種的に隔離され，選挙権を奪われ，暴力の標的とされました (図1). この状況は20世紀半ばにいたっても続いており，「うんざり」していたのはヘイマーだけではありませんでした. 本講では，このようなアメリカの人種差別制度に抗議して立ち上がった黒人大衆の運動，公民権運動について考えてみましょう.

2. 運動の高まりと非暴力直接行動

　公民権運動は，1950年代半ばに南部の都市部から始まりました. 座席が人種隔離された市営バスに反対するバス乗車

図1　南北戦争時（1865年頃）のアメリカの南部諸州

■ 奴隷制度が存在した州（南部）
■ 奴隷制度が存在しなかった州
■ 奴隷制度が存在したが，南北戦争で連邦軍（＝北軍）の側についた州
　アメリカ合衆国に編入されていない地域

ミシシッピ州

（奴隷制度は18世紀以後，農業生産のさかんだった南部地域で拡大し，南北戦争の原因となったが，南部諸州の敗北により廃止された）

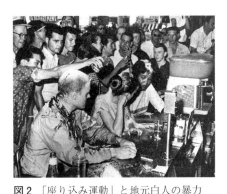

図2　「座り込み運動」と地元白人の暴力

（ミシシッピ州ジャクソン，1963年．「白人専用」のランチ・カウンターに座り込んだ運動の参加者に，飲み物やケチャップをかける地元の白人たち．殴る，蹴る，タバコの火を押しつける者もいた．警察は，店内で座り込んでいる彼らについて，「法に違反している」にもかかわらず故意に見過ごし，参加者に対する暴力を促すこととなった）

＊2　キング『バーミンガム刑務所からの手紙』，1963年．

ボイコット，ランチ・カウンターでの人種隔離に抗議する座り込み（図2），選挙権行使のためのさまざまな教育と啓蒙の活動，街頭デモ，集会など，黒人大衆による抗議行動は多岐にわたり，広く南部各地で展開されるようになります．こうした運動に反発する地元の白人による暴力も頻発しますが，運動の参加者たち——南部以外の地域から運動に参加した白人もいます——は，「非暴力」の姿勢を貫きました．

このとき運動の核にあったのは「非暴力直接行動」という戦略です．指導者マーティン・L・キング牧師によれば，「非暴力直接行動は，交渉や話し合いを拒絶しつづける社会において，あえて危機的な状況や緊張状態を創り出す」ことを目的としていました＊2．つまり，理不尽で不当な法制度に対する不服従の意志を非暴力の直接行動で示し，問題をあぶり出そうとしたのです．

高まる大衆運動と国内外の世論を目の当たりにして，アメリカ政府も対応を迫られました．アメリカ議会では，差別と隔離を禁止する公民権法案の審議が始まり，その成立を要求する人々の声は，首都ワシントンにおける25万人ともいわれる参加者による大規模な行進と集会に結実します（図3）．こうして成立した二つの重要な法律が，1964年公民権法と1965年投票権法です．前者では，「すべての人が，人種，肌

の色，宗教，出身国を理由に差別や隔離をさ
れることなく」公共施設を利用し，そのサー
ビス等を平等に享受できる，と定めています．
また，雇用においては，上記の条件にさらに
男女の性別を加えたうえで，それらを理由に
した差別が禁じられ，被害者の訴えにより違
反が認められた場合，裁判所は違反者に対し
て「積極的差別是正措置」*3 を命じることが
可能になりました．さらに投票権法において
は，読み書き能力や憲法解釈のテストなど，
黒人の選挙権行使を妨害するために基準を設
けることが，すべて禁止されました．

図3　ワシントン大行進
(1963 年 8 月．キングの「私には夢がある」
という演説が有名になった)

3. 運動の新たな局面

　一定の法的な成果をあげた公民権運動ですが，1960 年代
半ば頃から新しい思潮や動きが拡大していきます．若い世代
に大きな影響を及ぼしたマルコム・Ｘが黒人たちに向けて語
った言葉と思想からは，それまでの公民権運動ではあまりみ
られなかった主張を読み取ることができます．

*3　歴史的あるいは
社会構造的な差別を受
ける人々や集団に対し
て実質的な平等を保障
するためのさまざまな
具体的措置．日本のポ
ジティブ・アクション
がおおよそこれに該当
する．

　問題に真正面から取り組み，非暴力の敵に対しては非暴力だが，敵が暴力を仕掛けてくるとき
には暴力で立ち向かえる人．われわれはこのような人たちとならば，いつ，どこにおいても共に
闘うだろう．〔……〕
　私自身は人種統合など信じていないし，気にもかけていない．どうせ実現などしないからだ．
〔……〕しかし，あなたたちが人種隔離された学校に反対してボイコットをするならば，われわ
れも協力しよう．〔……〕
　白人は，自分たちの学校，銀行，経済，政治，その他すべてを自分でコントロールしている．
そのうえ，黒人たちのものまで支配している．隔離されていることの真の意味は，黒人とそのコ
ミュニティがよそ者に支配されているという事実にある．〔……〕自分たちのものは自身で統御
しなくてはならない．白人がそうしているように，黒人もみずからのものをコントロールするの
だ．〔……〕　　　　　　　　　　　（マルコム・Ｘの演説，クリーブランド，1964 年）

　このようなマルコムの主張に呼応して，「ブラック・パワ

図4　ブラック・パワーの叫び
(1968年10月，メキシコで開催された
オリンピックの男子200mで金・銅メ
ダルを獲得したT・スミスとJ・カルロ
スは表彰台に靴を脱いで上がり，アメ
リカ国歌が流れる間，黒い手袋をはめた
腕を突き上げ（「ブラックパワー・サリ
ュート」と呼ばれる行為），下を向いた
ままで，自国の人種差別に対する抗議の
意志を世界中の人々に示した)

一（黒人に権力を）！」というスローガンが若い世代の黒人たちに広がり，運動も先鋭化していきます（図4）．また，黒人としての強い自覚のもとに，「ブラック・イズ・ビューティフル（黒は美しい）！」という意識に基づく文化面での活動もさかんになりました．こうして多方面にわたる成果をあげた公民権運動は1970年代に入ると勢いが弱まりますが，その後の黒人の政治・社会的な地位を高め，彼らの自己意識を大きく変革しただけでなく，アメリカにおける他のマイノリティ集団にも影響を与えました．

4.　大衆の運動

　公民権運動は，しばしば著名な指導者——キング牧師やマルコム・X——の活動と功績を通して説明されますが，重要な点は，無名の黒人大衆が次々と立ち上がって運動を広げていったという事実です．黒人の解放に生涯を捧げ，運動を底辺から支えた女性エラ・ベイカーの言葉に耳を傾けてみましょう．

> 　指導者の周りに人々を集めるのではなく，グループのなかから指導的な役割を担う人を次から次へと生み出していくことが重要です．言い換えれば，人々がカリスマ的な指導者に頼るのではなく，彼ら自身のなかから指導的役割を生み出せるようにすることです．〔……〕私なりの表現で言えば，指導者に引っ張られるグループではなく，グループに根を張るリーダーシップなのです．
> 　　　　　　　　　　（エラ・ベイカーへのインタビュー，1968年）

　ベイカーが設立（1960年）に尽力し，運動の中心を担った学生組織SNCC*4は，メンバー各自の自主性を重んじるとともに，一律の運動形態にこだわることなく，南部各地の現状に基づいた抗議行動を展開しました．また，デモや行進など直接行動を実施するにあたっては，参加者たちは事前の準備と研修を入念に行い，警察や敵対する人々からの暴力にも

*4　Student Nonviolent Coordinating Committee（学生非暴力調整委員会）は，学生が主体となって設立した組織．公民権運動の最前線で非暴力直接行動を実践した．

参加者自身が冷静に対処することで，非暴力の戦略を貫くことができたのです．ベイカーはまた，公民権運動が男性によって主導され，組織の内部で女性の声や主張が軽視されていることに対しても，批判の声をあげ続けました．

5. グローバルな視点

　公民権運動が広がりはじめた 1950 年代半ば，世界はアメリカ合衆国とソビエト社会主義共和国連邦の対立を軸とする冷戦の最中にありました．「自由世界」の代表を自任するアメリカで露骨な人種差別が存在するという事実は，アメリカ政府にとって国際政治の観点からも都合が悪く，人種問題の一定の改善に取り組まざるをえなかったのです．その一方で冷戦の影響により，運動の参加者に対しては，「共産主義者の手先」であるという非難が，しばしば浴びせられました．

　1960 年前後のアフリカ大陸における植民地独立の動きも，運動に大きな影響を与えました．そもそも，アメリカ合衆国に黒人が存在するのは，16 世紀以後，ヨーロッパがアメリカ大陸を植民地化した後に，農業労働力としてアフリカから多くの人々を奴隷として連行してきたからです．南北アメリカ大陸の広大な地域では，奴隷の労働力がヨーロッパや独立後のアメリカ合衆国に莫大な利潤をもたらしました．こうした事実は，南北アメリカ大陸の黒人たちが，大西洋を挟んだアフリカ大陸の人々と大きな苦難の歴史を共有していることを示しています．

　1960 年の 1 年間だけで，アフリカでは 17 の国家が植民地からの独立を遂げ，公民権運動に大きな影響を与えました．マルコム・X，キング牧師，ヘイマー，SNCC のメンバーなど，公民権運動の活動家の多くがアフリカを訪問して現地の独立の指導者層と会い，さまざまな情報や思想的な啓発を受けています．再びマルコム・X の言葉を引用します．

> アフリカの植民地化と，アメリカの黒人が長期にわたりみずからを取り巻く苦境に納得してしまった事実．これら二つを切り離して考えることはできない．アフリカが革命を通して独立を達成したのであれば，われわれも差別に反対する闘いを次の段階に発展させることになるだろう．
>
> （マルコム・Xへのインタビュー，1965年）

　さらには，アメリカによるベトナムへの大規模な派兵と爆撃についても，国内の人種問題と結びつけて批判する声が出てきます．ヘイマーは，アメリカの軍事介入を「ベトナムにおける人種差別的な戦争」（ヘイマーの演説，1969年）と呼び，キング牧師やマルコム・Xもアメリカの対ベトナム政策を糾弾しました．グローバルな視点から公民権運動を捉えるこうした理解は，当時は広く共有されることはありませんでしたが，公民権運動をアメリカという一国の枠組みのなかだけで捉えることはできないという意味で，とても重要だといえるでしょう．

6. 現代社会とマイノリティ

　公民権運動は他のマイノリティ集団の社会的地位や自己意識にも大きな影響を与え，「アメリカは多様な人々からなる社会だ」という認識も浸透していきました．そして2008年には，バラク・オバマが黒人として初めての大統領に選出されます．しかし，人種や民族などにもとづく偏見と差別は，その形を変えながらも社会に根強く残っています．特に，経済的な貧富の格差が拡大するアメリカ社会のなかで，近年の人種問題は複雑な様相を示しています．

　2020年5月，ミネソタ州ミネアポリスで起きた白人警察官による黒人男性への暴力行為と殺害をきっかけに，「ブラック・ライブズ・マター」*5 と呼ばれる抗議と抵抗の運動が世界に知られるところとなりました．公民権運動を経て人種問題が改善したとされるアメリカで，いまなお続く差別に抗議

*5　英語では「Black Lives Matter」（黒人の命は大切だ）．頭文字をとって「BLM運動」とも呼ばれる．

するために，多くの人々が再び声をあげはじめて
いたのです（図5）．つまり，BLM の動きは，公
民権運動も含む大衆的な抵抗運動の歴史のなかに
位置づけられるといえます．さらにこの運動は，
移民や外国人労働者に対する差別と偏見が増して
いるヨーロッパ各地にも影響を与えています．

図5 BLM の抗議デモ
（ニューヨーク，2016 年）

　最近では「レイシズム（人種主義）」という言葉が日本でも
使われるようになってきましたが，これは社会における少数
派の人々に対する偏見と差別を表す用語であり，決してアメ
リカ合衆国やヨーロッパの問題に限られるものではありませ
ん．私たちの生きる日本の社会においてもレイシズムは存在
します．グローバル化する社会のなかで，世界で起きている
出来事からみずからを問い直すことが大切だと思います．

情報ガイド
・辻内鏡人・中條献『キング牧師——人種の平等と人間愛を求めて』（岩波ジュニア新書，
　1993 年）
　　　公民権運動の指導者マーティン・L・キング牧師の生涯と活動を通して，彼の思想と運動全体の流
　　れを追っている．
・コーネル・ウェスト（クリスタ・ブッシェンドルフ編，秋元由紀訳）『コーネル・ウェス
　トが語るブラックアメリカ——現代を照らし出す 6 つの魂』（白水社，2016 年）
　　　現代の著名な黒人思想家コーネル・ウェストが，エラ・ベイカー，キング牧師，マルコム・X を含
　　む，歴史的に大きな影響を与えた 6 人の黒人社会活動家について論じた本．
・ラウル・ペック監督・脚本，ジェームズ・ボールドウィン原作『私はあなたのニグロで
　はない』（DVD，2018 年）
　　　黒人作家ジェームズ・ボールドウィンの同名の原作をもとに，公民権運動の時代から現在にいたる
　　までのアメリカにおける人種差別を描くドキュメンタリー映像作品．

パレスチナ問題

鈴木啓之

> 大きなトラックがぼくの家の戸口に停った．高熱にうなされでもしたかのような狂おしさで，そのトラックに簡単な寝具類が次々と投げこまれた．
>
> ぼくは自分の家の古い壁に背をもたせかけて，君の母さんがまずはじめに，次に君のおばさん，それから小さい子供たちの順でトラックに乗るのを見ていた．君の父さんは，君と君の弟たちをトラックの荷物の上にほうり上げた．それからぼくも，自分が立っていた片隅からひき出されて，君の父さんの頭の上にのせられ，トラックの屋根の上のちょうど運転手の頭の上あたりの，鉄の柵をめぐらした中に入れられた．そこにはすでにぼくの弟のリヤードが，ひっそりと坐っていた．身体をいい具合に落ち着ける暇もなく，トラックは動きはじめた．ぼくが好きだった町，アッカー*1 は，ラース・ナークーラ*2 へ通じる坂道の角を曲るたびに，しだいにその姿を掻き消して行った． （カナファーニー『ハイファに戻って／太陽の男たち』107-108 頁）

*1 パレスチナ北部の港湾都市．十字軍が築いた要塞があり，「アッコン」とも表記される．

*2 レバノンとの国境に隣接するパレスチナ最北部の港町．

*3 カナファーニー（1936-72）パレスチナ出身の作家．代表作に「ハイファに戻って」や「太陽の男たち」がある．

これは，小説「悲しいオレンジの実る土地」の一節です．作者のガッサーン・カナファーニー*3 は，1936 年にパレスチナに生まれ，1948 年のイスラエル建国によって難民になりました．彼と同じように，およそ 70 万のアラブ人が，このときにパレスチナを追われました．

いま，世界にはおよそ 8,000 万人の難民がいます．このうち 600 万人ほどが，パレスチナ出身のアラブ人，つまりパレスチナ人です．パレスチナ人はなぜ難民になったのでしょうか．そして，どうしてその子や孫までがいまも難民のままなのでしょうか．この講では，植民地支配と脱植民地化の動きをヒントに，パレスチナ問題の展開を考えていきましょう．

1. 帝国の解体と地域の再編

19 世紀から 20 世紀の初めにかけて，世界は大きな再編の

時代を迎えていました．オーストリア＝ハンガリー帝国
（1867-1918 年）やオスマン帝国（1299-1922 年）といった旧来
の帝国が解体されていく一方で，イギリスやフランスなどに
代表される新たな植民地帝国が勢力を広げていきました．第
一次世界大戦（1914-19 年）に敗北したオスマン帝国の領土は，
イギリスとフランスによって分割されます．国際連盟の承認
を受ける形で，イギリスは地中海東岸からメソポタミア（イ
ラク）までを委任統治領として管理することになりました．

　第一次世界大戦のなかで，イギリスは戦況を有利にするた
めに，さまざまな密約や協定を結びました．しかし戦争が終
わると，それぞれの約束を調整する必要に迫られます．サイ
クス・ピコ協定（1916 年）を下敷きにしてフランスと管理地
域を分け，そこにフセイン＝マクマホン書簡（1915 年）で約
束したアラブ人の王国として，イラクとトランスヨルダン
（ヨルダン）の建国を認めました．こうした作業によって，現
在のヨルダンやイラク，シリア，レバノンといった国の形が
ほぼ作られていきます．そして，ヨルダン川と地中海に挟ま
れたパレスチナには，ユダヤ人が移住（入植）することを許
しました．これは以下のバルフォア宣言（1917 年）での約束
を実行するためでした．

> イギリス政府は，パレスチナにユダヤ人のための民族的郷土を建設することを好意的に受けとめ，
> この目的の実現を容易にするために，あらゆる努力をするであろう．ただしその場合，以下のこ
> とは理解されなければならない．パレスチナに現存している非ユダヤ人社会の市民的・宗教的権
> 利や，他のあらゆる国々に住むユダヤ人が享受している政治的な権利や地位を侵害しうるような
> ことは，一切行われてはならないということである
> 　　　（「バルフォア宣言」，1917 年 11 月 2 日．エリアス・サンバー（飯塚正人監修，
> 　　　福田ゆき・後藤淳一訳）『パレスチナ――動乱の 100 年』創元社，2002 年，138 頁）

　バルフォア宣言に「パレスチナに現存している非ユダヤ人
社会の市民的・宗教的権利」という言葉が書かれているのは，
改めて注目に値します．なぜなら，冒頭にみたようにパレス
チナにそれまで住んでいた非ユダヤ人，つまり多くのアラブ

人が，最終的には権利を奪われ，難民になっていくからです．

2. シオニズムと植民地主義

　イギリスの統治が始まる前から，パレスチナには「シオニズム」[*4]の思想に導かれたユダヤ人が移り住むようになっていました．このシオニズムが，ユダヤ人の国であるイスラエルの建国を実現することになります．シオニズムの背景には，ヨーロッパ諸国での反ユダヤ主義の動きがあります．フランスやドイツ，ポーランドなどで，ユダヤ人を排斥する動きが起きました．そうした迫害は，最終的にナチス・ドイツによるホロコーストで頂点に達します．ヨーロッパでは，およそ600万人のユダヤ人が，ホロコーストのなかで殺害されました．

　一方で，イギリスやフランスの中東進出は，東方問題[*5]と密接に関連した，植民地主義の動きでした．その助けを借りたユダヤ人の入植も，現地のアラブ人にとっては，植民地主義の動きにほかなりませんでした．この点について，イスラエル人の歴史家イラン・パペは，「イギリスがパレスチナを占領する1918年までに，シオニズムは民族主義（ナショナリズム）のイデオロギーと植民地主義（コロニアリズム）の実践を融合した」と言っています（イラン・パペ（田浪亜央江・早尾貴紀訳）『パレスチナの民族浄化』法政大学出版局，2017年，28頁）．イスラエル建国には，まずユダヤ人のパレスチナへの入植が不可欠でした．しかし，これによってパレスチナでは先住者のアラブ人と新たに移住してきたユダヤ人との間で対立が激しくなり，地域としての一体性が失われていくことになります．

　1947年にイギリスはパレスチナの将来を国際連合に委ね，国連総会ではパレスチナ分割決議（総会決議181号）が採択されます．その後，パレスチナでは内戦に近い状態になり，一部には実際に攻撃を受けて，また一部には攻撃の話を聞いて，

*4　ユダヤ人の国を作ることを目指す政治思想．フランスでドレフュス事件（1894年）を取材していたブダペスト生まれの記者テオドール・ヘルツルが提唱者として有名．

*5　オスマン帝国の弱体化に伴う，ヨーロッパ列強諸国による中近東での覇権争いを指す．特にイギリスとフランスは，中東に保護国や植民地を設けて，積極的に進出した．

アラブ人が域外に逃れていきました。また、翌年1948年5月にイスラエルが建国を宣言すると、近隣アラブ諸国との戦争（第一次中東戦争）が起き、さらに多くのアラブ人が難民になりました。一方で、ヨーロッパや中東諸国からは、新国家イスラエルへとユダヤ人が移住していきました。そのなかには、戦火を逃れてイスラエルにたどり着いた人々も少なくありませんでした。

図1　パレスチナ難民の移動と現在の人口

ポストコロニアリズム*6の代表的な思想家であるエドワード・W・サイードは、「シオニズムは、19世紀ヨーロッパの植民地主義と諸観念を共有していたにも拘わらず、その植民地主義のたんなる再現ではなかった」*7と言っています。「植民地主義のたんなる再現ではなかった」というのは、シオニズムによってパレスチナの住民が人為的に入れ替えられたからです。つまり、先住者のアラブ人が追放され、それと入れ替わるようにユダヤ人の移民がパレスチナに移り住んでいきました。表からも、1948年のイスラエルの建国と前後して、パレスチナに住む人々の人口比が大きく変化していることを読み取ることができます（表1）。

3. 中東の脱植民地化

第二次世界大戦の後も、中東では戦争が続きました。1956年にはスエズ戦争*8が起き、ナセル大統領*9率いるエジプ

*6　文化や価値観における植民地主義支配の影響を批判的に捉える学問体系。サイードのほかに、フランツ・ファノンやガヤトリ・スピヴァクなどが有名。

*7　サイード（杉田英明訳）『パレスチナ問題』みすず書房、2004年、125頁。

*8　「第二次中東戦争」とも呼ばれている。エジプトのナセル大統領が、スエズ運河の国有化を宣言し、この運河の管理を続けてきたイギリス、そしてフランスがエジプトを攻撃した。この戦闘に、イスラエルも英仏側で参戦したが、最終的に米ソ両国が停戦を強く求めたことで、停戦となった。これによって英仏の中東からの撤退が決定的となったことか

表1　パレスチナ／イスラエルに住む人々の人口比

	1922 年	1931 年	1950 年	1970 年	1995 年	2020 年
アラブ人（パレスチナ人）	67 万人	86 万人	117 万人	105 万人	351 万人	703 万人
ユダヤ人	8 万人	17 万人	120 万人	258 万人	450 万人	687 万人
総人口に対するユダヤ人の割合	11%	17%	51%	71%	56%	49%

ら，エジプトが外交的に勝利したといわれることも多い．

*9　ナセル（1918-70年）．1952 年の自由将校団のクーデタに参加し，1956 年に大統領に就任した．冷戦期には，米ソのいずれの陣営にも参加しない「第三世界」のリーダーの一人として活動した．

トがイギリスとフランスに外交的な勝利を収めました．この戦争を契機として，旧植民地主義勢力のイギリスとフランスは，中東地域からの撤退をさらに進めていきます．イギリスは 1960 年代末に「スエズ以東」からの軍事撤退を表明し，アラブ首長国連邦（UAE）やカタール，オマーンなどの湾岸アラブ諸国が次々と独立していきました．この脱植民地化の動きは北アフリカでも起き，フランス植民地アルジェリアでは独立戦争（1954-62 年）によって独立が達成されました．しかし，こうした変化のなかにあっても，パレスチナ難民の帰還は実現されませんでした．

4. 国際社会とパレスチナ人

*10　この戦争で，イスラエルはシリア領のゴラン高原，ヨルダン領の東エルサレムを含むヨルダン川西岸地区，エジプト領のシナイ半島，およびガザ地区を占領した．国連では，占領地からのイスラエルの撤退を求める安保理決議 242 号が採択された．

　パレスチナ人が，故郷解放の取り組みを始めるのは，1960 年代の後半に入ってからのことです．第三次中東戦争（1967 年）*10 でのアラブ諸国の敗北が，大きな契機になっていました．アラブ諸国に頼ったままでは事態が打開されないと考え，一部のパレスチナ人は武器をとりました．1960 年代後半になると，パレスチナ人を代表する組織であるパレスチナ解放機構（PLO）の活動も，活発になっていきました．

　PLO に参加する組織の一つであるパレスチナ解放人民戦線（PFLP）は，1972 年 5 月に日本赤軍の日本人メンバー 3 人によるイスラエル空港（ロッド空港）襲撃を計画，実行しました．同じ年の 9 月には，西ドイツ（当時）のミュンヘンで開催されていたオリンピックに参加中のイスラエル選手団をパレスチナ人の武装グループが襲撃し，選手とコーチ 11

人を殺害しました．こうした一連のゲリラ行為を「テロ」と
みなして，イスラエルは国軍による大規模な武力行使を続け
ていきます．PFLP に参加していたカナファーニーが暗殺さ
れるのは，1972 年 7 月のことです．ロッド空港襲撃に対す
る報復であったといわれています．

1973 年の第四次中東戦争では，アラブ諸国による石油戦
略の発動が，パレスチナ問題への国際的関心を高めました．
石油危機の発生によって，世界的に経済不況が起きたからで
す．日本でも，二階堂進官房長官が談話を発表し，パレスチ
ナ人の自決権への支持，さらには「今後の諸情勢の推移いか
んによってはイスラエルに対する政策を再検討せざるをえな
いであろう」という文言で，明確にパレスチナ人とアラブ諸
国を支持する姿勢を示しました[*11]．

こうした国際的な注目に力を得て，PLO 代表のヤセル・
アラファト[*12] は，1974 年に国連総会の場に招かれます．

*11　中東問題に関す
る二階堂官房長官談話
［1973 年 11 月 22 日］，
奈良本英佑『パレスチ
ナの歴史』，232 頁．
*12　アラファト
（1929-2004 年）．PLO
議長（1969-2004 年），
パレスチナ暫定自治政
府初代大統領（1994-
2004 年）を務めた．

（ウェブサイト：UN
Multimedia）

> 今日，私はオリーブの枝と自由の戦士のための銃をここに携えてきました．どうか私の手からオ
> リーブの枝を落とさせないようにして下さい．
> 　　　　　　　（アラファトの国連総会演説の一節，立山良司『イスラエルとパレスチナ——
> 　　　　　　　　　　　　　和平への接点をさぐる』中公新書，1989 年，180 頁）

PLO は，国連総会にオブザーバーとして参加する資格を
得て，パレスチナ人の代表として国際的に認知されるように
なりました．レバノンにあった PLO の拠点に対して，イス
ラエルが大規模な攻撃を行うのは 1982 年のことです（レバ
ノン侵攻）[*13]．軍事的に敗北した PLO は，このあと政治的な
交渉に望みをつなぐことになります．

5. オスロ合意の署名と遠い和平

オスロ合意（1993 年）の署名によって，イスラエルと PLO
は，政治的な交渉を進めていくことを約束しました．イスラ

*13　当初の計画を越
えてレバノンの首都ベ
イルートまで侵攻した
イスラエル軍は，PLO
の完全な排除を目指し
た．PLO の主力部隊
が撤退したあとのベイ
ルートでは，パレスチ
ナ難民キャンプでの虐
殺事件（サブラー・シ
ャーティーラー虐殺事
件）も発生している．
パレスチナ人勢力と対
立していたレバノンの
民族主義民兵集団カタ
ーイブが，イスラエル
軍の包囲した 2 つの難
民キャンプに侵入し，
難民を多数殺害した．

エル占領下のヨルダン川西岸地区とガザ地区で，大衆蜂起イ
ンティファーダが1987年以降続き，世界の耳目が再びパレ
スチナに向けられるなかでの出来事でした．オスロ合意の翌
年，ヨルダン川西岸地区の一部とガザ地区で，パレスチナ人
の暫定自治が始まります．アラファトなどPLOの一部の幹
部たちは，故郷に帰還し，自治政府の要職に就きました．し
かし，2000年代に入る頃には，交渉が停止してしまいます．
　オスロ合意では，交渉が難しい「最終的地位」と呼ばれた
さまざまな課題，たとえば難民の帰還権承認やエルサレムの
帰属，入植地の処遇，国境の画定などが，将来の交渉に委ね
られていました．そのため，交渉が進むにつれて，難題にぶ
つかる状態に陥りました．「暫定」であったはずのしくみや
取り決めが，そのまま30年近く続いています．さらに，イ
スラエルによる入植地の拡大や分離壁の建設などが進み，一
方のパレスチナ自治区では政府が二つに分裂することで，和
平交渉の再開が難しい状態になっています．

6. より望ましい解決を探して

　2020年1月に，ドナルド・トランプ米大統領は，「世紀の
取引」という名前で，パレスチナ問題の新しい解決策を示し
ました．そこには，世界には7,000万人（当時）を超える難
民がいるので，パレスチナ人ばかりを優遇することができな
い，つまりパレスチナ難民の帰還権は認められないという内
容が書かれていました．しかし，こうした矛盾や公正さを欠
く政策によって，パレスチナ問題が長期化してきたことに，
改めて目を向けるべきです．たとえば，カナファーニーが過
ごしたレバノンには，いまもおよそ48万人のパレスチナ人
が難民として生活しています．力による現状の追認ではなく，
より望ましい解決のあり方が，今後も模索されていく必要が
あります．

情報ガイド
・ガッサーン・カナファーニー（黒田寿郎・奴田原睦明訳）『ハイファに戻って／太陽の男たち』（河出文庫，2017 年，初版〔双書版〕1978 年）
　　自身もパレスチナ難民である作家カナファーニーが描いたナクバの記憶．小説ではあるが，故郷を失うことの意味を問いかけてくる．
・エドワード・W・サイード（島弘之訳）『パレスチナとは何か』（岩波現代文庫，2005 年）
　　1970 年代末から 80 年代にかけて，中東各地のパレスチナ人を映した写真に，サイードが文章を添える．一読すると難解だが，ヒントに溢れた一冊．
・臼杵陽『世界史の中のパレスチナ問題』（講談社現代新書，2013 年）
　　世界史のなかにパレスチナ問題を位置づける．巻末の読書案内が便利．
・川上泰徳『シャティーラの記憶——パレスチナ難民キャンプの 70 年』（岩波書店，2019 年）
　　レバノンに暮らすパレスチナ難民 150 人近くにインタビューした力作．

アメリカの環境運動

小塩和人

> 「かつてアメリカのまん中に，すべての生き物が環境と調和して生きているような町がありました．碁盤目に広がる豊かな田畑の中央に町があり，周囲には穀物畑があり，山腹には果樹園がありました．春には白い花々が緑の原の上でゆらゆら浮かぶように咲き乱れていました．」しかし「いま農場ではめんどりが卵を産んだのに，ひなはかえりません．農夫はブタがちっとも育たないと不平を言います．小さく産まれるうえに，たった数週間で死んでしまうからです．りんごの花は咲きそろったのに，ハチの羽音が聞こえません．花粉が運ばれないので，りんごは実を結ぶことがないでしょう」．
>
> （『沈黙の春』）

1. 化学物質は健康を守るのか

*1 レイチェル・カーソン（1907-64年）．環境活動家．

『沈黙の春』は，1962年に出版されたレイチェル・カーソン[1]の著書です．DDT（ジクロロジフェニルトリクロロエタン，日本では1971年に農薬登録が失効）をはじめ，かつて使われていた有機塩素系の殺虫剤や農薬などの化学物質の危険性を，鳥たちが鳴かなくなった春という象徴的な例を通して訴えました．DDTといえば，日本人には終戦直後の子供たちが頭から大量の白い粉をかけられる映像でなじみ深いでしょう．チフスなど命にかかわる感染症を媒介するケジラミを駆除するために進駐軍が用いたもので，当時の日本人の健康を守るうえで大きな役割を果たしました．DDT散布を受ける兵士の写真も残されています[2]（図1）．

*2 殺虫剤であるDDTは大量生産が可能で少量で効果があり，かつ人間にも動物にも無害だと考えられていたため，広く使われた．第二次世界大戦中に米軍が戦場に散布していたものを衛生状態の悪い戦後日本で使用し，状況改善後は，農業用の殺虫剤として1971年まで利用された．

カーソンの論文は，1962年6月に『ニューヨーカー』というニューヨークのインテリ層が好んで購読する雑誌に掲載されました．こうして始まった連載記事が，同年9月27日

に単行本として出版されました．発売されて半年のうちにアメリカ合衆国（以下，アメリカと略）では50万部も売れ，『ニューヨーク・タイムズ』紙などのベストセラーリストに選ばれました．日本では1964年に新潮社から初めて日本語訳（青樹簗一（南原実））が『生と死の妙薬——自然均衡の破壊者〈化学薬品〉』というタイトルで出版され，近年にまで続く環境思想と運動の一源流として評価されています*3．しかし当時は，農薬化学および食品工業の会社が，すべての農薬をやめたら（彼女はそのようなことを主張していないのですが）害虫が増え

図1　DDT散布を受ける第二次世界大戦中の兵士

るとか，内容が非科学的であるとか，恣意的な引用をすることで彼女の主張をゆがめて間違いだと宣伝したのです．

　それでも本書の影響で，アメリカでは生体内に蓄積し食物連鎖により濃縮され安全性に問題が発生する可能性のある農薬には基準値が設けられ規制されました．こうした規制は先進諸国に広がりをみせ，日本でも当時は安全だと思われて牛乳に含まれていたBHC（ベンゼンヘキサクロリド）の危険性が認知され，またカネミ油症事件*4や四大公害病などの大規模公害を経て，無害だと思われていたPCB（ポリ塩化ビフェニル）の使用やメチル水銀の生物濃縮の危険性が認知され，化学物質の審査および製造等の規制に関する法律などさまざまな規制が生まれるにいたりました．このPCBは後ほどアフリカ系アメリカ人による環境正義運動のところで再度触れることになります．

＊3　最初の日本語訳は『生と死の妙薬』と題して出版されたので，『沈黙の春』とは異なる本だと考える人もいる．本書の題名は表紙の風景絵と並んで，当時の認識がうかがわれる．その後，1974年に主題を『沈黙の春』，副題を『生と死の妙薬』にして再版，2001年に新装版『沈黙の春』としていまにいたる．

『生と死の妙薬』本の表紙

図2 カリフォルニア農業労働者

2. 消費者保護か生産者保護か

DDT をはじめ，塩素化炭化水素系の農薬は，毒素の効果が長時間にわたるため，結果的に消費者が野菜や果物を口にする際，有害性が残る可能性が問題視されていました．したがって，1970 年代に使用が禁止されたのは，消費者を保護するためでした．しかし，皮肉なことにマイノリティの生活や労働環境を悪化させる結果を招くことになったのです．

その原因は，DDT 使用禁止後に使われるようになった殺虫効果の時間が短いマラチオン（マラソン），パラチオンなど有機リン系農薬でした．これらの農薬は，散布したときに猛毒性を有し，かえって農場で働く人々にとって，健康を害する確率が高くなってしまったのです．そして彼らの多くが，非合法移民あるいはヒスパニック系アメリカ人であり，低賃金労働者であったことなどから社会経済的な差別につながると批判されたのです（図2）[*5]．

また，ミシガン州では魚の消費量を州民1人あたり1日 6.5 グラムと想定して，地表水に流出させてよいとされる汚染物質の量を算出していました．ところが，州内には魚をそれ以上に食する人々がいたのです．たとえば，消費量が1日 20 グラムならば，想定の約3倍の有害物質を体内に取り込む危険性にさらされます．

事実，1990 年代にミシガン大学の研究チームがデトロイト川流域で行った調査によると，スポーツと食料獲得を目的とした釣りをする人の割合は，白人の場合は人口比約2割であったのに対して，非白人の場合は6割でした．さらに，非白人のいずれの人種においても1日あたりの魚の消費量は白

*4　1968 年，北九州市のカネミ倉庫株式会社が製造した米ぬか油に PDB などが混入し，これを摂取した人やその胎児に重度の障害が発生した食中毒事件．事件名は，中毒源の食用油が「カネミライスオイル」であったことから付けられた．1970 年に起こされた賠償請求裁判は，2015 年に最高裁判決が確定するまで続いた．

*5　カリフォルニアをはじめとしてアグリビジネスを営む多国籍企業が雇用する人々は，国外退去などの罰則を避けるため，写真に映らないように気をつけている．そのため，畑で働いている彼らが誰なのかを読み取り難いことがある．

人と比べて約5倍であることも明らか
にされました．その結果，汚染物質の
流出量を算定する基準に問題の根源が
あると指摘されたのです（図3）[*6]．

3. 環境保護はだれを守るのか

これまでみてきたように，環境浄化
を目的とする制度が，人種，民族，階

図3 デトロイト川の環境汚染

級的にすべての人を均等に守っていないとする課題がいま
も残っています．こうした問題に対して，アメリカではどの
ような解決策が模索されているのでしょうか．その答えを探
すために，再び話を『沈黙の春』に戻しましょう．たしかに
本書は，アメリカをはじめとする先進国における環境運動の
出発点として考えられています．しかし，アメリカの環境意
識や保護活動の歴史は，経済的搾取，社会的不平等との関連
性で認識されるようになってきています．つまり，緑豊かな
郊外住宅に住む白人で中流階級の科学者の英雄的な物語だけ
ではない，という気づきが大事なのです．

こうした新しい視点から環境運動を見直す待望の1冊は，
2018年にチャド・モントレーが出版した『沈黙の春の神話』
です．「環境主義」や「環境主義者」の範囲を広げ，環境史
を根本から問い直した作品として評価できます．特に，いま
気候変動に対処するための包括的で地球大の運動を構築する
ためには，必要不可欠な視点です．なぜなら気候変動は，ご
く一部のエリートだけでは解決できない大問題だからです．
グローバルな規模でいうならば，北も南も，豊かな人も貧し
い人も，多様な人々が手を携えて問題解決に向かわねばなら
ないはずです．モントレーの著書は，労働者階級，ヒスパ
ニック系やアフリカ系のコミュニティ，移民集団や女性の環境
保護活動家を紹介し，環境保護主義が単に白人による郊外で

*6 「魚釣り禁止」と
いう看板があるのに釣
り船が浮かんでいるデ
トロイト川（図3）は，
国境線であり，交通路，
娯楽の場，食料の供給
源となっている．しか
し，長年にわたる汚染
物質の垂れ流しによっ
てこの貴重な資源は脅
かされ，特に食料源と
してこの川に依存して
いる人々にとっては脅
威となっている．

の取り組みだけではなかったことを示しています．もちろん
レイチェル・カーソンの貢献を矮小化する必要はありません．
なぜなら彼女には勇気，粘り強さ，信念があるからです．む
しろ『沈黙の春』を読んで環境保護活動を始めた人々だけで
はなく，それ以外の人々の考え方や行動を思い起こすことが
大事なのです．

4. 環境正義とは何か

そこで，これまで環境保護の主流とされてきた白人エリー
トによる運動に加えて広義の（生活・労働を含む）環境問題に
取り組んでいる多様な草の根レベルの努力を簡単に紹介した
いと思います．その代表的な例が「環境正義」に関わる運動
で，米国環境保護庁は，次のように定義しています．

> 環境正義とは，環境に関する法律，規制，政策の策定，実施，施行において，人種，肌の色，国
> 籍，収入にかかわらず，すべての人が公平に扱われ，意味のある関与をすることである．この目
> 標は，すべての人が環境および健康被害から同程度の保護を受け，意思決定プロセスへの平等な
> アクセスを享受し，生活，学習，仕事をするのに適した健全な環境を手に入れたときに達成され
> る．
>
> （United States Environmental Protection Agency, "Environmental Justice."
> 3 November 2014）

＊7　本書第26講（中
條献）参照．

そもそも1960年代のアメリカでは，公民権運動＊7に参加
した活動家たちが社会正義と平等の目標を提唱しました．そ
して，この時代のコミュニティ組織や社会的価値観は，環境
正義運動に受け継がれます．そして自分たちのコミュニティ
が環境悪化の影響を不当に受け，それを是正しようとする運
動への参加を不当に拒否されていると考え，1970年代から
80年代にかけて，環境の不正義に取り組むために，人種的
なコミュニティや低所得者層による草の根運動の組織が多く
設立されました．

アメリカの南部地域で始まった公民権運動と同様に，環境

面での公平性を求める戦いも，環境差別*8 が最も顕著な南部に拠点を置いています．そこでは，黒人教会をはじめとするボランティア団体が中心となり，調査やデモなどの抵抗運動を組織しています．たとえば，1982年のノースカロライナ州ウォーレン郡における抗議活動では，全米の有毒廃棄物の処分場所と人種との相関関係を統計的に明らかにしたベンジャミン・チャビス・ムハンマド牧師をはじめとする多くの教会指導者や公民権活動家が環境正義運動の先頭に立っていました．彼らが反対していたのは，黒人コミュニティに隣接するPCB埋め立て地でした.

*8 環境面での不公平・不平等を意味し，環境正義や環境的人種差別と同義語．現在は世界規模での廃棄物輸出による健康被害なども指す.

5. 二つの潮流は交わるのか

環境保護の歴史をふり返ると，国立公園という制度を世界に先駆けて創設したアメリカでは，19世紀以来シエラクラブ*9 のような長い伝統をもつ自然保護団体があります．これらの組織は，主に白人のアッパーミドルクラスの専門家で構成されており，国家レベルや地球規模の問題に焦点をあてて専門的な知識を提供し，ロビー活動を行い，法案や条約に関して有権者を動員してきており，主流派とされています．一方で地域社会が直面するさまざまな問題に，デモンストレーション，座り込み，ボイコットなど，主流派よりも対立的なアプローチを用いて対処する集団はオルタナティブ・グループといわれます．

*9 Sierra Club. ジョン・ミューアが1892年にサンフランシスコで創設した非政府団体．自然を楽しみ，合法的手段を使って保護することを主目的とする.

これまで，この二つのタイプの組織が手を組むことはほとんどありませんでした．主流派は，オルタナティブ・グループが妥協を許さないアプローチによって，主流派の支持層である穏健派や潜在的な味方をも遠ざけてしまうことを懸念し，彼らを過激派とみなしていました．逆に，オルタナティブ・グループは，主流派を特権者と呼び，傲慢でエリート主義，専門知識を伝えるために難解な専門用語に頼り，農場や工場

閉鎖で職場から追い出されるかもしれない労働者の懸念を無視し，産業界や政府に妥協ばかりしている，と批判してきました．弁護士の資格や生化学の学位をもたず難解な専門用語を駆使できなくとも，地域の生活環境を保護する運動に参加することで，公害問題に関して十分な「専門家」となることは可能で，自分たちの懸念を権力者に伝えることもできるというのです．

　富裕層の人々は「私の裏庭にはお断り」という意思を示す際に「NIMBY（not in my back yard）」というネガティブな意味合いの概念をもち出します．彼らは，居住地の資産価値を下げるような変化（公営集合住宅，ゴミ埋め立て地，有害廃棄物処理場建設など）に対抗するために，この便法を使うのです．しかし，資産価値の低い地域に居を構える貧困層のコミュニティが生活環境に悪影響を及ぼす施設に反対する際にも，NIMBY ではなくて，「NIABY（not in anyone's back yard）」は問題解決の手段となりえるはずです．優先事項やアプローチの仕方こそ異なりますが，主流派とオルタナティブ・グループの間には共通点も多いのです．一見バラバラに見えるこれら二つの潮流ですが，実はどちらも現代の産業社会が，すべての生物にとって不自然で敵対的な環境を作り出している，という認識に対する反応なのです．こうした認識に基づけば，双方のリーダーは，多様な価値観を認め合い，新たな要支援者に手を差し伸べ，全体としての影響力をより拡大することができるのではないでしょうか．

　こうしてアメリカ環境史の一幕をひもとくと，問題解決に向けた試みが続いていること，多くの人々によって運動が支えられていること，さまざまな価値観が交錯していること，などが理解できます．グローバル化によって環境問題が複雑化・加速化していく地域社会において，その対応に必要な事柄を学び取ることができるはずなのです．

情報ガイド
・石山徳子『「犠牲区域」のアメリカ——核開発と先住民族』（岩波書店，2020 年）
　　「核の超大国」で，国家安全保障や経済至上主義の犠牲にされ，環境汚染の最前線で不可視化され
　　つつも，粘り強く抵抗を続けるアメリカ先住民の生活空間を描いた一冊．
・小塩和人『アメリカ環境史』（上智大学出版，2014 年）
　　北米先住民文化がヨーロッパ文化と遭遇する前後の時代から，地球環境問題の時代までを概観する，
　　環境歴史学という脱人間中心主義を模索する新しい学術分野の通史．
・レイチェル・カーソン（青樹築一訳）『沈黙の春』（新潮社，1974 年）
　　第二次世界大戦後の環境保護運動を活気づけた一冊．出版直後は産業界からの激しい批判にさらさ
　　れながらも，ケネディ政権以降の公共政策に大きな影響を及ぼした．
・Montrie, Chad. *The Myth of Silent Spring: Rethinking the Origins of American
　Environmentalism* (University of California Press, 2018)
　　『沈黙の春』だけがアメリカの環境保護を活気づけたわけではない．多様な人種・民族・ジェンダ
　　ー・階級の人々がどのように関わってきたかを丁寧にひもといた待望の書物．
・小原秀雄監修（阿部治，リチャード・エバノフ，鬼頭秀一，戸田清，森岡正博解説）『環
　境思想の系譜』全 3 巻（東海大学出版会，1995 年）
　　環境思想の出現と社会との関連性さらには多様な展開を理解するのに不可欠な一次史料を，日本の
　　研究者が翻訳したうえで丁寧な解説を付けている貴重な資料集．

震災からの地域復興

岡田知弘

> 今回の大震災においては，米軍をはじめとする国際的支援が大きな役割を果たし，われわれは大きな感謝の念を抱いた．このような世界から示された共感を基盤に，わが国は，力強いすみやかな復興を進め，さらに魅力的な国として再生しなければならない．震災により，国際的な供給網（サプライチェーン）が大きく傷ついたことは，わが国と世界との深いつながりを内外の人々にあらためて気づかせた．そこで，わが国は，国際社会との絆を強化し，内向きでない，世界に開かれた復興を目指さなければならない．
>
> （東日本大震災復興構想会議「復興への提言──悲惨のなかの希望」2011年6月25日）

この文章は，東日本大震災の発災から3カ月余りあとに，政府の東日本大震災復興構想会議が発表した提言の一部です．東日本大震災が起きてすぐ，アメリカをはじめ多くの国々が被災地に支援の手を差し伸べました．もちろん，純粋な意味での人道的支援もありましたが，「国際的な供給網（サプライチェーン）が大きく傷ついた」という表現からもわかるように，自動車や電気機械産業では，東日本大震災被災地の工場からの部品や素材供給が断たれ，それに依存した世界的生産体制をつくっていた多国籍企業各社に甚大な影響を与えたのです．

また，甚大な津波被害を受けた三陸海岸地域では，水産加工会社で，多くの外国人労働者が働いていました．たとえば，岩手県大船渡市では，被災時に約120人の中国人が実習生として水産加工場で働いていました．地震直後に日本人社員の後を追って，逃げて助かった女性は，「日本は地震国とは知っていたが，「ツナミは知らなかった」」そうです[*1]．

「グローバル化」とは，国境を越えた商品の移動が活発に

*1 朝日新聞デジタル，2011年3月17日 http://www.asahi.com/special/10005/TKY201103170121.html

なるだけでなく，企業が自由に海外に会社をつくり，多国籍企業として地球上の各地に生産・販売拠点を置いたり，あるいは日本国内でも外国人労働者の雇用が活発になることを意味します．したがって，災害の影響もグローバルに広がることになります．東日本大震災は，日本経済が本格的にグローバル化しはじめた時代に起きた大災害でした．この復興構想会議が発表した「世界に開かれた復興」の提言は，その後うまくいったのでしょうか．果たして被災地の住民に役立ったのでしょうか．

1. 「災害列島」と「災害の時代」

「復興」問題を検討する前に，現代の日本列島が置かれている自然史的な位置について考えてみたいと思います．日本列島は，2000万年前から1500万年前にかけてユーラシア大陸から分離してできたといわれていますが，大陸プレート*2 の下に太平洋プレートが沈み込む場所（海溝）に隣接しているため，たびたび大きな海溝型の地震に襲われてきました．

図1は，2010年代に起きたマグニチュード6.0以上の地震の震源地を示した世界地図です．日本は，環太平洋火山帯に位置しているため，世界の地震の約1割が日本列島およびその周辺で起きているといわれています．

また，表1は，日本列島で発生した過去の大規模地震の一覧です．869年の貞観大地震は，東日本大震災とほぼ同じ津波領域を伴った，日本海溝を震源とする地震でしたが，18年後に南海トラフ*3 を震源とする仁和の大地震が起きています．また，1605年の慶長地震は南海トラフに震源があり，6年後に慶長の三陸沖地震が起きています．さらに，1703年の元禄地震は，太平洋プレートに接続する相模トラフが震源だといわれています．その4年後に南海トラフを震源とする宝永地震が起きています．そして，1854年12月23日から

*2 プレートとは，地球の表層部を覆う，複数の非常に硬い地塊・岩盤．

*3 トラフとは，海溝よりは浅くて幅の広い，海底の溝状の地形．

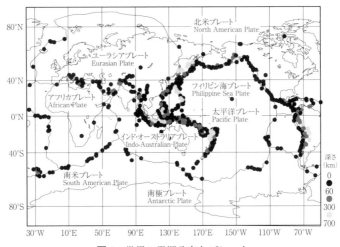

図1　世界の震源分布とプレート

(2011-20年までに，マグニチュード 6.0 以上を記録した地震の震源を表す．内閣府『日本の災害対策』2021年7月．http://www.bousai.go.jp/pamphlet.html)

24日にかけて，安政の東海地震と南海地震がほぼ連続して起き，富士山も噴火しています．

近代に入ってからも日本海溝を震源とする明治，昭和の三陸津波地震や東北地方太平洋沖地震（東日本大震災），南海トラフを震源とする東南海，南海地震が相互に反応しながら繰り返し起きています．いま，南海トラフや相模トラフを震源とした大規模地震，津波災害の危険性が増しているといわれています．

他方，近代に入って，都市化が進み，大規模施設が建造されるなかで，人的・経済的被害も大きくなりました．関東大震災では10万人以上の人々が犠牲になりましたが，その多くが火災によるものでした．また，活断層型地震であった兵庫県南部地震（阪神・淡路大震災）では，都市部で住宅倒壊による多くの圧死者が出ました．さらに，東日本大震災では，津波に加え，東京電力福島第一原子力発電所事故やコンビナート火災が起き，戦後最悪の犠牲者数を出しただけでなく，地球規模での環境汚染や経済的被害を引き起こしたのです．

表 1　日本における主要な被害地震

災　害　名		年　月　日	死者・行方不明者数等
貞観大地震	(Mw8.4)	869 (貞観 11) 年 5 月	多賀城で千人溺死
仁和大地震	(M8.0-8.5)	887 (仁和 3) 年 7 月	京で圧死多数
慶長地震	(M7.9)	1605 (慶長 9) 年 12 月	東海，南海，西海で死者多数
慶長の三陸沖地震	(M8.1)	1611 (慶長 16) 年 10 月	津波により三陸で死者多数
元禄地震	(M7.9-8.2)	1703 (元禄 16) 年 11 月	小田原中心に死者数千人
宝永地震	(M8.6)	1707 (宝永 4) 年 10 月	太平洋岸で，少なくとも 2 万人以上死亡
安政東海地震	(M8.4)	1854 (安政元) 年 12 月 23 日	東海・南海で二千-三千人死亡
安政南海地震	(M8.4)	1854 (安政元) 年 12 月 24 日	畿内-南海で数千人死亡
濃尾地震	(M8.0)	1891 (明治 24) 年 10 月	7,273 人
明治三陸地震津波	(M8.25)	1896 (明治 29) 年 6 月	約 2 万 2,000 人
関東大地震	(M7.9)	1923 (大正 12) 年 9 月	約 10 万 5,000 人
北丹後地震	(M7.3)	1927 (昭和 2) 年 3 月	2,925 人
昭和三陸地震津波	(M8.1)	1933 (昭和 8) 年 3 月	3,064 人
鳥取地震	(M7.2)	1943 (昭和 18) 年 9 月	1,083 人
東南海地震	(M7.9)	1944 (昭和 19) 年 12 月	1,251 人
三河地震	(M6.8)	1945 (昭和 20) 年 1 月	2,306 人
南海地震	(M8.0)	1946 (昭和 21) 年 12 月	1,443 人
福井地震	(M7.1)	1948 (昭和 23) 年 6 月	3,769 人
兵庫県南部地震	(M7.3)	1995 (平成 7) 年 1 月	6,437 人
東北地方太平洋沖地震	(Mw9.0)	2011 (平成 23) 年 3 月	2 万 2,303 人

※ Mw：モーメントマグニチュード
注 1　戦前・戦後については死者・行方不明者が 1,000 人を超える被害地震を掲載した.
注 2　兵庫県南部地震の死者・行方不明者については 1995 年 12 月 22 日現在の数値．いわゆる関連死を除く地震発生当日の地震動に基づく建物倒壊・火災等を直接原因とする死者は，5,521 人.
注 3　東北地方太平洋沖地震（東日本大震災）の死者（震災関連死含む）・行方不明者数については 2020 年 3 月 1 日現在の数値.
(『防災白書　令和 3 年版』2021 年，国立天文台編『理科年表　令和 3 年』2020 年から作成)

2. 国際的支援と米軍による「トモダチ作戦」

　悲惨な津波被害と福島第一原発事故の映像は，インターネットによって全世界に伝えられました．それをもとに，国内の自衛隊や警察隊，災害派遣医療チーム（DMAT）に加え，世界各国の救援隊が被災地に続々と到着しました．甚大な被害を受けた宮城県南三陸町の佐藤仁町長は，以下のように書き記しています．南三陸町には，その後，台湾紅（赤）十字社からの多額の寄付で病院と保健・福祉の総合センターの建

設がなされ，記念碑もつくられています．

アメリカ軍の「トモダチ作戦」をはじめ，被災地には海外からの応援・支援もたくさん届けられました．「トモダチ作戦」で，アメリカ軍は志津川湾の沖合に艦船を停泊させて，道路が寸断して孤立した戸倉半島，泊﨑半島にたくさんの物資を搬入してくれました．病院が機能を失っていた南三陸町に，イスラエルの医療チームが到着したのは3月29日でした．ベイサイドアリーナの駐車場にプレハブの診療所を建てて早速，診察を開始してくれました．

（佐藤仁『南三陸町長の3年——あの日から立ち止まることなく』
河北新報出版センター，2014年）

「トモダチ作戦」については，当初，日米同盟の真価が発揮されたとも評価されたのですが，のちに作戦に参加した元兵士たちに白血病や甲状腺異常など，放射能被ばくによる健康被害問題が表面化します．福島県沖で空輸の中心となった空母の乗組員など少なくとも200人以上が，東京電力などに対し損害賠償や治療費などを求めて裁判を起こしたのです*4．自然災害が誘発した原発事故が，さらに支援活動をしていたアメリカ軍兵士の健康被害をも生み出していたのです．

*4 辻浩平「「トモダチ作戦」震災10年目の真実」https://www3.nhk.or.jp/news/html/20210303/k1001289392 1000.html

3.「創造的復興」の帰結

冒頭で紹介した復興構想会議は，被災1カ月後に設置されました．そこで，いち早く復興理念に据えられたのは，阪神・淡路大震災（兵庫県南部地震）の際に用いられた「創造的復興」でした．単に元に戻すのではなく，未来を先取りした復興事業を目指したのです．

5月10日には，復興構想7原則が定められました．そこには，以下のような原則が書かれていました．被災地域と日本経済の同時再生が強調されるとともに，原発被災地へのきめ細やかな配慮を宣言していたのです．

原則5：被災地域の復興なくして日本経済の再生はない．日本経済の再生なくして被災地域の真の復興はない．この認識に立ち，大震災からの復興と日本再生の同時進行を目指す．

原則 6：原発事故の早期収束を求めつつ，原発被災地への支援と復興にはより一層のきめ細やかな配慮をつくす．（東日本大震災復興構想会議決定「復興構想 7 原則」2011 年 5 月 10 日）

表 2 東日本大震災からの復興の進捗状況

	震災前または最大値	現状
避難者数	47 万人（発災当初）	4.0 万人〔2021 年 7 月〕
応急仮設住宅の入居者数	31.6 万人（2012 年 4 月）	0.1 万人〔2021 年 7 月〕
復興道路・復興支援道路	570 km（計画）	541 km（95%）〔2021 年 7 月〕
災害公営住宅	29,654 戸（計画戸数）	29,654 戸（100%）〔2020 年 12 月〕
高台移転による宅地造成	18,226 戸（計画戸数）	18,226 戸（100%）〔2020 年 12 月〕

（復興庁「復興の現状と今後の取組」2021 年 8 月，https://www.reconstruction.go.jp/topics/main-cat1/sub-cat1-1/210801_genjoutorikumi.pdf）

けれども，被災 10 年後の状況をみると，表 2 のようになっていました．復興道路や災害公営住宅，高台移転についてはほぼ完成しているものの，いまだに 4 万人の人が避難生活を余儀なくされ，1,000 人近くの人が応急仮設住宅で暮らしていたのです．その多くが，福島県の被災者でした．

また，図 2 をみると，震災関連死者数が 3,774 人を数え，その 6 割が福島県の被災者でした．福島県の直接犠牲者は全体の 2 割にしか過ぎなかったことと比較すると，原発事故の被災者への肉体的・精神的ダメージがいかに大きかったかがわかります．

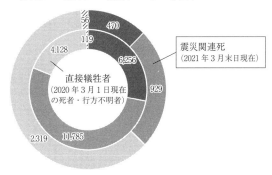

■岩手県　■宮城県　福島県　他11都道県

震災関連死
（2021 年 3 月末日現在）

直接犠牲者
（2020 年 3 月 1 日現在の死者・行方不明者）

56
470
119
4,128
6,256
929
2,319　11,785

図 2 東日本大震災の直接犠牲者と震災関連死の都道県別構成
（消防庁『令和 2 年版消防白書』2021 年，復興庁「東日本大震災における震災関連死の死者数（令和 3 年 3 月 31 日現在調査結果）」2021 年 6 月 30 日）

4. 被災地の現場で

　津波被災地での復興も，困難を極めています．もともと災害からの復興は，個々の被災者が生活する狭い地域ごとで，道路や産業・公共施設の再建を行い，被災者の生活の再建がなされなければ意味がありません．このような復興を「人間の復興」と呼んだのは，関東大震災に直面した福田徳三[*5]でした．ところが，先の復興原則5では，日本経済の成長が強調されることになり，第2次安倍晋三内閣では，高い防潮堤の建設や住宅の高台移転，農業や水産業への民間企業の参入を進めました．そのために25兆円の復興財源が準備されましたが，それらを受注した企業の多くが東京に本社を置く大企業でした．他方で，被災地では，次のような事態が広がっていたのです．

＊5　福田徳三（1874-1930年）．東京高等商業学校（現・一橋大学）教授．経済学者で，関東大震災の際に，被災者の生活再建を第一にした「人間の復興」論を提唱．

震災から10年が過ぎようとしていますが，壊滅的な被害を受けた石巻市雄勝町は，人口が約1000人に激減しました．震災前人口の実に74%の減少率です．この人口流出の要因は，防潮堤建設や高台移転事業等の復興事業の大幅な遅れが挙げられますが，それだけでは説明がつきません．震災前から進行していた過疎化と地域の衰退にも要因があります．商店主やサラリーマン世帯が大多数だった雄勝町中心部では，震災を機に町を出て，通勤や通学に便利な場所に自宅を再建した住民が続出しました．生業を町内に持つ漁師さん以外は，雄勝に残る理由がなかったわけです．
　（徳水博志「「復興教育」の具現化を目指す――雄勝花物語の挑戦」『歴史地理教育』2021年3月増刊号）

　徳水博志・利枝夫妻は，宮城県石巻市に合併された雄勝町で小学校の教師をしていて，被災しました．雄勝でも「創造的復興」の象徴である防潮堤や住宅の高台移転事業が進められましたが，多数の住民が地区外に移住し，地元に残った人はわずかでした．また，震災後，外資系企業が誘致されましたが，短期間のうちに撤退してしまいます．「世界に開かれた復興」は，掛け声倒れになってしまったのです．

5. 「復興〈災害〉」を超えて

　雄勝の事例は，決して例外ではありません．オリンピック
を招致したことによって日本経済は再生したようにみえまし
たが，被災地はとても再生したとはいえない状況です．阪
神・淡路大震災も経験した塩崎賢明神戸大学名誉教授は，復
興事業のあり方を検討したうえで，災害に続く「復興〈災
害〉」について，以下のような警鐘を鳴らしています．

　復興の事業の多くは公共施策として行われるが，その内容は貧困で，被災者の実情に合っていな
　いことが多い．東日本大震災の復興が遅いといわれ，政府は，25 兆円の予算を用意し，復興加
　速化本部を立ち上げ，復興を急がせている．しかし，復興には，防災対策や緊急対応とは異質の
　困難が伴う．長年にわたって築き上げられてきた生活を再建しなくてはならない．生活は，地域
　により人によりさまざまで，プログラムをあてはめて事業を行えば，元通りになるというもので
　はない．復興施策の貧困さや誤りは，被災者に新たな悲劇をもたらすのである．
　　　　（塩崎賢明『復興〈災害〉──阪神・淡路大震災と東日本大震災』岩波新書，2014 年）

　現代の日本では，地震や津波だけでなく，水害や土砂災害
が頻発しています．これらは，地球温暖化や山林・農地の荒
廃とも関係する「人災」でもあります．ウイルス感染症も，
世界的規模での開発行為に伴う災害の一つです．以上のよう
なグローバルな視点から，日常的に災害について考え，行動
することが求められる時代に私たちは住んでいるのです．
　その際に，みなさんが生活する足もとの地域の災害の歴史
を知ることがとても大切です．雄勝の徳水夫妻は，子供たち
に将来の地域の担い手になってもらうための復興教育を実践
し，地域の産業や防災について学ぶ場づくりをしました．さ
らに「雄勝花物語」というフラワーガーデンをつくり，仲間
と一緒に「北限のオリーブ」栽培に挑戦しています．加工販
売事業も行い，被災者自身が人間らしい暮らしの復興を追求
するローカルな取り組みは，誰もが被災者になりうる時代に
おいて，一筋の光といえるのではないでしょうか．

情報ガイド
・石橋克彦『南海トラフ巨大地震——歴史・科学・社会』(岩波書店，2014 年)
　　地震学および歴史地震学に造詣の深い著者が，歴史上の巨大地震と社会との関係をわかりやすく解
　　説．今後予想される南海トラフ地震も警告している．
・徳水博志『震災と向き合う子どもたち——心のケアと地域づくりの記録』(新日本出版社，
　2018 年)
　　被災時に小学校教師をしていた著者が，子供たちを復興の担い手として位置づける「復興教育」を
　　実践し，地元雄勝で新たな地域づくりを始めた思いと経験が語られている．
・塩崎賢明『復興〈災害〉——阪神・淡路大震災と東日本大震災』(岩波新書，2014 年)
　　阪神・淡路大震災以来の「創造的復興」が「復興〈災害〉」を生み出してきた実態と問題点が明ら
　　かにされている．
・東北大学「東日本大震災デジタルアーカイブリンク集」 http://www.shinrokuden.irides.tohoku.
　ac.jp/contents/geje-link/
　　東日本大震災に関わる国内外のデジタルアーカイブを網羅したサイト．

教室から考える「歴史総合」の授業

①いまを主体的に問う

②生徒の関心から問う

③図像史料を読み取る

いまを主体的に問う

米山宏史

1. 「歴史総合」のねらいと可能性

　2022年度から高等学校に導入される必履修科目「歴史総合」の授業づくりをめぐって全国各地の教師がさまざまな不安を抱えながら，授業プランなどの試行錯誤を行っています．私もそうした「迷える教師」の一人ですが，本書編集委員の一員として，本書掲載のいくつかの講を手がかりにして，授業づくりのヒントを考えてみたいと思います．

　あらためて「歴史総合」の目標に注目すると，目標の(1)では，近現代の歴史を対象とすること，世界とその中の日本を広く相互的な視野からとらえること，現代的な諸課題の形成に関わる近現代の歴史を理解すること，諸資料から歴史に関する情報を調べまとめる技能を身に付けることが明記されています．つづいて目標の(2)では，近現代史に関わる事象の意味や意義，特色などを時期や年代，推移，比較，相互の関連，現在とのつながりなどに着目して，概念などを活用して考察する力，歴史に見られる課題を把握し解決を視野に入れ構想する力，考察・構想したことを説明する力，議論する力を養うことが提示されています．そして『高等学校学習指導要領解説 地理歴史編』によれば，目標(1)は「歴史総合」を学んで育成される「知識及び技能」，(2)は「思考力，判断力，表現力」にそれぞれ対応しています．

　次に，この科目は，「歴史の扉」「近代化と私たち」「国際秩序の変化や大衆化と私たち」「グローバル化と私たち」という4つの大項目から構成されています．そして，2つの大項目の(4)の中項目ではそれぞれ「近代化と現代的な諸課題」「国際秩序の変化や大衆化と現代的な諸課題」が置かれ，当該時代の課題とその対処について諸資料を活用して考察すること，「グローバル化と私たち」の(4)では総

まとめとして生徒自身が主題を設け，日本と他国・他地域との比較や関連付けなどを通じて考察・構想し，現代的な諸課題を理解することが記されています．

「歴史総合」の目標や特徴に注目すると，この科目が単に過去の歴史的事実を理解するだけでなく，近現代史を対象にして，世界と日本の過去と現在を双方の視野から捉え，資史料を読み解き，問いを設けて考え，歴史的に形成された現代の諸課題の存在とその解決方法を思考・判断・表現する力を身に付けることを意図していることがわかります．

同時に，世界と日本の近現代の歴史と現代の諸課題を傍観者的に学ぶのではなく，「この事象を学ぶことは，あなたにとってどのような意味があると考えるか」（『解説』133頁）という問いの事例が示すように，歴史への主体的な向き合い方・当事者性をも重視しています．その点では，最近，注目されている「歴史実践」（小川幸司「〈私たち〉の世界史へ」『岩波講座世界歴史01 世界史とは何か』岩波書店，2021年参照）とも親和性を秘めているように思われます．

こうして，あらためて「歴史総合」の目標を見ると，生徒にも教師にもハードルが高い印象を受けますが，目標を正確に見据えつつ，発想を柔軟にして，生徒と生徒，生徒と教師が資料や問いを通じてともに楽しく学び合い，世界と日本の近現代史を国家の論理だけではなく，民衆の暮らしや文化，子ども・女性・マイノリティの視座やさまざまな「地域」（ローカルとリージョナル）の視点から捉え直し，豊かな歴史像を築きながら，現代世界の諸課題に気づき，その解決を考える，そうした授業をめざしてみませんか．

2. 近代国民国家の同化政策・内国植民地化を考える
——諸事象の比較・つながり

初めに本書第5講（「アイヌの人々への「同化」政策」谷本晃久）から江戸幕府と明治政府のアイヌ民族に対する同化政策の歴史を知り，近代国民国家の内国植民地化に関する授業を考えてみましょう．

冒頭の史料，サハリンの国境画定に関する日露間の交渉（1859年）の記録からロシアと日本の主張の違いを読み取りましょう．アイヌを民族と捉えて日本からの分離を図るロシアと，言語の観点からアイヌを日本に包摂しようとする日本という両者の主張の相違がわかります．次の史料，海軍中尉ラクスマンに与えられ

た訓令書（1792年）から，なぜ，イルクーツク総督がラクスマンにこのような探索を命じたかを考えてみましょう．第3の史料，福沢諭吉の「遺伝之能力」（1882年）は，「脱亜論」（1885年）と並べて読んでみてはどうでしょうか．明治維新後，「劣位」として内国に編入されたアイヌ民族を「遺伝の智徳に乏し」とみなす前者の主張と，「隣国」の中国・朝鮮を「亜細亜東方の悪友」として「謝絶するものなり」という後者の論調には共通した差別的な感情を看取できます．

さて，史料AとBを読み比べてください．

> 〈史料A〉合衆国大統領は……その保留地に居住するインディアンに単独所有のための土地を以下の割合で割り当てる権限をもつことを，この法によって定めることとする．各家族の長には4分の1セクション（約65ヘクタール）．18歳以上の各独身者には8分の1セクション……．
> 〈史料B〉第一条　北海道旧土人ニシテ農業ニ従事スル者又ハ従事セムト欲スル者ニハ一戸ニ付土地一万五千坪以内ヲ限リ無償下付スルコトヲ得．

史料Aは一般土地割当法（ドーズ法，1877年），史料Bは北海道旧土人保護法（1899年）です．この2つの史料を比較して読み，共通点と相違点を考えてみましょう．

北海道旧土人保護法はドーズ法をモデルにして立案・制定されました．どちらの法も先住民の救済・保護を口実に土地の給付による自作農の育成を掲げた一方で，先住民の生活様式と文化を破壊する同化主義政策であるという共通点があります（貴堂嘉之『アメリカ合衆国史② 南北戦争の時代』岩波新書，2019年．榎森進『アイヌ民族の歴史』草風館，2007年）．また，史料A・Bを比較すると，土地の給付対象と単位面積の違いに気づくことができます．授業では，なぜ明治政府がドーズ法をモデルにして北海道旧土人保護法を立案・制定したかを調べる学習を取り入れてはどうでしょうか．

アイヌ民族への同化政策・民族差別に関わって，私は授業で「人類館事件」に注視したいと思います．それは1903年，大阪で開催された第5回内国勧業博覧会で設けられた「学術人類館」にアイヌ，台湾，琉球，朝鮮，ジャワ，トルコ，アフリカ系などの人々が「見世物」として「展示」された事件であり，主催者の人種差別・人権感覚を赤裸々に物語るとともに，現在のレイシズムやヘイトクライムにつながる重要なテーマであると考えています．

3. 近代化と宗教から，政教分離と信教の自由を考察する
——自己との関わり，意志決定

　第12講（「イスラーム世界と近代化」三浦徹）から，①欧米諸国が近代化の過程で憲法を制定し，各国の憲法が国民の信教の自由を保障したこと，②イスラームでは政治と宗教が分離せず，ムハンマド以来，両者が一体として歩んできたこと，③オスマン帝国や19世紀の西欧諸国の憲法では国教に関する規定が見られるのに対して，アメリカ合衆国憲法修正１条では国教を定めることを禁止したこと，④フランスの政教分離法（1905年）がトルコ共和国の世俗主義のモデルとなったこと，⑤イスラーム復興運動など，現代では宗教復興の現象が見られることなど，近代化と宗教とのさまざまな関係がわかります．こうした事実を授業で学んだあと，２つの問いを提示し，生徒とともに考えたいと思います．

　１つはイスラームにおける女性のスカーフ着用の問題です．イスラームでは「女性は美しいところを隠すように」という『クルアーン』の教えにしたがって，女性が外出時にスカーフを着用するという伝統が続いてきました．ただし，正確にはスカーフにもさまざまな種類があり，着用の度合いは地域や時代によって異なっていました．トルコを例にとると，オスマン帝国時代にはスカーフを被る習慣がありましたが，トルコ革命でその着用が禁止され，トルコ共和国成立後は近代化（西欧化）・世俗化（脱宗教）政策の歩みの中で，スカーフの着用は教育機関や公的な場では禁止されてきました．その後，1980年代に女子学生が大学でスカーフを着用し，大学当局がそれを禁止したことから「スカーフ論争」が起こり，2002年に公正発展党が政権を掌握して以来，段階的に着用が認められ，2014年にはスカーフ着用禁止法が廃止され，大学や公的な場での女性のスカーフ着用が認められました．

　上記とほぼ同じ時期に，世界的なイスラーム復興の動きを背景にして，各国でムスリマたちの新しいタイプのスカーフの着用傾向が増加し，現在ではカラフルでおしゃれなデザインのスカーフがアラブ諸国から東南アジアにまで広がっています．トルコでもスカーフを被りイスラーム服を着た女性とスカーフを被らない現代的なファッションの女性が一緒に歩いています．長沢栄治編『13歳からのイスラーム』（かもがわ出版，2021年）にはスカーフ着用に関して４人のインドネ

シア人ムスリマのインタビューが掲載され，さまざまな思いや考えが語られています．以上のような知識を得たうえで，生徒たちに「あなたがもし，ムスリマだったらスカーフを被りますか？　被りませんか？　その理由は何ですか？」という問いを投げかけ，各自に思考活動と意志決定を行わせ，同時にクラスメイトと様々な意見を交流してはどうでしょうか．

　もう1つのテーマは，フランスにおけるライシテ（教会と国家の政教分離原則）とスカーフを被る自由との問題です．ライシテの起源は1789年に始まるフランス革命に遡ります．その200年後の1989年におきた，マグリブ系の3人の女子中学生のスカーフ着用での登校に対する学校側の通学禁止措置で知られる，いわゆる「スカーフ事件」以来，ライシテとスカーフ着用の自由をめぐる問題は，フランス社会の論争のテーマとなり，2004年のヴェール禁止法，2009年のブルカ禁止法を経て，現在に至っています．この問題は，政教分離の原則と個人の信仰（実践）の自由，公教育の宗教的中立性と生徒の学習権の保障，女性の尊厳やジェンダー平等，イスラーム理解やムスリム移民との共生，共和国への統合と多様性の尊重など，複雑な要素を含む現代的なテーマです．

　確かに，ライシテの問題は多様な論点を含み，むずかしいテーマですが，さまざまな観点から生徒に思考と考察を促し，スカーフ着用での登校の是非について，賛否を問いたいと思います．二者択一で賛否を問う理由は，「中立的」な判断を認めず，価値判断と意志決定を行わせ，各自の認識を深めるためです．資料として，伊達聖伸『ライシテから読む現代フランス——政治と宗教のいま』（岩波新書，2018年）や内藤正典『イスラームからヨーロッパをみる——社会の深層で何が起きているのか』（岩波新書，2020年）が多くの情報と観点を提示しています．ライシテの問題は，日本とも無縁ではなく，日本国憲法における政教分離の原則と閣僚の靖国参拝問題やヘイトクライムの問題などとも関連していることに留意したいものです．

4. 兵士の視点から戦場をとらえ，戦争を理解する
——当事者の眼で歴史の現場を直視する

　第18講（「兵士たちから見た世界大戦」小野寺拓也）は，前線に立つ兵士の眼差しから戦場を活写し，私たちが戦場の風景をリアルに捉え，戦争の実相を知るうえ

で多くの示唆を提示しています．授業では，同講で紹介されている二人の兵士の資料である，第一次世界大戦中のヴェルダンの戦いに従事したフランス兵からの両親宛の手紙と，日中戦争で南京大虐殺に関わった日本兵の陣中日記を読み比べ，共通点と相違点を考えたいと思います．さまざまな読み方が可能ですが，共通点として「ドイツども」，「憎き支那兵」という言葉からどちらの兵士も激しい敵愾心を抱いていたことがわかり，前者では「全員ぶっ殺してやりました」，後者では「一人残らず殺す，刀を借りて首をも切ってみた」という記述から皆殺し作戦・ジェノサイドの光景を想像できます．

　また，相違点に関しては，前者では，フランス兵はこの場面では捕虜をとらなかったのに対し，後者では日本軍兵士は5,000人もの中国兵を捕虜にし，彼らを長江沿岸に連行して射殺し，さらに銃剣で刺殺したこと，その被害者には年寄りも子どもも含まれていた事実がわかります．これらの2つの史料から兵士たちに通底する敵愾心と，他方で，時代と地域，戦場によって異なる戦争の風景を垣間見ることができます．

　第18講で指摘されているように，兵士の敵愾心が敵軍だけでなく，敵国の住民への差別と蔑視に結び付いていたということも重要な事実です．この点から自国で民間人として平和的に暮らしてきた「普通の人びと」が徴兵され，軍事教練を経て戦地に派遣され，殺人鬼に変貌した理由の1つを看取できます．また，南京大虐殺事件に関していえば，日清戦争（旅順虐殺事件や台湾征服戦争を含む）以来，日本軍の兵士と国民の意識に形成された中国の国家と民衆に対する差別感情と自国の優越感が事件の1つの背景とされています．

　さて，これまで歴史教育の戦争学習では，戦場の実相を知り，戦争認識を深めるために元兵士の戦場体験の証言を聞く学習や，元兵士が残したさまざまな資料から彼らの軍隊体験・戦場体験を学ぶ授業が取り組まれてきました．戦争学習に関して，今野日出晴氏は，高校生・大学生の戦争認識の特徴を（十五年戦争というとらえ方ではなく）日米戦争史的な認識と被害者意識が基底的イメージをなし，被害については被爆者の数が実感をともなって理解されずに抽象化・観念化され，加害に関しては自分とは関わりのないものとして反発・拒絶される傾向があると把握し，今後の課題として，戦争全体を把握できる叙述のあり方と，自分が経験していない過去において他者の経験をよそ事ではなく，自分の問題として考えることができる当事者性の発見を提示しています（今野『歴史学と歴史教育の構図』

東京大学出版会，2008 年）．今野氏の指摘や，兵士の目線から見た戦場・戦争に関する研究成果（吉田裕『日本軍兵士——アジア・太平洋戦争の現実』中公新書，2017 年，など）に学び，日本近代史の戦争学習に兵士を位置づけ，兵士の視点から戦争をとらえ直すとともに，ベトナム戦争やイラク戦争，ウクライナ戦争などにも視野を広げ，現代の戦争を教材化し，現代の戦争認識を育むことが課題になります．

5. アメリカの公民権運動から差別の実相と人間の尊厳を学ぶ
——現在とのつながり

2001 年のダーバン会議以降，奴隷制度と奴隷貿易，植民地主義の歴史観の問い直しがおきています．さらに 2020 年にパンデミックが全世界をおおう中，アメリカ合衆国で発生した“ブラック・ライブズ・マター”（BLM）運動は世界各地に広がりました．第 26 講（「アメリカの公民権運動」中條献）は，現代のレイシズム（人種差別）や BLM 運動に言及しながら公民権運動の歴史とその意義を，複数の資料を用いてわかりやすく論じています．

　まず冒頭の史料「ファニー・ルー・ヘイマーの演説」を使ってさまざまな問いを立てたいと思います．「300 年にもわたり」とはいつからの，そして何のことか？　「私たちは変化を求めている」とはなぜ，そしてどのような変化を求めているのか？　「私たちの国の国歌を，子どもたちに歌わせることはできない」とは，アメリカの国歌はどのような歌詞なのか？　なぜ，子どもたちにそれを歌わせられないのか？　「真実だけが私たちを自由にする」と「この社会全体が病に冒されている」とはそれぞれどういう意味か？　等々の問いから，この演説の主張内容を読み解くことができます．

　次に史料「ミシシッピ州憲法」（1890 年）を読み，第 8 条，12 条，14 条の各条項から黒人差別に該当する箇所を探してみましょう．学校の人種別分離，納税と選挙資格，人頭税，憲法解釈の能力，異なる人種間での結婚の禁止など黒人への差別と圧迫がよくわかります．こうした黒人差別の実態に対して，1950 年代以降にマーティン・L・キング牧師，マルコム・X，エラ・ベイカーなどさまざまな指導者があらわれ，公民権運動が展開しました．授業では，これらの指導者たちの主張内容を知って理解するだけでなく，「もし，あなたがその時代のアメリカ合衆国の黒人だったら，誰を支持するか？　また，その理由は何か？」という問

いを投げかけ，それを生徒に考えさせ，意見表明させてはどうでしょうか．それ
ぞれの指導者の主張の正当性，大衆への説得力，主張内容の実現可能性などさま
ざまな観点から，主体的かつ当事者意識を持って各指導者の主張を考えることに
よって黒人差別の実相と公民権運動の意義をより深く理解することができます．

　キング牧師がインドを訪ね，ガンディーの弟子たちから非暴力不服従主義を学
んだこと，マルコム・Ｘがアフリカ統一機構の会議に参加し，エジプトのナセル
やガーナのンクルマと交流し，公民権運動と第三世界との連携を構想したこと，
キング牧師もマルコム・Ｘもベトナム戦争を批判していたという事実は，彼らが
公民権運動をグローバルな視点で捉えることを可能にしたと同時に，世界現代史
における「人種」の解放（公民権運動）と民族の解放（A.A.諸国の自立と発展）の構
造的なつながりを私たちに教えてくれます．

　授業では是非，公民権運動の歴史を，BLM 運動を含む現在のアメリカ社会の
黒人差別と差別反対の運動につなげて理解させたいと思います．その際，BLM
運動は 2012 年 2 月，フロリダ州における白人自警団による，黒人少年トレイヴ
ァン・マーティン君の射殺事件にさかのぼること，また，その背景にはレイシャ
ル・プロファイリングと，その結果としての黒人の大量収監，さらに人種主義的
刑罰国家＝産獄複合体の形成という，現在のアメリカ社会に構造的に埋め込まれ
た黒人差別の体系が存在することに眼を向ける必要があります（上杉忍『アメリカ
黒人の歴史——奴隷貿易からオバマ大統領まで』中公新書，2013 年．藤永康政「「刑罰国
家」アメリカとレイシズム」『世界』935 号，岩波書店，2020 年 8 月など）．こうしたア
メリカ社会の差別体制への異議申し立てとして発生した BLM 運動はアメリカ合
衆国から全世界に波及し，アスリートの支持表明などを経て，日本，オセアニア，
ヨーロッパ諸国でデモ行進が起こるなど連帯・共同の輪が広がりました．BLM
運動を公民権運動の延長上に位置づけ，BLM 運動が掲げる思想とその普遍性に
注目し，授業を組み立ててはどうでしょうか．

6. パレスチナ問題の歴史を学び，解決方法を探る
——諸事象の推移，現在とのつながり

　第 27 講（「パレスチナ問題」鈴木啓之）は，19 世紀末のシオニズムの形成に起源
を有し，戦後国際政治の最大の問題の 1 つであり，現在も未解決の課題であるパ

レスチナ問題について，その歴史的経緯をたどりながら現在の問題点を明示し，授業づくりに役立つさまざまな知見を提示しています．

　冒頭の小説『悲しいオレンジの実る土地』の一節は，パレスチナ人の少年の「ぼく」が家族とともに故郷の町アッカーから強制退去を命じられ，難民となる様子を活写し，私たちにイスラエルの建国にともなうパレスチナ人の追放と難民化のイメージを湧かせます．

　次に史料「バルフォア宣言」からはパレスチナに暮らす非ユダヤ人の市民的・宗教的権利や他のあらゆる国々に住むユダヤ人が享受している政治的な権利と地位を侵害することはないと語られたにもかかわらず，それが全く守られていないことがわかります．イラン・パペの著書の記述からシオニズムがナショナリズムとコロニアリズムの二重の要素を持つことを，そして，E. W. サイードの言葉からはシオニズムが 19 世紀型ヨーロッパの植民地主義を越えた危険性をはらむことを読み解くことができます．

　さらに，第二次中東戦争以降，中東・北アフリカ地域では脱植民地化が進行したのと逆行して，パレスチナ問題がより固定化したこと，その困難のなかで PLO などパレスチナ人自身の解放運動が進展し，アラファトの国連総会への招聘など PLO の国際的な認知がなされつつも，その後，オスロ合意の期待は裏切られ和平が遠のき，イスラエルの入植地の拡大，分離壁の建設などパレスチナ問題の膠着化・深刻化したプロセスが第 27 講では指摘されています．

　私はパレスチナ問題の学習では，対立の構図を正確に把握したうえで，より複眼的・多面的な理解が必要であると感じています．そこで 2021 年 6 月，選択科目「世界現代史」の授業で（当時，進行中だった）ガザ戦争をテーマに選び，9 つの立場を設けてロールプレイング方式による発表学習を試みました．生徒たちはイスラエルの政府と国民，ハマス，ガザ地区の住民，アメリカ合衆国政府，日本政府と NGO など 9 つの異なる立場からガザ戦争に対するそれぞれの見解と解決策を調べて，発表しました．

　もう 1 つは，イスラエルとパレスチナ人の二項対立の図式を越えて思考の枠を広げることです．たとえば，国家の論理だけでなく個人の視点に着眼することです．イスラエル国内，ガザ地区，西岸地区に暮らす名前と顔を持つ一人ひとりのパレスチナ人に眼を向けることです．これに関して，高橋美香・皆川万葉『パレスチナのちいさな いとなみ――働いている，生きている』（かもがわ出版，2019 年）

には家畜の世話，オリーブ拾い，ハーブ摘み，遊牧民，漁師，荷物運び，クナーファ屋，パン屋，布地屋，入植地建設者，出稼ぎ農場労働者等々，さまざまな仕事で生計を立てたくましく生きている素顔のパレスチナ人が大勢掲載されています．なかには労働許可書を持ち，毎日検問所を通って，イスラエルの入植地で働いている人びともいます．また，同書には，イスラエル国内のアラブ系とユダヤ系の女性たちが共同してパレスチナのオリーブオイルを生産・出荷するためにつくった非営利組織 "ガリラヤのシンディアナ" の活動が紹介されています．

　次にイスラエル国内のさまざまな声と活動への注目です．イスラエルの人口構成は約74％がユダヤ人，約21％がアラブ人（パレスチナ人）であり（外務省ウェブサイト），世論は一枚岩ではありません．たとえ少数派であっても，イスラエルのさまざまな人権団体が入植地や軍の動きを監視するなどパレスチナ人支援のさまざまな活動に取り組んでいます．とくに 2014 年設立の平和活動団体 "平和のために行動する女性たち"（Women Wage Peace）は登録者数が約 43,000 人に達し，西岸ヨルダン渓谷で平和ウォークを企画し，西岸地区の約 2,000 人のパレスチナ人女性の参加を得るなどの活動を展開し，イスラエル政府にパレスチナとの和平合意，和平交渉への女性の参加を求める運動を進めています（小林和香子「イスラエル人女性による平和運動「Women Wage Peace」——パレスチナ世界との連携を求めて」長沢栄治監修『イスラーム・ジェンダー・スタディーズ 2　越境する社会運動』明石書店，2020 年）．

　また，日本とパレスチナ問題との関わりを視野に入れたいと思います．以前私は勤務校の高校 3 年生が「卒業論文」でパレスチナ問題を扱った際，"パレスチナ子どものキャンペーン" と "日本国際ボランティアセンター" などの NGO のスタッフにインタビューを行い，日本の NGO のパレスチナ支援活動に関する貴重な話を聞く機会を持ちました．NGO の方々と連携して授業を行えば，生徒はパレスチナの子どもや若者，女性などの現状をよりリアルに知ることができ，教室とパレスチナとの「距離感」を縮めることができます．もう 1 つ，私たちがパレスチナ問題を考える視座として，日本社会に内在する「パレスチナ問題」的要素を批判的に見つめることが重要だと思います．それはヘイトクライム，先住民族の権利，社会的マイノリティ，ジェンダー平等，移民労働者等々の社会問題に眼を向け，自分事として考える意識と姿勢を持つことにつながるでしょう．

　以上のように，本書掲載のいくつかの講に注目して，「歴史総合」の授業づく

りへのアイディアを考えてみました．その際，授業で取り上げるテーマの「現代性」，つまり日本と世界の近現代の歴史的展開の過程で形成され，現在も未解決のまま残るさまざまな「現代的な諸課題」に自分事として向き合い，それをアクチュアルな視点で捉える「主体性・当事者性」を重視し，授業づくりを考えてみました．

　本書は，各執筆者がそれぞれの専門分野から，最新の研究成果をふまえ，「歴史総合」の授業実践に資する多くの題材と観点を提示しています．本書が提供するさまざまなテーマと内容に深く学び，生徒との「歴史対話」を楽しく積み重ねながら，豊かで鮮やかな「歴史総合」を紡ぎ出してみませんか．本書は，ともに歴史を学び考え，そしてこれからの歴史をつくり出すための歴史研究者からのメッセージ集です．

生徒の関心から問う

田中元暁

はじめに

　2022 年から「歴史総合」の授業がスタートします．新しい科目であり，現場ではどのような授業を行うか試行錯誤していると思います．本講では，「歴史総合」の教科書と本書所収各講とを使うことで，どのような授業を展開できるのかという案を提示したいと思います．筆者が勤務している中高一貫校の高校 2 年生 267 名に，授業を行う前にアンケートを取りましたので，生徒の現状認識にも触れたいと思います．なお，紙幅の関係で，①既成の価値観を揺さぶる，②女性，③身近なところから，④比較の視点，という 4 つのテーマに限定しました．

1. 既成の価値観を揺さぶる

　「歴史の扉」に関して，本書第 1 講（「吉田松陰の虚像を剝ぐ」須田努）から，どのような授業をつくることができるのかを考えてみたいと思います．まずは，「歴史総合」の教科書に，吉田松陰が載っているかどうか生徒に調べさせます．すると，「歴史総合」では，ほとんどの教科書で吉田松陰を取り上げていないことがわかります．なぜなのでしょうか．2017 年に「高大連携歴史教育研究会」が発表した用語の精選案では，「吉田松陰」などが「実際の歴史上の役割や意味が大きくない」などとして削られましたが，そのような影響があるのではないかと考えます．そうすると，「歴史総合」を受ける生徒が持っている吉田松陰の知識・認識は，中学に遡らなければなりません．中学歴史の教科書では吉田松陰は定番で，1 社が本文に記載（安政の大獄で処刑），6 社が人物コラムとして記載，1 社が記載なしでした．この中の人物コラムを分析してみると，「幕末から明治に

活躍する人物を育てる」（＝教育者）と記載しているものが5社，「明治維新で活躍する人物を育てた思想家」（＝教育者＋思想家）と記載しているものが1社でした．ここから，吉田松陰は教育者であると認識している生徒が大多数であると予想できます．これは，筆者が行ったアンケートでも裏付けることができます．生徒に対して，「吉田松陰とはどのような人物か」と質問し，「思想家」・「教育者」・「兵学者」・「革命家」の四択で答えてもらいました．その結果は，思想家34名，教育者206名，兵学者4名，革命家19名，未記入4名となり，約77%の生徒が教育者と答えました．教育者だと思う理由を書いてもらったところ，「小・中学校で学んだから」，「松下村塾で教えていたから」という内容が大多数でした．小・中学校教育の影響力の大きさや，松下村塾というインパクトの強さがわかります．なかには，大河ドラマ「花燃ゆ」を見たから，漫画『銀魂』で読んだから，というテレビや漫画の影響を書いた生徒もいました．一方で，思想家（約13%）・兵学者（約1%）・革命家（約7%）と答える生徒は少数でした．多くの生徒は，吉田松陰は教育者であるという既成概念を持っていることがわかります．

　次に，史実の作られ方・歴史像の形成を学ばせるために，第1講を生徒に読ませたいと思います．第1講第2節には，「松陰は，自己の思想で他者（責任ある大人）に影響を与えたり，動かすことができなかったのです」と書かれており，思想家の面が否定されています．また，第3節では，「身分の低い初学者の青少年」に「松陰が抱いた危機意識を共有させ，それを乗り越えるための行動を起こ」させ，「じっくり自己の能力を開花する間もなく，多くは幕末動乱のなかで死んでいった」と書かれており，教育者の面にも疑問が呈せられています．これを読むと，吉田松陰が教育者であると思っている生徒は，既成の価値観を揺さぶられ，自分の持っている知識と第1講の内容が異なり混乱すると思います．しかし，それはとても大切なことです．油井大三郎氏は，「ある教科書執筆者によると，注の部分で学説の対立について言及したところ，「生徒に混乱を与える」として検定で削除を命じられたという．つまり，日本では，「正答主義」とよばれるような，教科書の記述をまるまる「事実」として憶えさせる傾向が強く，歴史の多様な発展とか，歴史解釈の多様性を生徒に示すのを避ける傾向がある」（『歴史評論』第749号，2012年9月）と述べています．混乱から学ぶことも多くあり，既成の価値観を揺さぶられた生徒は，歴史は教科書の記述をまるまる「事実」として憶えるものではないことに気づき，歴史の楽しさに触れることができます．

第1講では，どのような時代に吉田松陰像が創られたのかが記されています．生徒は，これを読むことで，どのように人物像が創られるのかというプロセスを知り，歴史学という学問の舞台裏を見ることができます．吉田松陰のイメージは一貫しているわけではなく，時代とともに変化しています．その際，思い込み，雰囲気・感情，みんながそう言っていたからでは歴史学にはなりません．大切なことは，史料を提示し，それに依拠しつつ，自己の見解を論じることです．史料にこだわると，思想家や教育者ではなく，兵学者としての吉田松陰が浮かび上がってきます．

　第1講は，「歴史総合」の導入として位置づける学習なので，中学歴史との違いを意識させ，生徒にインパクトを与えることが重要です．また，生徒に本書を読ませて教員が補足するだけでも，歴史の考え方の基礎を学ぶことができます．

2. 女　　性

　「近代化と私たち」に関して，本書第6講（「女性の政治参加」大江洋代）から，どのような授業をつくることができるのかを考えてみたいと思います．現在の高校生も進路選択に悩んでいます．そこで，第6講の冒頭史料を年代を隠して生徒に提示し，「あなたなら，この女性にどのようなアドバイスをしますか」と質問し，それに対して「結婚して家庭生活を送るべき」・「就職して経験を積むべき」の二択で答えてもらいました．その結果は，結婚が15名，就職が247名，その他5名となり，約93％の生徒が就職と答えました．この史料を現在の女性の悩みと捉えている生徒が大多数で，これが戦前の女性の悩みだと気づいた生徒は少数でした．ここから，戦前の女性も現在の女性も同じような悩みを抱えていたことがわかります．就職が圧倒的に多い理由は，現在の女性の悩みと捉え，19歳での結婚は早すぎると考えた生徒が多かったことに起因します（1936年の女性の平均初婚年齢は23.9歳ですが，2020年の女性の平均初婚年齢は29.4歳です）．次に「この女性が悩んでいる理由」を自由記述させてみました．「男性が「外」，女性が「内」という規範意識」が63名（約24％），「家庭内の意見の不一致」が41名（約15％）という結果でした．なかには，「世間体」，「現在は男女共同参画社会」，「男尊女卑は時代遅れ」という意見もありました．続いて，「現代社会は規範意識から自由になり，男尊女卑の考え方はなくなったのか」と生徒に問います．その際，「（天

声人語）森会長の辞任」（朝日新聞, 2021 年 2 月 13 日付）の新聞記事を生徒に配付し，規範意識から自由になっていないのではないかと問題を提起します. その後, 第 6 講の冒頭史料が 1936 年の女性の悩みであると明かすと, 生徒はインパクトを受けて, 戦前との身近さを感じることができます. そこで,「世界とは異なり, なぜ日本の女性の政治参加は遅れたのか」ということを考えさせたいと思います.

　まず始めに, 生徒を 4 人程度のグループに分けて「歴史総合」の教科書に出てくる女性を探させます. グループ対抗形式にすると, 生徒は面白がって, 真剣に取り組みます. 試しに, ある「歴史総合」の教科書を使って, 掲載されている女性（人物）を順番に抜き出してみました. イザベラ＝バード, グージュ, ヴィクトリア女王, ナイチンゲール, シーコール, チュッ＝ニャ＝ディン, 閔妃, リリウオカラニ, 西太后, 平塚らいてう, 市川房枝, 金子文子, 伊藤野枝, ズットナー, サッチャーの 15 名（日本史 4 名・世界史 11 名）で, 少ないことがわかります. この中の, 平塚と市川は第 6 講で深めることができます. 次に, 同講で取り上げている①「1879 年の松田道之の発言」, ②「1920 年の「女性展望」」, ③「1992 年の園田天光光の回想」, ④「2019 年の野田聖子の発言」を教室の四隅に貼ります. ①〜④の史料を見に行くことができるのはグループの中で 1 人だけで, それぞれメモを取って来させます. 4 人が戻ってきたら, 史料にどのような内容が書かれていたかをグループで共有します. ジグソー法を用いて 4 つの異なる時代の史料を分析すれば, 生徒は女性の政治参加に関する変化を追うことができ, 女性は結婚して家庭の世話をするべきという規範意識が女性の政治参加を阻害していたことに気付きます. 進路は一つではなく, 多様であるべきだという考え方が広がれば, 女性の政治参加も増えるかもしれません.

　清水克行氏は,「「女らしさ」「男らしさ」といった性差にかかわる感覚ほど, 私たちに無意識に偏見が刷り込まれてしまい, しばしばそれを疑うことを忘れがちです.「伝統」や「自然な感覚」といったものが, いかに歴史的・文化的に変容したり, 創出されたりしたものなのか, 鋭く見極める目を培ってほしいと思います」（清水克行「平安朝の女性たち」須田努・清水克行『現代を生きる日本史』岩波書店, 2014 年）と指摘していますが, これは大切なことであると思います.

3. 身近なところから

「国際秩序の変化や大衆化と私たち」に関して，本書第14講（「身体装飾の歴史」阿部恒久）から，どのような授業をつくることができるのかを考えてみたいと思います．1911年に『ひげ』を出版した寺田四郎は，18歳の時，自分のヒゲに触れて興味をもち始め，ヒゲの考察を始めました．ヒゲが生え始める男子生徒にとって，ヒゲは身近な存在です．男子生徒にヒゲを生やしたいか，生やしたくないか質問してみたところ，20名（15％）が生やしたい，113名（85％）が生やしたくないという結果になりました．現在は，ヒゲを生やしたくないと考える生徒が大多数でした．なぜなのでしょうか．ここでは，現在の問題関心から遡って，「歴史上の人物はヒゲを生やしている人が多いが，なぜ現在の人びとはヒゲを生やさないのか」ということを考えさせたいと思います．

まず始めに，「歴史総合」の教科書でヒゲの生えている人物を生徒に探させます．試しに，ある「歴史総合」の教科書を使って，掲載されている絵画・写真を登場する順番に抜き出してみました．なお，集合写真については，人物が少なく個人が特定できる場合には取り上げました．逆に個人が特定できても不鮮明でヒゲがあるかどうか判別できないものは除きました．ヒゲを生やしているのは，ナポレオン三世，ビスマルク，アレクサンドル二世，ムハンマド＝アリー，李鴻章，森有礼，加藤弘之，伊藤博文，セシル＝ローズ，陸奥宗光，小村寿太郎，安重根，田中正造，袁世凱，夏目漱石，レーニン，石橋湛山，魯迅，幣原喜重郎，ヒトラー，昭和天皇，カストロの22名（日本史10名・世界史12名）でした．一方，ヒゲを生やしていないのは，ルソー，新井白石，ルイ十四世，ジェファソン，ロベスピエール，高杉晋作，坂本龍馬，福沢諭吉，金玉均，植木枝盛，ウィルソン，ローズヴェルト，溥儀，マッカーサー，毛沢東，吉田茂，ゴルバチョフ，ブッシュ，鄧小平，マンデラの20名（日本史6名・世界史14名）でした．これらの人物を探すことができたら，時代や国を整理して，特徴や共通点を挙げさせます．

次に，「歴史総合」の内容を第14講で深めていきたいと思います．①「ヒゲ無しが近世中・後期男性の一般的な頭髪・顔の身装」という記述は，上記の人物の中で新井白石，高杉晋作，坂本龍馬（全員ヒゲ無し）が該当します．②「幕末，開港とともに日本にやってきた西洋人の多くは立派なヒゲを生やしていました．

その影響で明治維新後，断髪とともにヒゲは西洋文明のシンボルとなりました．冒頭の図1にある官吏はもちろん，軍人・教員など文明開化を推進しようとする人々の多くは断髪してヒゲを蓄えました」という記述は，上記の人物の中で森有礼，加藤弘之，伊藤博文，陸奥宗光，小村寿太郎，田中正造（全員ヒゲ有り）が該当します．彼らは政治家であることから，明治時代の「ヒゲは威厳や権威を表現するもの」であることがわかります．③「第一次世界大戦の頃，アメリカではヒゲ無しが急速に広が」り，「大戦期のウィルソン大統領以降，アメリカ大統領はすべてヒゲ無しです」という記述は，上記の人物の中でジェファソン，ウィルソン，ローズヴェルト，ブッシュ（全員ヒゲ無し）が該当します．このように時代とともにヒゲ有り／ヒゲ無しは変化していることがわかります．たとえば，天皇家でヒゲ有り／ヒゲ無しの変化を探ったり（仁孝天皇：無し，孝明天皇：有り，明治天皇：有り，大正天皇：有り，昭和天皇：有り，明仁上皇：無し，徳仁天皇：無し），総理大臣で探るのも有効だと思います．

　最後に，生徒に冒頭の問いを考えさせたいと思います．生徒に自由記述をさせたところ，歴史上の人物がヒゲを生やしている理由は，「威厳や権威」が109名，「男性性や強さ」が52名，「道具未発達」が18名という結果でした．一方，現在の人びとがヒゲを生やさない理由は，「清潔感」が圧倒的に多く195名という結果でした．第14講の，「企業がヒゲを禁止する理由には，客に不快感・不潔感・違和感・威圧感を与えてはならない」ため，「サラリーマンの世界では，ヒゲ無しが一般化しました」という記述で授業をまとめます．

　ヒゲ有り／ヒゲ無しは，個人の性格（個性）も関係しているでしょうが，時代背景も大きく影響しています．第14講では，近代化からグローバル化までの長期スパンを，ヒゲという側面から深めることができます．生徒のなかには，歴史は自分に関係ない遠い昔のことであると考えている人もいます．しかし，歴史はこのような身近なところからも考えることができるのです．

4. 比較の視点

「グローバル化と私たち」に関して，本書第20講（「災害をめぐる民衆心理」大門正克）から，どのような授業をつくることができるのかを考えてみたいと思います．ここでは生徒に，災害時の民衆に着目させ，「なぜ関東大震災では虐殺が起

こり，阪神・淡路大震災では虐殺が起こらなかったのか」という比較を，授業を通して考えさせたいと思います．

　まず，「歴史総合」の教科書が関東大震災の虐殺をどのように取り扱っているか確認すると，4社が本文に記載，4社がコラムを掲載，1社が特集ページ，3社が記述なしであり，75％の教科書が何らかの形で触れています．なお，中学歴史の教科書では，2社が本文に記載，5社がコラムに掲載，1社が記述無しであり，約88％の教科書が触れており，中学でもしっかり学習する項目です．この中の，殺害主体について注目してみたいと思います．「歴史総合」では4社が軍隊・警察・自警団，3社が自警団，2社が主体不明記，3社が記述無しであり，約33％の教科書が殺害主体に軍隊・警察を明記していることがわかります．なお，中学歴史の教科書では，4社が軍隊・警察・自警団，2社が自警団，1社が主体不明記，1社が記述無しであり，50％の教科書が殺害主体に軍隊・警察を明記していることがわかります．このように，殺害主体として軍隊・警察を明記する割合は，「歴史総合」の方が低くなっています．生徒に，「誰が虐殺をしたのか」という質問を自由記述でしてみました．結果は，日本人73名，市民38名，政府7名，軍隊・警察12名，その他14名，わからない123名でした．約46％の生徒がわからないと答えており，中学までの学習で定着していないことがわかります．軍隊や警察が殺害をすると答えた生徒は約4％でした．「歴史総合」の教科書を使って授業をしたとしても，生徒の殺害主体の認識はそれほど変えることができないと思います．しかし，国家（軍隊や警察）が殺人を犯すという負の側面に触れることも大切です．授業では，新井勝紘氏が研究している「虐殺絵」を用いることが有効です．

　では，なぜ関東大震災で虐殺が起こったのでしょうか．一般的には，対アジア観と差別意識，在日朝鮮人の増加，日常的な抑圧と差別に対する報復への恐怖，三・一運動再発への警戒感などが挙げられます．「歴史総合」の教科書では，関東大震災は第一次世界大戦後の日本社会や不況（震災恐慌）のページで取り上げられ，三・一運動と関東大震災が同じページに記述されることはありません．そのため，教科書を読むだけでは，生徒が三・一運動と関東大震災との関連性に気付くことはできません．そこで，第20講を生徒に読ませます．そこには，「三・一運動後，独立をめざす朝鮮人は「不逞鮮人」と呼ばれ，日本の新聞記事の見出しには新たに「不逞鮮人」という言葉がさかんに登場して朝鮮人一般のイメージ

になり」と書かれており，三・一運動と関東大震災の関連性を読み取ることができます．このように，ローカルだけではなくグローバルな視野で関東大震災を考えさせることが重要になります．

　次に，生徒に冒頭の問いを考えさせたいと思います．生徒を4人程度のグループに分け，①関東大震災で虐殺が起こった理由，②阪神淡路大震災で虐殺が起こらなかった理由を付箋に書かせ，それを大きな紙に貼らせて比較させていきます．試しに生徒に自由記述をさせてみました．「情報網の整備」に18名，「差別や偏見の解消」に17名，「戦争と平和の違い」に9名，「法整備」に6名，「過去の教訓」に6名，「教育の違い」に5名，「他者理解の促進」に5名，「価値観の違い」に4名，「心の余裕の違い」に4名，「豊かさの違い」に4名，「多様性の違い」に3名，「植民地の有無」に3名という結果でした．そして，第20講の「いろいろな国の人，若者や高齢者が助け合う経験が，この国のそれぞれの地域で生きていく大きな契機になった」という部分と，「大阪の1970年代の夜間中学では，日本人教師が一方的に教えるのではなく，教師も在日朝鮮人の女性（生徒）の生い立ちや朝鮮の歴史を学び，学び合う関係がみられました」という部分に触れて，授業をまとめます．関東大震災時の民衆は，例えば米騒動時の民衆など，さまざまな比較ができるテーマであり，比較の視点を養うことができます．

おわりに

　「歴史総合」の授業と本書を架橋するために，4つのテーマを取り上げました．最後に生徒に，4つのテーマの中で一番興味関心があるものを質問しました．無回答の生徒も多かったですが，第1講（吉田松陰）が25名，第6講（女性）が19名，第14講（ヒゲ）が55名，第20講（関東大震災）が39名という結果でした．第14講が多くなっていますが，生徒の興味関心が分散していることがわかります．そのため，ここで取り上げなかった本書の他の講義も生徒の興味関心を引くことのできる内容になっていると思います．

　明治時代の法学者・教育者である岸本辰雄は「殊に普通教育に在りては，専門教育の如く学者を作る所以に非ずして，専ら常識ある人物，品位ある国民を作る所以なるを以て，徒らに死せる知識を授くるが如きこと無く，勉めて活ける学問を与えざる可からず」（「中等教育の学科を論し法制経済科に及ふ」『岸本辰雄関係資料

集（1）』明治大学広報課歴史編纂資料室，1973年）と述べています．「歴史総合」の教科書と本書を使うことで，「活ける学問」を伝えることができると考えます．「歴史総合」はまだ始まったばかりですので，これから様々な可能性を現場で模索していくことが重要です．

図像史料を読み取る

塚原浩太郎

　歴史総合では，主体的な史資料の読み取りが重要視されています．そこでは提示されたものを読み手がどう読み取り，解釈するかが問われていると言えるでしょう．このため本書では史料を提示すること，なかでも図や写真などの図像史料を積極的に提示することに心を砕いてきました．

　ところでこうした図像史料は，どのように読み取るのでしょうか？　また図を解釈するのは，どのようにして行われるのでしょうか？　この補講では，本書で提示されている図を例に，図の理解をどのように深め，そして解釈を示していくのか，本書の編集委員のあいだでのやりとりを基にした架空の会話を示しています．図の見方は，時に一人でながめるよりも，誰かとやりとりする中で気づかされることがあります．この補講が図像史料の見方を豊かにする一つのきっかけになれば嬉しく思います．

図 1　井上探景「流行悪疫退さんの図」（1880 年）

（宗田一『図説・日本医療文化史』思文閣出版，1993 年，413 頁）

先生：「今日の授業は，この 2 つの図を使って図の読み取りの練習をしましょう．最初はこの図から見てみましょうか，何か気付くこと，ありますか？」

一同：「………」

先生：「いきなり言われても困りますよね．でもなんでもいいんです，ハツミさん，ぱっと目につくところでは何が見えますか？」

初見：「虎？　ライオン？　みたいな動物が真ん中にいて，暴れているように見えます」

先生：「そうですね．右上に，読みづらいですけど「流行悪疫退さんの図」とタイトルが入っています．コロナ禍でよくアマビエの絵が描かれましたけど，幕末以降ではコレラという病気を表すため虎の絵も描かれました．コレラは，かかったら死んでしまう可能性が高く，コロリとか，虎のように恐ろしいということで虎列刺とも書かれたそうです」

安田：「あぁ，コレラが虎で表されていて，それをいろんな人が追い払っている，という絵なんですね」

木築：「この虎の足下にはなんか書いてあるよ．「支那ヘイコウ」．支那って当時の中国の呼び方だよね．コレラは中国から来たの？」

初見：「図左上では中国人みたいな人たちが虎を迎えにきているみたい．いや，虎を送ってきたのかな？」

木築：「わからない．どちらを取るかで意味が変わってきちゃうね」

初見：「虎を追い払おうとしている人を見ると，左下の人たちは棒きれとか包丁が武器だね」

安田：「右下のひとたちは，スプレーみたいなものを吹きかけているね．これは消毒液かな．ずいぶん近代的な撃退方法だ」

初見：「棒きれの人たちは着物を着て，スプレーの人たちは洋服を着ている．日本人のなかにもいろんな撃退方法が入り交じっていたんだね」

安田：「でもさ，よく見ると棒きれや包丁を持っている人たちを制止しているように見える人もいるよ．棒や包丁を持っている人も，これからやっつけようっていう持ち方はしていなくない？」

木築：「あと，いろんな人がスプレーの方を指さしているように見えるんだよね．さっき言ってた，近代的な撃退法にみんな目を見張っているような感じがあるかな」

初見：「それでも左下の着物の女性2人は，それでも随分好戦的に描いてある気がするけど……キセルとか，三味線のバチ？　しゃもじ？　みたいなものを振りかざしているし」

先生：「なんとなく彼女たちがどういう人か，想像つきそうだね．安田さんや木築さんの意見だと，日本人の中でも近代的なコレラ対処法が認められつつあった，というニュアンスが強くなるね．初見さんの意見だと，着物を着た女性として表現されているような昔ながらの対応の仕方をする人も根強くいるっていう意味合いが強くなるね」

木築：「右上の人たちは，汽車に乗って逃げようとしているのかな」

安田：「いちばん有効なのは逃げちゃうことなのかな．逃げようとしている人は立派な服を着ていてお金持ちそうだね．」

先生：「紙だと見づらいですけど，ネット上の画像データを拡大してみると，汽車のところには「上等人」，行き先は「温泉」と書いてあります」

安田：「温泉に行って何をするんだろう．湯につかって治療するのかな」

初見：「遠くにすぐに逃避できるっていうことが目新しくて大事なことなんじゃないかな．鉄道ができたのって明治の初めごろでしょ？　温泉は，遠い場所の

象徴なんじゃないかな」

木築：「絵の左上にメニューみたいなのがあるね．ところてんとか書かれている」

初見：「えっと「喰合の心得」とあるね．びわとそうめん，うなぎとうめぼし，なまむぎ（い）とあめ，びわとあずき．これはおいしい組み合わせなのかな」

木築：「前にうなぎと梅干しは一緒に食べちゃダメって聞いたことある気がする……一緒に食べるとお腹を壊すって意味かもね．コレラ菌は飲食物にくっついて口から入るということと関わっているのかも」

安田：「それにしてもちょっと唐突じゃない？　かなり目立つように書かれている割にはさ」

先生：「コレラの主な症状は下痢ですから，お腹を壊すことと近い感覚で理解されていたのかもしれないですね．普通の人たちからすれば，食べ合わせが悪くてお腹の調子が悪いのも，コレラ菌のせいで下痢になるのも，症状としては一緒ですからね」

図2 北沢楽天「参政権を要求する婦人と要求せぬ婦人」（『時事漫画』204号，1925年3月）

先生：「意見が出たおかげで，コレラに対する当時の見方がさまざまあることがわかってきましたね．次はこの絵を見てみましょうか」

初見：「これは世相を風刺した漫画だね．タイトルは「参政権を要求する婦人と要求せぬ婦人」だって」

安田：「婦人参政権運動に積極的な女性とそうでない女性を対比して示しているけど……露骨だね．一方はおばさんで地味な格好をしているけど，一方は若くて鮮やかな服を着ていてさ」

木築：「これ，左の二人は手に何の紙を持っているんだろう……「婦人参政権ノタメニ」「吾等婦人ニ参政権ヲ与ヘヨ」と書いてあるみたいだけ

ど」

初見：「「婦人参政権を与えよ」って言ってるんだから，そういう要望書を右のお
　　　じさんに出しているところなんじゃないの？　若い女の人に「与えて下さい」
　　　って言ってもしょうがないじゃん」

木築：「そっか，てっきりおばさんたちが若い女性に運動をアピールしていると
　　　ころなのかと思ってた」

安田：「でもさ，若い女の人は顔を上に向けた状態で描かれていて，そっぽを向
　　　いているように見えるよ．少なくとも片方の紙は若い女性に渡そうとしていて，
　　　それを「イヤよ！」って拒絶されたところなんじゃないかな」

初見：「なるほど，そうやって見ると微妙に印象は違うね．わたしは女の人たち
　　　が男の人に向けて参政権を求める運動をしていて若い女性は無関心という構図
　　　なのかなと思ったけど，安田さんの見方だと若い人はそういう運動を明確に嫌
　　　がっているんだね」

先生：「婦人参政権運動と世の若い女性たちとの関わりがどういう風に描かれて
　　　いるか，解釈の分かれるところですね」

安田：「あと，何となく左から2番目の女の人は市川房枝さんに似ているような
　　　…」

初見：「ほんとだ．するとおじさんの方は，この漫画の掲載時期からして，首相
　　　の加藤高明なのかな」

木築：「……（加藤高明を画像検索中）……加藤は似てなくない？　あとさ，気にな
　　　ってるんだけどなんで左端の女性はほおがこけた顔をしてるんだろう．市川房
　　　枝さんは血色良いのに」

安田：「確かにそうだね……なんか体調悪そうに見えるよね……」

初見：「この具合の悪そうな人は，だれかをモデルにしたっていうよりかは，一
　　　般的な婦人参政権運動の参加者なのかなって気がする」

安田：「市川さんほど有名だと違うけど，普通の女性が参加するのは結構大変だ
　　　ってことなのかな」

木築：「そこまで言えるかわからないけど，これを描いている人も意図して描き
　　　分けているんだろうなって気がするよ」

初見：「参政権を要求する女性は，格好悪いとか無理しているとか思われていた
　　　のかな．逆に参政権を要求しない女性は，若くて，おしゃれ？　和装なのも当

時の普通の女性ってことをイメージしているのかな」

木築：「実際に婦人参政権運動をしていた女性がそうだったかは調べてみないとわからないけれど，世間はそういうイメージで，参政権を要求する女性を見ていたのかも」

安田：「教科書だと当時は婦人参政権獲得運動が高まったというけれど，世間的には，変わった女たちがへんなことをしている，と思っていたのかな．しかも，この風刺画から伝わるように女性の中でも運動を拒絶している人もいるなんて少し悲しいね」

先生：「ところで，さっきの絵と比べてどこか違うところはないですか」

一同：「えっと……」

先生：「細かく見るより遠くから見た方がいいかもしれないですね」

初見：「……2枚目の方には枠の外に色々書いてある？「時事漫画」とか，ごちゃごちゃ小さく書いてあるけど」

先生：「そうですね．この漫画は，下の方に小さく書いてありますけど時事新報という新聞の附録として刊行されていたんですね」

安田：「……うん？　だからなんですか？」

先生：「だからね，この漫画は時事新報の読者に向けて書かれたものなの．ちなみに描いた人は北沢楽天といって，著名な描き手です．当時の読み手をどう考えるかで違うんだけど，男性の読者に向けたものだったとすれば，もしかするとこの絵の見方は男性の間での受け止め方だったかもしれないですね」

木築：「あぁなるほど．婦人参政権運動への見方が少しバイアスかかっているかもしれないってことですね？「女たちが変なことやってるわ」みたいなニュアンスとも理解できるのね」

安田：「たしかにいまでもさ，政治運動に積極的に関わる人を遠巻きにして眺めるような感じってあるもんね」

先生：「絵に描かれていることの読み取りに加えて，誰が誰に向けて描いたものかということを押さえることも大事ですね．それじゃ今日はここまでにしましょう」

あとがき

　わたしたちがこの本の企画を考え始めたのは 2020 年の初めころでした．そのころはまだ遠く対岸の火事のように見えていた感染症はやがて身近でも流行し，コロナ禍という言葉を生み出すに至りました．歴史総合は，コロナ禍のいまだ明けきらない学校生活のなかで船出を迎えることになります．先行きの見えない状況で新科目が始まることに，不安な方も多いのではないかと思います．

　おそらく多くの方が不安を抱きながら歴史総合の扱い方を模索していたように，この本も不安のさなかで生まれてきました．本書の構想は歴史総合に関する書籍がすでに出始めているときに，類書との違いを出しうる方針を，当時はまだ不慣れなオンライン会議で議論することから始まりました．「はじめに」に記されている本書の特徴はこうして出来上がり，執筆者に依頼するに至って各講の細部が形になっていきました．手探りな部分の多い企画でしたが，依頼に応じて下さった各執筆者の尽力により本書はようやく目鼻がついてきたように思います．改めて執筆者の方々に，また編集の道筋を示してくださった東京大学出版会の山本徹さんに，感謝を申し上げます．

　本書は，現場で歴史総合を受け持っている先生方や，歴史に関心のある方々の手許に，まずは届いて欲しいと思います．もとよりこの企画自体が，授業にすぐに使うことができて，かつふつうに読んで面白いということを目標に始まったものでした．他方でこの本を編集するに当たって，執筆者には高校生や学生の方が読むことを想定して，わかりやすく平易に書くよう，ときにしつこく求めてきました．本書の内容は必ずしも易しいというわけではなく，歴史に関するある程度の前提知識も必要かもしれません．それでも企画に携わった者としては生徒や学生の方にもまた，この本を読んでもらいたいと思っています．自分自身，本書の原稿が一つ，また一つと届くたびに，これを高校生のときに読んでみたかったし，また歴史総合の授業を受けてみたかったと考えることが少なくありませんでした．高校生のころ，周りの友人が「歴史は暗記」と割り切って受験勉強に励む姿に，

何か割り切れない思いを抱いていた身にとっては，主体的な学びを目指す歴史総合の意気込みは，きっと魅力的に映ったと思います．理解するのに四苦八苦しながらも，何となく直感的に「これは面白そうだな」という感想を抱いたのではないかなと思います．

　本書は多様なテーマがそろっていることも売りの一つです．オーソドックスに政治や経済を論じるものから，割合に身近なヒゲの話までその内容はさまざまです．自分の興味がわきそうなテーマから入っていっても良いですし，頭から全部を読んでみるのも良いと思います．大切なことは，歴史からものごとを考える機会を持つことです．幸いにも『「歴史総合」をつむぐ』は，身近なことから歴史を考え，また遠くの歴史を主体的に考える，そんな素材に満ちています．この本が，歴史に目を向けるきっかけになることを願っています．そしてこれからの歴史総合を，歴史を，つむいでいってくれることを願っています．

編集委員を代表して　　塚原浩太郎

執筆者紹介 (掲載順)

須田　努（すだ・つとむ）　明治大学情報コミュニケーション学部教授．日本近世・近代史
　『幕末社会』岩波新書，2022年．『三遊亭円朝と民衆世界』有志舎，2017年．

藤原辰史（ふじはら・たつし）　京都大学人文科学研究所准教授．食農思想史
　『分解の哲学——腐敗と発酵をめぐる思考』青土社，2019年．『給食の歴史』岩波新書，2018年．

杉浦未樹（すぎうら・みき）　法政大学比較経済研究所教授．世界経済史
　"'Coolies' Hats. Chinese Coolie Hats: Global Dialogues on a Sign of Servitude, c. 1840-1940," Giorgio Reillo; Beverly Lemire; Christopher Breward eds., *The Cambridge History of Fashion*, Cambridge UP, 2022. *The urban logistic network. Cities, transport and distribution in Europe from the Middle Ages to the Modern Times*（共編著）Palgrave, 2019.

鳥山　淳（とりやま・あつし）　琉球大学島嶼地域科学研究所教授．沖縄現代史
　『沖縄／基地社会の起源と相克 1945-56』勁草書房，2013年．「沖縄をめぐる依存／自立の議論を再設定するための歴史的文脈——1950〜60年代の政治社会状況を中心に」『平和研究』第54号，2020年．

谷本晃久（たにもと・あきひさ）　北海道大学大学院文学研究院教授．日本近世史
　『近世蝦夷地在地社会の研究』山川出版社，2020年．『近藤重蔵と近藤富蔵——寛政改革の光と影』（日本史リブレット人）山川出版社，2014年．

大江洋代（おおえ・ひろよ）　東京女子大学現代教養学部准教授．日本近代史
　『明治期日本の陸軍——官僚制と国民軍の形成』東京大学出版会，2018年．「るろうに剣心×明治村——歴史学とエンタメ歴史還流の地平を斬り開く」『歴史学研究』997，2020年．

佐藤千登勢（さとう・ちとせ）　筑波大学人文社会系教授．アメリカ現代史
　『フランクリン・ローズヴェルト——大恐慌と大戦に挑んだ指導者』中公新書，2021年．『アメリカの福祉改革とジェンダー——「福祉から就労へ」は成功したのか？』彩流社，2014年．

長谷川貴彦（はせがわ・たかひこ）　北海道大学大学院文学研究院教授．イギリス近現代史
　『イギリス福祉国家の歴史的源流——近世・近代転換期の中間団体』東京大学出版会，2014年．『産業革命』山川出版社，2012年．

橋本毅彦（はしもと・たけひこ）　東京大学名誉教授．科学技術史
　『「ものづくり」の科学史——世界を変えた《標準革命》』講談社，2013年．『飛行機の誕生と空気力学の形成——国家的研究開発の起源をもとめて』東京大学出版会，2012年．

池田嘉郎（いけだ・よしろう）　東京大学大学院人文社会系研究科准教授．近現代ロシア史
　『ロシア革命——破局の8か月』岩波新書，2017年．『革命ロシアの共和国とネイション』山川出版社，2007年．

金子　肇（かねこ・はじめ）　広島大学大学院人間社会科学研究科教授．中国近現代史
　『近代中国の国会と憲政——議会専制の系譜』有志舎，2019年．『近代中国の中央と地方——民国前期の国家統合と行財政』汲古書院，2008年．

三浦　徹（みうら・とおる）　お茶の水女子大学名誉教授．（公財）東洋文庫研究部研究員．アラブ・イスラム史
　『イスラームの都市世界』山川出版社，1997年．『比較史のアジア　所有・契約・市場・公正』編著，東京大学出版会，2004年．

畔上直樹（あぜがみ・なおき）　上越教育大学大学院学校教育研究科教授．日本近現代史
　『社会科教科内容構成学の探求——教科専門からの発信』共編著，風間書房，2018年．『明治神宮以前・以後——近代神社をめぐる環境形成の構造転換』共編著，鹿島出版会，2015年．

阿部恒久（あべ・つねひさ）　共立女子大学名誉教授．日本近現代史
　『ヒゲの日本近現代史』講談社，2013年．『男性史1 男たちの近代』共編著，日本経済評論社，2006年．

平芳裕子（ひらよし・ひろこ）　神戸大学大学院人間発達環境学研究科准教授．表象文化論・ファッション文化史
　『まなざしの装置——ファッションと近代アメリカ』青土社，2018年．「衣生活とファッション文化の歴史」新修神戸市史編集委員会編『新修神戸市史 生活文化編』神戸市，2020年．

油井大三郎（ゆい・だいざぶろう）　一橋大学・東京大学名誉教授．米国現代史・日米関係史
『避けられた戦争――1920年代・日本の選択』ちくま新書，2020年．『平和を我らに――越境するベトナム反戦の声』岩波書店，2019年．

荒川章二（あらかわ・しょうじ）　国立歴史民俗博物館・静岡文化芸術大学名誉教授．日本近現代史
『増補　軍隊と地域――郷土部隊と民衆意識のゆくえ』岩波現代文庫，2021年．『軍用地と都市・民衆』（日本史リブレット）山川出版社，2007年．

小野寺拓也（おのでら・たくや）　東京外国語大学大学院総合国際学研究院教授．ドイツ現代史
『野戦郵便から読み解く「ふつうのドイツ兵」――第二次世界大戦末期におけるイデオロギーと「主体性」』山川出版社，2012年．「感情と情報リテラシーが交差するところ――噂，ニュース，エゴ・ドキュメント」長谷川貴彦編『エゴ・ドキュメントの歴史学』岩波書店，2020年．

加藤陽子（かとう・ようこ）　東京大学大学院人文社会系研究科教授．日本近代史
『この国のかたちを見つめ直す』毎日新聞出版，2021年．『天皇と軍隊の近代史』勁草書房，2019年．

大門正克（おおかど・まさかつ）　早稲田大学教育・総合科学学術院特任教授．日本近現代史
『語る歴史，聞く歴史――オーラル・ヒストリーの現場から』岩波新書，2017年．『全集日本の歴史15　戦争と戦後を生きる』小学館，2009年．

福士由紀（ふくし・ゆき）　東京都立大学人文社会学部教授．中国近現代史・医療社会史
『衛生と近代――ペスト流行にみる東アジアの統治・医療・社会』法政大学出版局，2017年．
『近代上海と公衆衛生――防疫の都市社会史』御茶の水書房，2010年．

今泉裕美子（いまいずみ・ゆみこ）　法政大学国際文化学部教授．国際関係学，ミクロネシア・日本関係史
『日本帝国崩壊期「引揚げ」の比較研究――国際関係と地域の視点から』編著，日本経済評論社，2016年．「太平洋の「地域」形成と日本――日本の南洋群島統治から考える」『岩波講座日本歴史第20巻　地域論』岩波書店，2014年．

貴堂嘉之（きどう・よしゆき）　一橋大学大学院社会学研究科教授．アメリカ合衆国史
『移民国家アメリカの歴史』岩波新書，2018年．『アメリカ合衆国史2　南北戦争の時代：19世紀』岩波新書，2019年．

上　英明（かみ・ひであき）　東京大学大学院総合文化研究科准教授．外交・国際関係史
『外交と移民――冷戦下の米・キューバ関係』名古屋大学出版会，2019年．*Diplomacy Meets Migration: US Relations with Cuba during the Cold War*, New York: Cambridge University Press, 2018.

伊豆田俊輔（いずた・しゅんすけ）　獨協大学外国語学部准教授．東ドイツ史
「東ドイツ「公文書」の現在」，『歴史学研究』第985号，2019年．ウルリヒ・メーラート『東ドイツ史1945-1990』（翻訳・解説），白水社，2019年．

中條　献（ちゅうじょう・けん）　桜美林大学リベラルアーツ学群教授．アメリカ合衆国史
『歴史のなかの人種――アメリカが創り出す差異と多様性』北樹出版，2004年．（共著）西崎文子・武内進一編『紛争・対立・暴力　世界の地域から考える』岩波ジュニア新書，2016年．

鈴木啓之（すずき・ひろゆき）　東京大学大学院総合文化研究科スルタン・カブース・グローバル中東研究寄付講座特任准教授．中東近現代史
『蜂起〈インティファーダ〉――占領下のパレスチナ 1967-1993』東京大学出版会，2020年．『パレスチナを知るための60章』共編，明石書店，2016年．

小塩和人（おしお・かずと）　上智大学名誉教授．環境史
『アメリカ環境史』上智大学出版，2014年．『水の環境史――南カリフォルニアの二〇世紀』玉川大学出版部，2003年．

岡田知弘（おかだ・ともひろ）　京都橘大学経済学部教授．地域経済学・近現代日本経済史
『「生存」の歴史と復興の現在――3.11分析をつなぎ直す』共編著，大月書店，2019年．『震災からの地域再生――人間の復興か惨事便乗型「構造改革」か』新日本出版社，2012年．

米山宏史（よねやま・ひろふみ）　法政大学中学高等学校教諭．古代ルーマニア史・世界史教育
『未来を切り拓く世界史教育の探求』花伝社，2016年．『躍動する古代ローマ世界――支配と解放運動をめぐって』共編著，理想社，2002年．

田中元暁（たなか・もとあき）　明治大学付属明治高等学校・中学校教諭．日本近代史
「方法としての世界史」『歴史評論』第781号，2015年．「教科書における近世災害史叙述の問題点」『人民の歴史学』第197号，2013年．

塚原浩太郎（つかはら・こうたろう）　日本国際問題研究所研究員．日本近代史
「小泉政権期における自民党政調会の集権化――政調会長と部会との関係から」奥健太郎・黒澤良編『官邸主導と自民党政治――小泉政権の史的検証』吉田書店，2022年．

「歴史総合」をつむぐ
——新しい歴史実践へのいざない

2022 年 4 月 25 日 　初　版
2024 年 5 月 27 日 　第 3 刷

［検印廃止］

編 　者　歴史学研究会
　　　　れき し がくけんきゅうかい

発行所　一般財団法人　東京大学出版会
　　　　代表者　吉見俊哉
　　　　153-0041 東京都目黒区駒場4-5-29
　　　　https://www.utp.or.jp/
　　　　電話 03-6407-1069　Fax 03-6407-1991
　　　　振替 00160-6-59964

組 　版　有限会社プログレス
印刷所　株式会社ヒライ
製本所　牧製本印刷株式会社

©2022 The Historical Science Society of Japan, editor
ISBN 978-4-13-023079-7　Printed in Japan

歴史学研究会 編 加藤陽子 責任編集	「戦前歴史学」のアリーナ	A5	2500 円
歴史学研究会 編	歴史学のアクチュアリティ	A5	2800 円
歴史学研究会 編	歴 史 を 社 会 に 活 か す	A5	3200 円
歴史学研究会 編	歴 史 を 未 来 に つ な ぐ	A5	3500 円
歴史科学協議会 編 木村茂光・山田 朗 監修	天 皇・天 皇 制 を よ む	A5	2800 円
歴史科学協議会 編	歴 史 の「常 識」を よ む	A5	2800 円
遅 塚 忠 躬 著	史 学 概 論	A5	6800 円
羽 田 正 著	グローバルヒストリー1 グ ロ ー バ ル 化 と 世 界 史	四六	2700 円

ここに表示された価格は本体価格です．御購入の
際には消費税が加算されますので御了承下さい．